Gerd Käfer

Der Gourmet-Papst

Gerd Käfer

Der Gourmet-Papst

Dienen ist mein Leben ...
... aber bitte mit Sahne!

Erich Lejeune ELEM Edition Mensch

Bibliografische Information der Deutschen Bibliothek
Die Deutsche Bibliothek verzeichnet diese Publikation in der Deutschen Nationalbibliografie.
Detaillierte bibliografische Daten sind im Internet über http://dnb.ddb.de abrufbar.

ISBN 3-636-01357-2

Umschlaggestaltung: Eberhard Wolf, Süddeutsche Zeitung
Umschlagabbildung/Autorenfoto: Cliff Serna
Satz: M. Zech, Redline GmbH
Druck: Ebner & Spiegel, Ulm
Printed in Germany

Ich widme dieses Buch
meiner großen Käfer-Familie
Gerd Käfer

50 Cent vom Ladenpreis
jedes verkauften Buches gehen an die

Herz für Herz
Stiftung für Leben!

www.herzfuerherz.de

Inhaltsverzeichnis

Epilog

Hommage an einen Käfer

von Erich Lejeune

„Käfer“ – was für ein lustiger und klangvoller Name, den sein Träger weit über die Grenzen Deutschlands zum Inbegriff von Feinkost und Feste feiern veredelt hat. Mein Freund Gerd ist der ungekrönte König des Party-Service, der Zeremonien und Genussmeister der Reichen und Schönen. Mit unbeirrbarer Stilsicherheit und überschäumender Erfindungsgabe hat er gekrönte Häupter aus aller Welt, den gesamten Hochadel und die High Society Europas verwöhnt. Von Königin Elisabeth II. von England mit Prinzgemahl Philip, König Carl Gustav und Königin Silvia von Schweden, die sich auf einer „Käfer-Party“ kennen lernten, Fürstin Gracia Patricia und Fürst Rainier von Monaco bis zum Wittelsbacher Prinz Leopold von Bayern.

Erfolgsgewohnten Industriekapitänen wie Berthold Beitz vom Stahlgiganten Krupp, dem großen Unternehmensgründer Max Grundig, der den Deutschen den Abschied vom Volksempfänger bescherte, und den Kaufhauskönigen Helmut Horten und Josef Neckermann verhalf er zu exquisiten Gaumenfreuden. Politgrößen von Willy Brandt über Walter Scheel und Hans-Dietrich Genscher bis Helmut Kohl und ihre Gäste von Henry Kissinger bis Michail Gorbatschow begeisterte er durch die unerreichte Kunst seiner Inszenierungen – in und um München, in den Schlössern in der Umgebung von Bonn, in Berlin, in Paris und Versailles oder auch im Kreml in Moskau. Den Rekordmeister FC Bayern bekochte er auf Auslandsreisen rund um den Globus und hinter dem ehemals Eisernen Vorhang – wenn es sein musste, in der improvisierten Küche eines Reisebusses.

Für die sagenumwobenen Playboys und ihre rasant wechselnde Schar an Freundinnen verwandelte er Kuhställe in orientalische Märchenpaläste und zauberte die exklusivsten Partys in die Dünen von Sylt oder an den Strand von Terracina – ein gefundenes Fressen für die Boulevardpresse, die darüber wochenlang berichten konnte. Die Schickimickis der Bussigesellschaft und ihre „Adabeis", die er mit erlesenen Köstlichkeiten abfütterte, waren ohne „Käfer" gar nicht denkbar. Ja, viele von ihnen wurden durch eine „Käfer-Party" erst zum Gesprächsthema. Aber – und das muss gesagt werden – auch ganz einfache Menschen, die sich vielleicht einmal in ihrem Leben ein Festessen bei „Käfer" leisten konnten, bedienten er und seine hoch qualifizierte Küchenbrigade mit Professionalität und großer Herzlichkeit.

Feinkost wie im Flug

Weltweit streckte dieser Tausendsassa-Käfer seine Fühler aus, um einem ganzen, nach Lebensgenuss hungernden Land zu zeigen, dass Essen und Trinken mehr ist als bloße Nahrungsaufnahme. Der Feinkosttempel „Käfer" entwickelte sich zu einem der Gourmet-Treffs in Deutschland. Mit Gerd-Käfer's-Party-Service wurde Speisen und Feiern zur puren Lust am Leben. Für diese einmalige Leistung wurde er 2005 von der Zeitschrift „Feinschmecker" in die Hall of Fame aufgenommen, zusammen mit weiteren 29 „kulinarischen Helden", denen Gourmets in Deutschland kulinarische Lebensart zu verdanken haben.

Vieles von dem, was er erdacht und mit ungewöhnlicher Tatkraft und Begeisterung durchgesetzt hat und was uns heute als Selbstverständlichkeit erscheint, war in den 50er und 60er Jahren eine absolute Sensation: Direkteinkauf in den Hallen von Paris von feinsten Krustentieren, erlesenen Gemüsen und Käsesorten, deren Namen man hierzulande weder kannte noch fehlerfrei aussprechen konnte. Dazu die tonnenweise Einfuhr von Räucherlachs aus Norwegen und Austern vom Belon an der Atlantikküste. Und vollends unvorstellbar: tagesfrische Riesengarnelen und exotische Früchte per Flugzeug aus Thailand als Highlight für perfekt durchkomponierte Feste mit mehreren tausend Käfer-Fans. Seinen Champagner bezog Käfer direkt von Moët & Chandon, und für den Weinkeller schickte er seine Sommeliers in die besten Lagen der Welt.

Käfers prachtvolle Inszenierungen und üppige Dekora tionen, seine stets überraschenden Gourmetkompositionen wie seine grenzenlose Fantasie trafen genau den Nerv der Zeit. Sie war in der Aufbauphase seines Feinkostimperiums gekennzeichnet von wachsendem Wohlstand und dem unstillbaren Verlangen nach Exklusivität. „Gerd Käfer der Einmalige“, wie er sich scherzhaft einmal selbst auf einer Münze pries, setzte den langweiligen Stehempfängen mit ihrem Nudelsalat und den ewig gleich belegten Brötchen ein deutliches Ende! Raffinierte Kreationen, die heute den modischen Namen „finger food“ tragen, waren seine Erfindung. Ja, Gerd Käfer ist der unübertroffene Guru und Meister des Party-Service! Vom romantischen Candle-Light-Dinner für zwei Personen bis hin zu Veranstaltungen mit 10000 Gästen und mehr – er verwandelte jeden Anlass zum unvergesslichen Fest!

Vom Käfer zum Glückskäfer

Was ist nun das Geheimnis dieses überwältigenden persönlichen Erfolges von Gerd Käfer? Was für eine Persönlichkeit steckt hinter dem Aufbau des Markennamens „Käfer“, der sich in dem kleinen roten Glückskäfer mit den sieben schwarzen Punkten manifestiert? Diesen Käfer ließ Gerd

Käfer für sein Festzelt auf dem Münchner Oktoberfest auf ein „Kaffeehaferl“ aufdrucken und davon wurden dann – Guinnessbuch-rekordverdächtig – über 10 Millionen Stück verkauft.

Welche tiefen Einblicke muss ein Gerd Käfer in die intimsten Geheimnisse einer „High Society“ haben, die ihren Klatschkolumnisten nur soviel verrät, dass sie für die Medien dauerhaft interessant bleiben? Was hat den jungen Gerd Käfer mit den wachen Augen, dem verschmitzten Lächeln und dem großen Herzen zu dem „Käfer“ gemacht, vom dem es in einem Gourmet-Journal einmal hieß, dass er den „Goldenen Hauptschlüssel zum Schlaraffenland“ besitzt?

Feinkost meets Motivation

Diese Fragen gingen mir schon durch den Kopf, als ich es mir Ende der siebziger Jahre nach Gründung meines Hightech-Unternehmens zum ersten Mal leisten konnte, bei ihm eine seiner Spezialkreationen für die Theatergastronomie – eine Portion „Käfer's Lachsbescheidenheit“ und ein Glas exakt temperierten Sancerre – zu genießen, um einen größeren geschäftlichen Erfolg zu feiern. Ja, wer etwas zu feiern hatte, der ging schon damals zu „Feinkost-Käfer“ in die Münchner Prinzregentenstraße.

Jahre später richtete die Feinkostlegende Gerd Käfer als Startschuss auch eine besondere Party zur Premiere meines Buches „Lebe ehrlich – werde reich!“ aus, das zu einem Bestseller wurde und dessen Thema, mein Lebensthema, die Motivation ist. Ich ahnte schon bei unseren ersten Begegnungen, dass es viele Parallelen zwischen seinem und meinem Leben geben musste. Auch Gerd Käfer hat sich aus kleinsten Verhältnissen hochgearbeitet. Er hat Rückschläge durchgestanden und rastlos über Jahrzehnte mit unerschöpflicher Kreativität und Durchsetzungskraft ein Unternehmen geschaffen, das zum Symbol für eine ganze Epoche des Wiederaufbaus wurde – und es bis heute ist. Gerd Käfer und sein Party-Service sind Teil des deutschen Wirtschaftswunders! Nicht nur nach dem „Wunder von Bern“ und der 1954 gewonnenen Fußballweltmeisterschaft, auch nach den zahlreich von ihm veranstalteten Empfängen konnten deutsche Politiker befriedigt feststellen: „Wir sind wieder wer!“

Dienen – das Geheimnis des Erfolgs

Wie hat er dieses Wunder geschafft? – Besser als mit seinem Erfolgsmotto „Dienen ist mein Leben!“ könnte man den Werdegang dieses umtriebigen, rastlosen und immer dienstbereiten Selfmademan nicht begründen. Gerd Käfer reißt sich auch heute noch alle Beine aus, um die ausgefallensten Wünsche seiner Kunden zu ermöglichen. „Dienen ist mein Leben“ – diese Aussage mag manche Leser verwundern, ja einige vielleicht sogar abschrecken. Wer dient denn hierzulande schon gerne? Dienen hat in Deutschland leider immer noch den faden Beigeschmack, dass der, der anderen Menschen dient, sich etwas vergibt oder ihnen zumindest untergeordnet ist. Viele in diesem Land halten daher „Dienen“ immer noch für unter ihrer Würde.

Doch – dienen wir nicht alle in der einen oder anderen Weise in unserem Leben? Der Busfahrer genauso wie der Chefarzt oder die Krankenschwester, die Verkäuferin ebenso wie der Universitätsprofessor, die Computerexpertin oder der Filialleiter eines Supermarktes? Auch ich habe meine großen Erfolge durch Dienen, durch perfekten Service erzielt und auch deshalb, weil ich ein ebenso begeisterter Verkäufer bin wie Gerd Käfer. Ich habe nicht gerastet und geruht, habe Faxe rund um den Globus geschickt oder bin selbst nach Japan, Korea und ins Silicon Valley gereist, um die scheinbar „aussichtslose“ Chip-Bestellung eines Kunden zu dessen eigener Überraschung über die Bühne zu bringen.

Gerade die schwierigsten Aufträge haben mich – auch darin bin ich mir mit Gerd Käfer völlig einig – besonders gereizt. Denn Dienen in seiner besten Form fordert all unser Wissen, unsere ganze verkäuferische Tatkraft und Kreativität heraus – und am Ende steht als größte Belohnung für diesen bedingungslosen Einsatz die Zufriedenheit und Dankbarkeit unserer Kunden. So wird Erfolg immer der Erfolg beider Seiten.

Diese Freude und Begeisterung am Dienen habe ich bei Gerd Käfer immer gespürt. Gerd Käfer ist ein begnadeter Verkäufer und mit Leib und Seele ein Diener aller, die sich von ihm ein Fest ausrichten lassen. Ich sage absichtlich „Fest", denn das amerikanische Wort „Party", das nicht zuletzt durch seine Umtriebigkeit so bekannt wurde, dass es Anfang der 60er Jahre in den Duden aufgenommen wurde, liebt er eher weniger. „Party" – das kann auch etwas sein, wo jeder eine Flasche Wein mitbringt und der Gastgeber wahllos Gummibärchen, Salzstangen, Erdnüsse und Sandwiches aus dem Supermarkt im Raum verteilt. „Feste" wie Gerd Käfer sie versteht, sind Inszenierungen – auch wenn er sie nur für zwei Personen arrangiert – oder für zweitausend und mehr generalstabsmäßig plant.

Ein „Käfer" als Regisseur

Daher zögert Gerd Käfer auch keinen Augenblick, sich mit seinen Fest-Arrangements mit dem großen, unvergessenen Theater- und Opernregisseur Professor August Everding zu vergleichen, der wie Ministerpräsident Franz Josef Strauß Stammgast bei ihm war. Schließlich hat Gerd Käfer an einem Abend nicht nur ein „Theaterstück" oder eine komische „Oper" aufgeführt. An manchen Tagen waren es vier bis sechs Feste, dazu eine Oper und mehrere Theaterstücke, die er versorgte – bis zu 800 „Inszenierungen" in einem Jahr. Kaum eines dieser Feste fand je ohne seine persönliche Anwesenheit und Regie statt. Dieses Engagement war ihm nicht nur wichtig für einen reibungslosen Ablauf – er war Hof- und Reisemarschall, Regisseur und Zeremonienmeister in einer Person. Er hielt den roten Faden einer Inszenierung von A bis Z in Händen, verkündete die Highlights des Abends, stiftete Bekanntschaften – und gelegentlich auch Ehen. Außerdem konnten bei jedem Fest neue Ideen für Dekorationen oder Verbesserungen im Service entstehen. Solche Anreize für Kreativität will ein stets auf Steigerung bedachter und auf Perfektion versessener Käfer eben nicht delegieren!

Käfer-Titel von A bis Z

Die fantasievollen Bezeichnungen, die Gerd Käfer im Lauf seiner 50jährigen Karriere von der Presse – angefangen von BILD, „Feinschmecker, „essen & trinken" über alle deutschen Boulevardblätter bis hin zu seiner geliebten „Bunte" für diesen unermüdlichen Einsatz verliehen bekam, von „Austern-König" über „Millionen-Diener", „Münchens Genusswarenhändler" bis „Delikatessen-Kalanag" und „Feinkost-Zampano", sind so zahlreich, dass der „Kir Royal-Regisseur" und Erfinder des „Klatschkolumnisten Baby Schimmerlos" Helmut Dietl allein damit eine neue, auf Gerd Käfer maßgeschneiderte TV-Abendserie mit der Überschrift „Gute Zeiten – Käfer Zeiten" drehen könnte. Ich bin mir sicher, dass der großartige Charakterdarsteller, Lebensgenießer und Käfer-Fan – der „große Bellheim" Mario Adorf diese Rolle sehr gerne übernehmen würde.

Für den, spätestens nach der FIFA Fußballweltmeisterschaft 2006 weltweit bekanntesten Deutschen, den Fußballkaiser Franz, hat Gerd Käfer schon Feste in dessen Grünwalder Villa zelebriert, als Franz Beckenbauer noch Libero war und das Spiel der legendären Bayernmannschaft mit Paul Breitner, Gerd Müller und den zum Vorzeige-Manager aufgestiegenen Uli Hoeneß dirigierte. Auch von den anderen, im Jahr 2006 vom amerikanischen Time Magazine zu den wichtigsten Deutschen gekürten – Papst Benedikt XVI., Bundeskanzlerin Angela Merkel und DaimlerChrysler-Chef Dieter Zetsche – konnte Gerd Käfer ganz locker feststellen: „Die habe ich alle schon bedient!"

Alle diese Persönlichkeiten lieben ihn und seinen Service ebenso wie der Industriemogul Friedrich Karl Flick oder der große Siemens-Konzernlenker und Kanzlerinnenberater Heinrich von Pierer. Leonard Bernstein, Herbert von Karajan und Zubin Metha ließen sich von ihm verwöhnen, sobald sie vom Dirigentenpult herabgestiegen waren. Gern übergaben sie den Taktstock an jemanden, der seine Küchenbrigaden genauso souverän beherrschte wie sie die besten Orchester der Welt. Und auch der Generalintendant eines der größten Opernhäuser der Welt, Sir Peter Jonas, war mit den bedeutendsten Sängerinnen und Sängern der Welt häufig bei ihm zu Gast. Ja, mein Freund Gerd ist wirklich ein „Feinkost-Käfer und Fest-Dirigent" der Weltspitze.

Gerd Käfer in seinem Büro.

Umgeben von High Society

Seine Büroräume in der Münchner Lamontstraße jedenfalls sind von oben bis unten gepflastert mit Dankschreiben, Auszeichnungen und Fotos, die ihn als „Gourmet-Intendanten“ für Inszenierungen der obersten Gourmet-Kategorie ausweisen. Da findet sich einträchtig, Bild an Bild, neben fünf amerikanischen Präsidenten von Richard Nixon bis Bill Clinton die gesamte Prominenz des „Show-Biz“ der vergangenen 50 Jahre: „Frankie-Boy“ Frank Sinatra, der größte Entertainer Amerikas; Liza Minelli, der Weltstar mit dem Stern auf dem „Hollywood Walk of Fame“; Sammy Davis jr., der zu Gerd Käfers Eröffnung des Spielbank-Restaurants in Wiesbaden eigens für einen Auftritt anreiste; die Größen des französischen Films Alain Delon (mit Romy Schneider im Arm) und Jean-Paul Belmondo; Larry Hagman alias J.R., das heißgeliebte Scheusal aus dem Straßenfeger „Dallas“ mit „Sue Ellen“; 007-Darsteller Roger Moore; Francis Ford Coppola, fünffacher Oscargewinner und Regisseur des Mafiaepos „Der Pate“; Roman Polanski (Rosemary's Baby); Jane Fonda, hoch dotierter Hollywoodstar, weltweite Verkünderin des Aerobic-Sports und einstmals Nachfolgerin von Brigitte Bardot in Roger Vadims Harem; der Opernstar Placido Domingo, der mit seiner großartigen Stimme in München die Fußball-WM 2006 eröffnete; die Jahrhundert-Geigenvirtuosin und „Herbert-von-Karajan-Preisträgerin“ Anne-Sophie Mutter; die weltbekannten Fernseh-Detektive Horst Tappert und sein „Assistent“ Fritz Wepper; der unvergessene „Mann, der Sherlock Holmes war“ Heinz Rühmann, der ein Hobby mit Gerd Käfer gemeinsam hatte: auch er liebte es als Clown im Zirkus aufzutreten; Blacky Fuchsberger, siebzigfacher Kommissar der Wallace Grusel-Krimis, Stadionsprecher der Olympischen Spiele 1972 und erster deutscher UNICEF-Botschafter; Bernd Eichinger, Regisseur, Filmproduzent und Vorsitzender des Aufsichtsrates der Constantin

Film AG und „Vater“ der Deutschen Filmakademie; Harald Juhnke, der großartige „Entertainer der 80er und 90er Jahre“; Johannes Heesters, der fünfmalige Bambi-Preisträger mit dem Guinness-Buch-Vermerk „ältester Schauspieler der Welt“, und, und, und ...

Sie alle – auch das in München als Christina Giannakopoulos geborene „Busenwunder“ Dolly Dollar und die ebenfalls nicht schlecht bestückte „Da werden Sie geholfen“-Verona Pooth, besser bekannt als „Feldbusch“ – haben ihn mit ihren Fotos, Autogrammen und Dankschreiben beglückt. Quer durch sämtliche Sparten der „Prominenz“ sind sich alle darin einig: Gerd Käfer ist der „Jet-Set-Verköstiger“, „Gaumen-Verzauberer“ und „High Society-Experte Nr. Eins“ in Europa.

Ein Gourmet-Papst wird gewählt

Die großartigste Auszeichnung aus berufenem Munde erhielt er jedoch im Jahr 2005. Gerd Käfer war beauftragt im Rahmen des unvergessenen Papstbesuches zum „Weltjugendtag“ auf dem Sal. Oppenheim-Schloss Schlenderhan in der Nähe von Köln ein exklusives Sommerfest auszurichten, zu dem Baronin Karin von Ullmann die anwesenden 144 Kardinäle und 680 Bischöfe eingeladen hatte. Auch Papst Benedikt XVI., den Gerd Käfer schon bedient hatte, als er noch Josef Kardinal Ratzinger hieß und Erzbischof von München und Freising war, wurde zum Festessen erwartet. Als schließlich die Nachricht durchsickerte, dass der Heilige Vater zu seinem großen Bedauern wegen seines übervollen Terminkalenders seine Teilnahme an diesem Festessen absagen müsse, nahm einer der Kardinäle Gerd Käfer in den Arm und sagte scherzhaft: „Mein lieber Gerd, wir sind alle einer Meinung: du bist heute unser Gourmet-Papst!“ Das war eine Ehrung, bei der für den „Erfinder des Party-Service“ innerlich der weiße Rauch aufstieg.

Der Gourmet-Papst mit Kardinal Marc Ouellet, Erzbischof von Quebec.

Käfer-Service für gesalbte Häupter.

Ja, Gerd Käfer ist der „Papst" in Sachen Delikatessen und exquisiter Küche. Er ist die höchste Instanz, wenn es um perfekten Service geht. Mein Freund Gerd, der in seinem Leben schon zig Tausende Teller selbst serviert und abgetragen hat, ist der Mensch, der bis zum heutigen Tag die Vision von perfektem Dienen, von Service und Kreativität in der gesamten Gastronomie vorlebt. Es bereitet ihm eine riesige Freude, ein ganzes Bataillon von Chefköchen, Obern und Bedienungen samt Tross vorbildlich durch ein ganzes Fest hindurch zu dirigieren. Ist jedoch Not am Mann, zögert er keine Sekunde einzuspringen und selbst Hand anzulegen. Da ist ihm kein Handgriff zu gering und kein Weg zu weit. Auch das ist das unverkennbare Markenzeichen der Unternehmerpersönlichkeit Gerd Käfer!

Gerd Käfer hat schon Tausende von Teller selbst serviert.

Diese flammende Begeisterung für perfekten Service führte Gerd Käfer rund um den Erdball und in die allerhöchsten Spitzen der Gesellschaft. Er richtete Feste aus, deren schiere Größe jeden schlachtenerprobten Nachschublogistiker in Angstzustände versetzen würde. Den weitesten Weg im Dienst von Lukulls legte Gerd Käfers Party-Service von München nach Dallas in Texas zurück. Die Tochter des größten Kartoffelchip-Herstellers der USA hatte bei einem Debütantinnenball in Wien Käfers Köstlichkeiten kennen gelernt. Sie bestand darauf, seine kulinarischen Meisterwerke – mit Obern, Wiener Geigern und Opern-Dekoration für eine Geburtags-Party mit 900 Personen per Jet aus München einfliegen zu lassen.

Im Dienst der Diplomatie

Für das Deutsche Olympische Komitee und die Stadt München lieferte Gerd Käfer ein originalgetreues „Münchner Weißwurschtessen" mit Brez'n, Hausmacher Senf, Weißbier und allem, was sonst noch dazu gehört zu den Olympischen Winterspielen ins japanische Sapporo. Mit einem Jet der Bundeswehr transportierte er für den Bundespräsidenten Walter Scheel ein Festessen nach Moskau, wo er mitten in Zeiten des Kalten Krieges Staats- und Parteichef Leonid Breschnew und die Präsidenten sämtlicher Sowjetrepubliken mit einem Fünf-Gänge-Menü und edelstem deutschen Rebensaft verzauberte und ihnen damit die Zunge löste.

Die Liste der Menschen, denen Gerd Käfer im Lauf seines langen und erfolgreichen „Dienens" begegnete und in deren zum Teil intimste Verhältnisse er Einblick gewann, liest sich wie ein „Who is who?" der vergangenen Jahrzehnte, der Polit-Prominenz, des gesamten europäischen Hochadels und auch der Stars und Sternchen, die häufig erst dann wussten: „Jetzt bin ich wirklich „in" und ganz oben angekommen!", wenn sie von Gerd Käfer und seiner Spitzencrew verwöhnt wurden.

Dennoch geht es in Gerd Käfers spannenden Erfolgsgeschichten nicht vordergründig um die Klatschgeschichten einer wahnsinnig aufregenden Yellow-Press-Zeit. Gerd Käfer legt ein authentisches Buch vor, das einerseits die Weltspitze der Prominenten und den Glimmer der „Bussi-

Gesellschaft“ aufzeigt. Den Kern bildet jedoch seine Botschaft an alle Deutschen – Schluss zu machen mit schlechter Stimmung, schlechtem Service und wegzukommen vom „Jammern“, der zweiten Muttersprache in Deutschland. Er setzt mit diesem Buch das Dienen in seiner besten Form der „Servicewüste“ positiv entgegen.

Gerd Käfer zeigt in den spannenden, amüsanten und hintergründigen Erzählungen aus fünfzig Jahren Party-Service, dass das richtige Verständnis von Dienen und von Service mit und an Menschen auch heute noch großen unternehmerischen Erfolg garantiert. Echtes Selbstbewusstsein und eine flammende Begeisterung für den Beruf wie Gerd Käfer es meisterlich vorlebt, vorausgesetzt!

Geschichten aus einer anderen Welt

Die Idee zu diesem Buch entstand während eines Abendessens bei mir zu Hause, zu dem meine Frau Irène Lejeune und ich ihn eingeladen hatten und bei dem er ganz entgegen seiner sonstigen Gewohnheit ruhig sitzen musste und von uns bedient wurde. Dieses Stillsitzen hielt er natürlich nicht lange aus. Unwillkürlich begann er, uns in seiner temperatmentvollen und gestenreichen Art mit Geschichten aus seinem ereignisreichen Leben zu unterhalten. Das war so spannend, herzerfrischend lustig und manchmal wie aus einer anderen Welt, dass ich Gerd Käfer spontan dafür begeisterte, mir die Highlights seiner Lebensgeschichte „als größter Partygänger Europas“ in aller Ausführlichkeit zu erzählen. Dabei war es nicht einfach, den immer noch stets in aller Welt herumschwirrenden „Käfer“ in Ruhe zu interviewen. „Käfero hier, Käfero da, Käfero, Käfero, Käfero ...“ ... wenn es eine Erkennungsmelodie für ihn gäbe, wäre die berühmte Figaro-Arie von Rossini genau das Richtige. Gioacchino Rossini, der große Komponist, großzügige Gastgeber und erfindungsreiche Gourmet, hätte sicher mit

Freuden für ihn eine burleske „Käfer-Oper“ komponiert, in der all die Leichtigkeit und Eleganz seiner Musik ihren Widerhall in einem opulenten Bühnenfest für Gerd Käfer gefunden hätte.

Freuen Sie sich auf eine großartige Erfolgsgeschichte, die Gerd Käfer und ich Ihnen in Interviewform servieren! Kommen Sie mit ins Reich des „Gourmet-Papstes!“ Gerd Käfer hat für Sie die folgenden Seiten zum Lesen reserviert und bedient Sie höchstpersönlich aus seiner reichhaltigen „Delikatessen-Sammlung“!

Erich Lejeune Edition Mensch
München im Juli 2006

Wir haben es geschafft!
Gerd Käfers „bunte“ Geschichten sind verfasst!

Es geht aufwärts!

Zwei Käfer, die laufen, laufen, laufen …

EL: Gerd, dein Name steht für Bewirtungskunst und Delikatessengenuss der höchsten Klasse. Du warst einer der beiden großen „Käfer" der Wirtschaftswunderzeit. Mit dem VW Käfer fuhren die Deutschen zum ersten Mal in ihrem Leben im Urlaub an den Gardasee und nach Rimini. Welche Sehnsüchte hast du den Menschen der damaligen Zeit vermittelt?

GK: Genauso wie es diesen unstillbaren Drang nach Süden gab, hatten die Menschen eine große Sehnsucht nach gutem Essen und Trinken und nach Feiern. Nach den bitteren Kriegs- und Nachkriegsjahren wollten die Deutschen endlich wieder echte Lebensfreude spüren.

EL: Kann man sagen, dass du mit und durch dieses Wirtschaftswunder groß geworden bist?

GK: Ja, das ist völlig richtig. In der wahnsinnig aufregenden Zeit des Wirtschaftswunders konnte ich den Grundstein legen für das, was Feinkost-Käfer heute ist. Ich habe die Möglichkeiten, die diese turbulente Zeit geboten hat, sehr schnell erfasst. Die war von einem unbändigen Aufbauwillen geprägt. Ich kann sogar in aller Bescheidenheit sagen, dass ich einen Teil dieser Wirtschaftswunderzeit mitgestaltet habe.

In den 70er und 80er Jahren galt München als die heimliche Hauptstadt Deutschlands. Einige der wichtigsten deutschen Unternehmen waren aus dem viergeteilten Berlin hierher gezogen. Das gab dieser Stadt einen ungeheuren

Auftrieb. In keiner anderen Stadt entwickelte sich eine so angesehene und glamouröse Gesellschaft – hieß es wenigstens in der Presse. Da stand sogar gelegentlich, dass ich der eigentliche Mittelpunkt dieser typischen „Münchner Gesellschaft" bin. Aber ich bin sofort in der ganzen damaligen Bundesrepublik herumgefahren, habe mich informiert und habe Kontakte geknüpft. – Da war ich jahrelang in einem VW-Käfer unterwegs – als Käfer im Käfer! Überall habe ich diese Sehnsucht nach gutem Essen und Trinken und nach echter Lebensfreude gespürt.

EL: Hattest du Vorbilder für diesen Party-Service?

GK: Ich hatte keine Vorbilder, weil es zu der Zeit, als ich mein Geschäft aufgebaut habe, gar keine Vorbilder in der Richtung gab. Jedenfalls nicht in Deutschland. „Jeden Tag besser werden!" war die einzige Devise, an die ich mich halten konnte. Meine Gedanken kreisten ständig um die Qualität des Service, der Dekorationen, um die Kreation neuer Gerichte und ihre Abfolge bei den Festen. Ich habe mich im Grunde pausenlos an mir selbst gemessen. Wie ein Künstler, der hundert Mal dieselbe Landschaft malt, um ständig besser zu werden und der doch nie vollständig mit sich zufrieden ist.

So gesehen war ich immer mein eigenes Vorbild. Sicher gab es zu der Zeit, als ich mein Geschäft aufgebaut habe, schon große Köche und beste Adressen der europäischen Kochkunst – Paul Bocuse in Paris, Paul und Jean-Pierre Haeberlin im elsässischen Illhaeusern, Heinz Winkler und Eckart Witzigmann in München. Diese Meisterköche haben fantastische Kreationen hervorgebracht. Aber ausschließlich Kochen hat mich nicht in dem Maße interessiert. Mir ging es immer um die Gesamtkomposition eines Festes.

Richard Wagner mit seiner Vorstellung vom Gesamtkunstwerk hat mich fasziniert. Als ich sein Werk durch die Opernfestspiele kennen lernte, wurde mir zum ersten Mal klar, dass ich für meine großen Fest-Inszenierungen schon seit langem einer ähnlichen Idee nachhing. Auch bei einem gelungenen Fest muss alles zusammenstimmen, die Location, die Dekoration, das Essen, die Musik, die Conférence, der Gastgeber, seine Gäste und selbstverständlich der veranstaltende Regisseur mit seiner ganzen Mannschaft.

Gerd Käfer und Paul Bocuse.

Europas größter Partygänger

EL: Du hast dich selbst einmal als „den größten Partygänger Europas" bezeichnet. In diesen kurzen fünfzig Jahren, seit du den Party-Service „erfunden" hast, gab es, so weit ich weiß, kaum einen Tag, an dem du nicht auf einer Party, auf einem Fest oder auf einer Einladung warst. Die meisten dieser Partys und Feste hast du selbst ausgerichtet. War da deine Anwesenheit immer notwendig? Hättest du nicht einfach nur deine Mannschaft hinschicken können?

GK: Niemals! Für mich war es eine absolute Selbstverständlichkeit, dass ich bei jeder dieser Partys selbst anwesend war. Das war natürlich nicht einfach, bei 800 Festen im Jahr. Da musste ich an manchen Abenden buchstäblich auf drei oder vier Hochzeiten tanzen. Schließlich haben die Gastgeber das erwartet. Außerdem waren die meisten dieser Feste Uraufführungen. Deshalb war es auch für meine

Mannschaft wichtig, dass ich anwesend war. Ich war der Regisseur. Ich habe jedes Fest mit großer Leidenschaft geplant und dann auch durchgeführt. Als Regisseur musst du selbst mit dabei sein. Auch wenn ich selbst für kleinere Feste stundenlang mit meinen Küchenchefs über einer möglichst interessanten und überraschenden Menüabfolge gebrütet hatte. Es ist wie in der Oper – ein Fest läuft nur, wenn einer die Regie führt. Ich war aber auch unter den Gästen so eine Art Katalysator. Da ich in der Regel die meisten Gäste kannte, konnte ich die Prominenz aus Nord und Süd, aus Show-Biz, Wirtschaft und Politik miteinander bekannt machen, Gespräche in Gang bringen, Bekanntschaften anbahnen oder gelegentlich mit einem Scherz eine beginnende Spannung abbauen.

Dr. Friedrich Karl Flick und Gerd Käfer.

Diese Anwesenheit war auch enorm wichtig, um das Vertrauen meiner Kunden zu gewinnen. Du bekommst von einem prominenten Gastgeber nur einen zweiten oder dritten Auftrag oder wirst weiterempfohlen, wenn er Vertrauen zu dir hat. Für Friedrich Karl Flick zum Beispiel habe ich jedes Jahr eine ganze Reihe von Festen veranstaltet, in seiner Villa in München, in Seeshaupt am Starnberger See, am Wörther See und sogar in der Börse in Wien.

Ein Milliardär am Schlagzeug

EL: Gehörte Dr. Friedrich Karl Flick auch in den viel beschworenen Kreis der „Münchener Schickeria"?

GK: Friedrich Karl Flick war über viele Jahre einer meiner größten Kunden, und ein sehr gern gesehener Kunde dazu. Das ist er immer noch, auch wenn er momentan aus gesundheitlichen Gründen nicht mehr so feiern kann wie früher. Friedrich Karl Flick – oder Äff-Ka-Äff, wie diejenigen ihn nennen, die so tun als seien sie ganz speziell befreundet mit ihm – gehörte und gehört zu den hundert reichsten Menschen der Welt, irgendwo in der Gegend der Familie Oetker und den Quandts. Seit er seinen Hauptwohnsitz nach Österreich an den Wörthersee verlegt hat, ist er der reichste Mann der Alpenrepublik. In der Liste der reichsten Deutschen bringt er es immerhin auf Platz 10. Allein von diesem finanziellen Hintergrund her war FKF immer eine Klasse für sich. Außerdem kenne ich niemanden, schon gar nicht in dieser Position, der so gerne, so fröhlich und so ausgiebig gefeiert hat wie FKF.

Ich denke da an seinen 60. Geburtstag. Das war ein sehr ungewöhnliches Fest. Für diese Geburtstagsfeier wurde das prachtvolle Gebäude der Wiener Börse ausgesucht mit seinem ungeheuren Prunk vom Ende der Habsburger Kaiserzeit. Den ganzen Treppenaufgang hinauf postierte ich 80 Wiener Geiger im Frack. Während des Aperitifs spielten diese Geiger die beliebtesten Wiener Melodien. Bei der Ankunft von FKF erklang die rauschende Polka „Mit Blitz und Donner". Die Geiger verabschiedeten sich mit der „Schönen blauen Donau" – wie beim Neujahrskonzert. Später gab es dann richtig fetzige Pop-Musik. Für diesen Abend hatte ich insgesamt fünf verschiedene Bands organisiert, denn Abwechslung war auf einer Party von FKF oberstes Gebot!

Gegen Ende dieser Geburtstagsfeier sang Friedrich Karl Flick erst seinen Lieblingssong vom „Mackie Messer“. Dann setzte er sich ans Schlagzeug und legte ein Solo hin, dass alle Gäste nur mit offenem Mund auf Flick und das Schlagzeug schauten. Das hat Flick auf seinen Partys zu vorgerückter Stunde gerne gemacht. Aus diesem Grund habe ich auch dafür gesorgt, dass immer ein Schlagzeug dabei war, wenn ich für ihn eine Party ausrichtete. Ich hatte sogar in meinem Büro ein Schlagzeug stehen – eigens für ihn. Wenn FKF nach einem Abendessen im Käfer-Restaurant Lust darauf bekam einen Trommelwirbel hinzulegen, brauchte ich es nur zu holen oder er kam für seine Schlagzeugsoli in mein Büro. Und dann trommelte er darauf los wie der unvergessene Münchner Jazz-Schlagzeuger Freddie Brocksieper.

Friedrich Karl Flick ist überhaupt ein musikbegeisterter Mensch. Deshalb musste ich zu seinen Festen auch immer meinen Freund Harald Juhnke mitbringen – wenn der nicht gerade auf Tournee war oder irgendwo im Fernsehen auftrat. Dann sang FKF seinen Lieblingssong von „Mackie Messer“ zusammen mit Harald Juhnke – auch drei Mal hintereinander, wenn er besonders gut aufgelegt war. Da hätte sich der Edelkommunist Bert Brecht schon ziemlich gewundert, dass ein Multimilliardär mit Begeisterung seine Songs vorträgt, und zwar ziemlich gut.

Little Octoberfest

GK: Für Max Grundig, einen der erfolgreichsten Unternehmensgründer der Nachkriegszeit, habe ich viele Feste arrangiert. Einmal baute ich für Grundig auf seinem Anwesen in Hohenburg bei Tölz für ein Geburtstagsfest einen ganzen Jahrmarkt auf. Das war sein Wunsch. Er wollte mitten im Sommer ein richtiges kleines Oktoberfest – für ausländische Gäste. Mit Schießbuden, mit allem, was dazu gehört. Dieses „Little Octoberfest" organisierte ich über den Schaustellerverband. Da konnte ich sicher sein, dass ich nur die besten und zuverlässigsten Schausteller und Varietékünstler verpflichtet hatte. Bei einem solchen Fest musste ich in jedem Fall persönlich anwesend sein. So eine „Inszenierung" kann man nicht nur vom Schreibtisch aus organisieren und dann die Zirkuspferde laufen lassen. So ein Fest braucht einen Regisseur.

Bei einem Fest für erfolgreiche Menschen wie Max Grundig es war, muss einfach alles stimmen. Gerade die sehr vermögenden Kunden hätte ich niemals mit der zweitbesten Dienstleistung abspeisen dürfen. Da sind Menschen, die nicht den zweitbesten Fisch für die Frau und das zweitbeste Steak für sich ordern. Sie haben ihr Vermögen selbst mit erstklassigen Leistungen erzielt. Grundig hatte für die Deutschen die besten Radios, die besten Fernseher und später die besten Videokameras entwickeln lassen und war damit zu einem Symbol des Wirtschaftswunders geworden. Ein Mann wie Max Grundig hat in allen Lebensbereichen das Bedürfnis und die Grundeinstellung, dass er nur das Beste für sich beansprucht und für gut genug empfindet. Wenn bei einer derartig aufwändigen Veranstaltung, bei der es immer auch um Prestige geht, ein Karussell stecken bleibt und du als Regisseur bist nicht da, um dich darum zu kümmern, brauchst du im Vorzimmer dieses Konzernchefs nicht mehr anzurufen.

Außerdem würde dich ein Mann wie Max Grundig niemals weiterempfehlen, wenn er kein Vertrauen zu dir hätte. Ich gehe sogar so weit zu sagen, dass der Aufbau dieses Vertrauens wichtiger ist als der perfekte Ablauf einer Party. Es kann ein Fest ablaufen wie am Schnürchen, und der Kunde oder Gastgeber ist dennoch nicht zufrieden – vielleicht weil ihm „dein Herz" fehlt, dein Lächeln, dein Engagement und aus irgendeinem Grund nicht das rechte Vertrauen zu dir entstanden ist. Andererseits kann eine kleine Panne passieren und der Gastgeber kommt von sich aus zu dir und tröstet dich: „Komm, Gerd, mach dir nichts draus. Das ist nicht so schlimm!“ – wenn er das Gefühl hat, dass du mit Leib und Seele hinter dem stehst, was du in seinem Auftrag durchführst.

Und das elektrische Klavier – es klimpert leise …

GK: Kurt Hegerich, der Gründer des Gebäudereinigungsunternehmens „Fleißigen Lieschens“, feierte einen runden Geburtstag seiner ersten Frau. Diese Feier fand in der Stuck-Villa in München statt. Unglücklicher Weise konnte ich an diesem Fest zunächst nicht teilnehmen, weil ich auf sage und schreibe fünf anderen Käfer-Partys dringend gebraucht wurde. Wie mir „mein Mann vor Ort“ ganz aufgeregt am Telefon mitteilte, war Kurt Hegerich darüber ziemlich verschnupft. Diese Missstimmung habe ich mit einem echten „Käfer-Gag“ gedreht. Fünf vor zwölf, rechtzeitig vor dem Geburtstag, fuhr ich vor der Stuck-Villa vor – mit einem Auto mit Anhänger. Auf diesem Anhänger stand ein elektrisches Klavier. Darauf spielte ich Punkt Mitternacht für das Geburtstagskind „Happy Birthday to you“. Anschließend gab ich „elektrisch“ sämtliche Number-One-Welthits der damaligen Zeit zum Besten. Nach diesem „Klavierkonzert von der Walze“ zog ich mein Sakko aus, hängte es über einen Stuhl, öffnete mein Hemd und tat so als sei ich total erhitzt von diesem irren Klaviersolo. Dann spielte ich noch den Rest des gespeicherten Programms ab. Ich imitierte den Schlager-Pianisten so perfekt, dass kein Mensch merkte, dass ich gar nicht Klavier spielen kann. Das war ein riesen Hallo. Der Gastgeber war hellauf begeistert und die ganze Geburtstagsgesellschaft feierte mich und mein elektrisches Klavier mit „standing ovations“. Die einhellige Meinung war: „Der Käfer reißt sich für seine Kunden alle Beine aus!“ Diese Käfer-Nummer sprach sich herum und auf diese Weise kamen immer neue Aufträge. Das war das eigentliche Geheimnis meines Erfolges – und ist es immer noch!

Nach so einem Auftritt war ich in aller Regel mit dem Gastgeber und mit den meisten seiner Gäste „per du“ – egal, ob Fürsten, Grafen, Barone, Vorstandsvorsitzende, Minister oder bekannte Verleger. Auf dieser Basis wurde ich weiterempfohlen. Da rief mich dann ein Professor an und sagte: „Du, Gerd, ich war letzte Woche auf dem Mega-Fest bei Rolf Heyne. Ich möchte auch ein Fest geben. Wann hast du Zeit, dass wir darüber sprechen?“

Es gab, solange ich mich zurückerinnern kann, nie ein Fest, aus dem nicht mindestens ein weiterer Auftrag kam. Und wenn Leute schon auf mehreren Festen waren, die ich arrangiert und organisiert hatte, dann wussten die: Bei Käfer sieht kein Fest wie das andere aus!

Von dieser „Geburtstagsnummer“ mit dem elektrischen Klavier habe ich sogar den „Käfer-Gag“ abgeleitet, dass ich bei kleineren Einladungen, die ja manchmal sehr steif sein können, kurz vor Mitternacht die Gläser füllen lasse und um Punkt Mitternacht „Happy Birthday“ intoniere. Da singen alle mit und fragen dann ganz verwundert: „Herr Käfer, wer hat denn heute Geburtstag?“ Und ich sage dann ganz locker: „Wir alle! Wir sind schon wieder einen Tag älter geworden – und bei einer Geburtstagsparty ist es üblich, dass sich alle duzen!“ Dann hebe ich mein Glas. Alle anderen auch, wir prosten uns zu und auf einen Schlag sind wir alle per du.

Mit diesem „per du“ muss man natürlich sehr sorgsam und diskret umgehen. Sonst wird aus dem „per du“ schnell ein „perdü“ und dann ist es vorbei mit irgendwelchen Empfehlungen.

Der Diener als Seelenarzt

EL: Solche „Gerd-Käfer-Gags“ gehen über die landläufige Vorstellung von der „Diener-Rolle“ schon ein bisschen raus. Oder wie siehst du das?

GK: Die wirklich guten Diener haben letztlich immer die Fäden in der Hand. Deshalb ist „Diener sein“ für mich der schönste Beruf, den ich mir vorstellen kann. Abgesehen davon lernst du unglaublich viele Menschen kennen, Menschen, denen du im normalen Leben nie und nimmer begegnen würdest.

EL: Bist du nicht manchmal auch ein Seelentröster?

GK: Noch viel mehr! Als Party-Veranstalter bist du manchmal der reinste „Seelenarzt“. Da erfährst du Geschichten, die man nicht im Beichtstuhl, ja nicht einmal dem Münchner Promi-Friseur Gerd Meir oder dem berühmten Berliner „Frauenflüsterer“ Udo Walz erzählt.

So ein Vertrauen kannst du nur mit deiner eigenen Persönlichkeit aufbauen. Deine Leute mögen noch so gut sein und deine Ideen perfekt umsetzen, aber das Vertrauen in dein Unternehmen kannst letzten Endes nur du selbst aufbauen.

EL: Bedeutet das nicht gleichzeitig auch eine Grenze des Wachstums?

GK: Das mag schon sein, aber egal, ob du ein Ladengeschäft betreibst, einen Party-Service oder auch ein Restaurant, das alles funktioniert nur, wenn du mit deiner ganzen Persönlichkeit und Ausstrahlung dahinter stehst. Ganz besonders im Party-Service. Den kannst du nicht vervielfältigen wie einen Hamburger, der rund um den Globus gleich schmecken muss. Feste feiern ist etwas höchst Anspruchsvolles und Individuelles.

Deshalb war ich auch immer unterwegs, habe meine Verbesserungsvorschläge gemacht, habe mit meinen Mitarbeitern geredet, sie mit Lob zu Höchstleistungen angespornt und sie auch gelegentlich mal zusammengestaucht, dass sie wichtige Details beachten und den Service verbessern. In Sachen Service bin ich ein Detailfanatiker. Schließlich kannst du die Spitzen der Gesellschaft auf Dauer nur bedienen, wenn du selber Spitze bist.

„Händewaschen“ wie ein Lord

Bei meinen Festen habe ich mich einfach um alles gekümmert, um jede winzige Kleinigkeit, bis hin zur Toilettenanlage. Die Toiletten – das mag jetzt komisch klingen – sind beinahe das Wichtigste bei einem großen Fest. Wenn Gäste bei einer festlichen Hochzeit mit drei Flaschen San Pellegrino intus über eine matschige Wiese in ein windschiefes Plumpsklo gehen müssen, dann ist sogar für den ausdauerndsten Partygänger das Fest gelaufen. Der verschwindet um zehn Uhr maulend nach Hause, und das letzte, was du von dem Gast hörst, ist: „Nie wieder!“ Das ist der Grund, warum ich heute zu großen Festen immer meine exklusiven First-Class „Käfer-Toilettenwagen“ mitbringe.

Auf diese Idee wurde ich in London durch ein Fest bei einer der Guinness-Familien gebracht. Dafür sollte ich mir von einem Freund des Hauses, einem englischen Lord, einen First-Class-Toilettenwagen leihen. Das war ein tolles Gerät. Vornehm, wie es nur in England sein kann, mit Messingklinken und Deckeln aus echtem Teakholz. Von dieser Idee war ich so begeistert, dass ich diesen Toilettenwagen in München nachbauen ließ. Zwei Stück. Die nahm ich ab da zu jeder Party mit. Als einen großen Gag kreierte ich sogar eine „Bar de Toilette“. Wenn die Gäste da zur Toilette gehen, stehen an der „Bar de Toilette“ zwei Toilettendiener im Smoking und mit weißen Handschuhen und servieren ein Glas eisgekühlten Champagner. Das ist natürlich ein Riesengesprächsstoff. Erst vorher und dann nachher. Abgesehen davon werden an meiner Bar de Toilette die meisten Visitenkarten ausgetauscht. Schließlich ist man da ja von allem Druck befreit.

Eine Tischdecke aus Bananenblättern für ein karibisches Fest!

Ich habe bei allen Planungen für Feste immer darauf geachtet, dass die Gäste durch die Dekoration, durch das Essen, durch Happenings, die ich veranstaltet habe, genügend Gesprächsstoff hatten. Letzten Endes geht es doch bei einem Fest um die lebendige Kommunikation, um den Spaß, um das Kennen lernen. Kaviar, Hummer oder Bärenkrebse aus dem Pazifik schmecken fantastisch, aber daraus allein entsteht noch keine fröhliche Stimmung oder ein gutes Gespräch.

Ich habe sogar Feste organisiert, auf denen gab es nur dreißig oder vierzig verschiedene Kartoffelgerichte. Die hatte ich auf einer langen Tafel dekoriert wie einen Kartoffelacker. Oder ich habe einige Dutzend Brotsorten angeboten – mit Schmalz und den unterschiedlichsten Butter-Kreationen – von selbst gemachter Kräuterbutter, Sardellenbutter, Butter mit angerösteten Zwiebelschnitten bis zu Erdnussbutter. Und die Leute haben sich trotzdem großartig amüsiert.

Von Kaiser Franz bis Elton John

GK: Ich war bei allen großen Festen nicht nur dabei. Wenn es sich irgendwie einrichten ließ, war ich immer der erste, der gekommen und der letzte, der gegangen ist. Feste organisieren und daran persönlich teilnehmen war bei mir schon mehr als Leidenschaft. Das war geradezu Besessenheit! Ich liebe diese Atmosphäre. Feste arrangieren ist mein Lebenselixier.

EL: Gerd, du hast ja praktisch in ständiger Champagnerlaune gelebt. Waren Feste für dich nicht auch der permanente Ausnahmezustand von der Alltäglichkeit?

GK: Ja, klar! Auf Festen triffst du oft wahnsinnig interessante Menschen. Solche Menschen brauche ich um mich. Ich brauche auch diese menschliche Nähe. Allein sein macht mich ganz krank. Ich brauche das Gespräch, die Herzlichkeit, das Lachen, die Freude der Menschen um mich herum wie die Luft zum Atmen. Deshalb war ich auch so traurig, als ich aus meinem Büro in der Prinzregentenstraße ausziehen musste. Und ich bin sehr froh, dass wir beide beschlossen haben, den ersten Teil von „Käfers unglaublichen Party-Geschichten" gemeinsam zu sammeln und zu Papier bringen. Weißt du übrigens, dass die Verlage seit Jahren Schlange bei mir stehen, weil sie meine unglaublichen „Party-Geschichten" veröffentlichen wollten. Aber nur du hast es geschafft. Da kannst du stolz drauf sein. Du hast den Käfer rumgekriegt. Das kannst du deiner Motivation zu gute halten.

EL: Danke! – Du hast unzählige Begegnungen und Erlebnisse aus einem wahnsinnig ereignisreichen Leben im Kopf. Das ist sicher spannender als mancher Kinofilm und manche „Reality-Show". Du hast Menschen persönlich bedient, die der normale Sterbliche nur aus dem Fernsehen oder aus den Illustrierten kennt – Königin Elisabeth II. von England oder den ehemaligen amerikanischen Außenminister Hen-

Auch Schlösser kann man noch verschönern!

ry Kissinger, Kaiser Franz und Boris Becker, Fürstin Gracia und Leonid Breschnew. Du hast Hochzeiten in den großartigsten Schlössern Europas arrangiert, in Schloss Schleißheim, in Regensburg bei Johannes von Thurn und Taxis zum Beispiel, und in Donaueschingen bei Joachim von Fürstenberg. Du hast Feste in Schloss Versailles ausgerichtet – wie zu Zeiten von Ludwig XIV. Bei dir hat noch vor ganz kurzer Zeit die Präsidentin von Chopard, Carolin Gruosi-Scheufele für die Pop-Ikone Elton John in Cannes eine Schwarz-Weiß-Party für achthundert Leute bestellt.

Wie bist du zu diesem weltweit bekannten „Fest-Veranstalter aufgestiegen? Wie ist aus dem Gerd Käfer, der bei seinen Eltern in einem kleinen Feinkostladen in München-Bogenhausen hinter der Theke stand und Gemüse drapierte, der unverwechselbare „Party-Käfer“ geworden? Wie bist du in diese Rolle des „Dieners der Reichen und Schönen“ hineingewachsen?

GK: Lieber Erich, das will ich dir gerne alles erzählen!

EL: Wie kam es dazu, dass Anfang der 60er Jahre der „Playboy des Jahrhunderts“, Gunter Sachs bei dir anrief und ein Fest bestellte? Hat der dann gesagt: „Gerd, ich hab da eine Wahnsinns Frau kennen gelernt. Kannst du mir eine Fete organisieren?“

GK: Also, Gunter Sachs hat das schon ein bisschen charmanter formuliert. Das ist nämlich ein Mensch, der unglaublich viel Stil hat, immer schon hatte, auch in jungen Jahren. Sonst hätte der auch nie eine Brigitte Bardot auf seine Yacht bekommen. – Abgesehen davon ließ sich Gunter Sachs selber die irrwitzigsten Überraschungen für Partys einfallen, die du dir vorstellen kannst. Der hätte mir glatt mit einem Party-Service Konkurrenz machen können!“

EL: Aber deine häufigen Engagements bei Gunter Sachs oder auch bei Unternehmen wie Grundig, Krupp, Thyssen, bedeuten doch, dass du damals schon ein Begriff warst in der gehobenen Gesellschaft.

GK: Ja, das stimmt schon. Bei „Käfer" rief einfach alles an, was Rang und Namen hatte, wenn man ein exklusives Fest arrangieren wollte.

EL: Wie kam es zu dieser herausragenden Position? Was war der Auslöser dafür? Ich weiß aus eigener Erfahrung, dass einem solche umwerfenden Ideen nicht beim Sonntagsspaziergang oder beim Nachmittagskaffee in der Konditorei kommen! Da steht nach meiner Erfahrung fast immer ein immenser Druck dahinter.

GK: Willst du die Langversion hören oder die gereinigte Fassung fürs Mädchenpensionat? –

EL: Das überlass ich ganz dir!

Die Biedermeier-Nummer

GK: Also, es war am Weihnachtsabend 1954. Den Tag werde ich nie vergessen. Da hatte ich einen Riesenstreit mit meinen Eltern. Ich war gerade einundzwanzig Jahre alt geworden – und hatte ein paar Wochen zuvor eine umwerfende Frau kennen gelernt, die Tochter eines Schuhfabrikanten. Deren Familie wohnte schräg gegenüber von unserem Geschäft. Eine unheimlich scharfe Frau – mit einer sagenhaften Figur und einem unglaublich aufreizenden Gang. Diese Frau war eine einzige Versuchung. In die war ich so verknallt, dass mir Hören und Sehen verging. In diese heiße Flamme habe ich natürlich jede Menge Zeit investiert. Pausenlos war ich mit ihr zusammen. Das schränkte meine Zeit hinter der Theke des elterlichen Ladens stark ein. Das war schon Grund zum Ärger genug.

Außerdem wollte ich partout, dass dieses „Objekt meiner Begierde" bei mir übernachtet. Das führte zu einem Riesenkrach mit meinen Eltern – ausgerechnet am Heiligen Abend, dem Fest des himmlischen Friedens. Von wegen „Stille Nacht, heilige Nacht!" Mein lieber Schwan, da war was geboten! Heute kann sich niemand mehr vorstellen wie prüde die Gesellschaft damals war – nach außen hin. Jedenfalls stellte mich mein Vater – nach einem heftigen Disput unter dem brennenden Weihnachtsbaum knallhart vor die Entscheidung: „Mei Sohn, i sag dir jetzt oins – entweder du lässt des Menschle soi oder du ziagscht aus!"

EL: „Menschle", was ist das?

GK: Mein Vater kam aus einer Winzerfamilie in Württemberg. Wenn der deutlich wurde, sprach er immer Dialekt. „Menschle", das war einfach seine Bezeichnung für meinen scharfen Zahn. – Für mich gab es da gar keine Alternative. Ich packte meine Sachen und zog am 2. Weihnachtsfeiertag aus. Mit meinem Schwarm zusammen nahm ich eine Wohnung in Schwabing. Das heißt, die Wohnung hatte sie schon. Eine richtig schnuckelige kleine Wohnung. Die war ganz toll eingerichtet mit Biedermeier-Möbeln und allem möglichen antiken Schnickschnack.

Ich hatte damals von Antiquitäten null Ahnung und brachte kurz nach meinem Einzug sämtliche Biedermeier-Möbel zu einem Antiquitätenhändler. Das war schon ziemlich bescheuert. Die wären heute ein Vermögen wert. Von diesem Geld habe ich die ganze Wohnung mit modernsten Möbeln von Ziersch „Form im Raum" eingerichtet. Das war damals ein irre „angesagter" Möbeldesigner. Leider auch sehr teuer. Bei dem orderte ich eine zeitgemäße Einrichtung – obwohl ich selber keinen Pfennig Geld hatte. Aber ich war schon immer so ein wahnsinniger „Einrichtungsfanatiker". Koste es, was es wolle.

Dann eröffnete ich meinen eigenen Feinkostladen in der Georgenstraße, mitten in Schwabing. Das war eine ganz kleine Bude mit ungefähr 80 Quadratmetern. Aber auch die habe ich super modern eingerichtet. Da war alles drin, was man sich für so ein Geschäft nur vorstellen konnte. Ein richtig interessanter und anregender Laden war das. „Schwabinger Feinkost-Boutique" habe ich dieses Lädchen getauft.

Von der Liebe
und anderen Katastrophen

Eingekauft habe ich überall, wo ich was Feines zu essen finden konnte. Die ganz teuren Delikatessen holte ich in kleinen Portionen beim ehemaligen Hoflieferanten Dallmayr. Und verkaufte sie zum selben Preis wie Münchens damalige erste Adresse für ausgesuchte Feinkost! Dort schickten die Millionäre von Grünwald und Bogenhausen ihre Chauffeure hin, um Hummer, Trüffel und feinste Schokolade oder auch nur 100 Gramm Salame Montanara Affetato abholen zu lassen.

Als Gewinn hatte ich nur den Rabatt, den mir mein königlich bayerischer Hoflieferant einräumte – und dieser Rabatt war wahrlich nicht berauschend, denn ich war schließlich kein Großabnehmer. Obwohl ich an diesem Geschäft fast nix verdiente, malte ich mir in meinem jugendlichen Leichtsinn eine sagenhafte Zukunft als Feinkostgroßunternehmer aus. Ich träumte von einer ganzen Kette von Feinkostläden – in allen großen Städten der Bundesrepublik.

Angesichts so glänzender Aussichten machte ich auch privat gleich Nägel mit Köpfen und heiratete den Wahnsinnszahn, in den ich damals so rasend verliebt war. Obwohl ich zu dem Zeitpunkt schon dunkel ahnte, dass diese Frau für meine Zukunft keine große Hilfe war.

Sechs Wochen nach unserer Hochzeit kam ich mittags überraschend nach Hause und fiel aus allen Wolken. Da lag sie mit meinem besten Freund im Bett. Erst warf ich diesen sauberen Freund raus und dann sagte ich zu ihr: „Weißt du was, mein Schatz, du kannst mich kreuzweise! ... Aus! Ein Käfer lässt sich nicht bescheißen!“ Dann suchte ich mir ein kleines Zimmer als Untermieter in einer WG.

Sage und schreibe 20 Jahren später schrieb mir meine erste Ex-Schwiegermutter einen Brief und verlangte das Geld für die Biedermeier-Möbel zurück. Die hatte all die Jahre meinen Aufstieg zum „Feinkost-Käfer" und „Partykönig" in der Presse mitverfolgt und glaubte, ich sei jetzt wohlhabend und sie könnte mich ausnehmen wie eine Weihnachtsgans. Aber wirklich wohlhabend war ich nie, mein ganzes Leben lang nicht. Sobald ich was auf dem Konto hatte, überlegte ich, wie ich den Laden in der Prinzregentenstraße verschönern könnte. Außerdem kaufte ich ständig Geschirr, Besteck, Platten, Tische, Stühle für meinen Party-Service. Auch die Theatergastronomie verlangte ständig Investitionen. Allein der Einstieg in die Gastronomie im Nationaltheater kostete mich weit über zwei Million D-Mark.

Also, mit Geld auf der hohen Kante – da war nix zu holen bei mir. Deshalb beantwortete ich dieses Ansinnen mit wohlgesetzten Worten: „Liebe ehemalige Schwiegermama, dieses Geld von den Biedermeier-Möbeln steht wahrscheinlich noch bei deiner Tochter im Wohnzimmer, allerdings stark modernisiert. Vielleicht fragst du sie bei Gelegenheit mal, warum wir uns damals getrennt haben. Ich glaube wir sind quitt!"

Zwischenspiel mit „Feinkost-Lehre"

EL: Wie ging es weiter, nachdem du aus diesem ersten Hafen der Ehe abgedampft bist?

GK: Eine Zeit lang führte ich meine Schwabinger Feinkost-Boutique alleine weiter. Gleich um die Ecke machte ich sogar noch eine Kneipe auf. Dort habe ich dann nach Ladenschluss bis Mitternacht gekocht, serviert, abgespült, geputzt, dazwischen Bier gezapft, Wein, Whisky und erstklassigen Champagner ausgeschenkt – alles in, eigener Person. In dieser Kneipe trafen sich sämtliche Playboys der Münchner Schickeria – James Graser, der immer damit angab, er hätte den größten; Fritz Deckel, der einen Gang hatte wie ein Panther; Walter Staudinger, der König der Münchner Spielbuden; Peter Haff, Ex-Lover der Kaiserin Soraya; Bobby Arnold, Mitinhaber der berühmten Filmkamerafirma ARRI; Falk Volkart, der Inhaber des Hotels „Bayerischer Hof", mit dem damals eine lange Freundschaft begann.

In dieser Zeit lernte ich meine zweite Frau kennen – Hilde. Das war eine bildhübsche Frau. Die ist heute noch hübsch. Hilde war wirklich sehr patent. Sie half mir in meiner Not – Tag und Nacht. Eines Tages sagte sie zu mir: „Du, Gerd, ich muss dir etwas sagen – ich bin schwanger!" Ich war glücklich. Das war unser Michael. Aber diese Geschichte wird sie dir sicher noch selber erzählen – aus ihrer Sicht.

Mit meinem kleinen Feinkostladen krebste ich so dahin, zwischen Hängen und Würgen, von einem Monatsende zum nächsten. Ich wusste kaum, wie ich jeden Monat die Miete bezahlen sollte. Zum Leben blieb fast nichts übrig. Der Monat war einfach immer viel zu lang für das, was ich mit meinen geringen Margen erwirtschaften konnte. Außerdem machte ich eine sehr teure Erfahrung, die mir allerdings später zugute kam und die mich Tag für Tag antrieb, den „Feinkost-Käfer" zu vergrößern: „Du kannst einen Delikatessenladen erst ab einer bestimmten Größe exklusiv und profitabel betreiben!" Wenn du für deine teuren Produkte nicht jeden Tag genügend Kunden hast, schmeißt du zuviel weg – vor allem Fisch und Meeresfrüchte, aber auch Obst, Gemüse, einfach alles, was du nur frisch verkaufen kannst! Außerdem bist du gar nicht in der Lage, frische Ware in einer interessanten Menge aus allen möglichen Ländern – von Norwegen bis Thailand einfliegen zu lassen, um sie dann entsprechend problemlos, das heißt, zu vernünftigen Preisen verkaufen zu können.

Aber das größte Problem mit meiner „Schwabinger Feinkostboutique" war, dass ich meine Lieferanten nicht rechtzeitig bezahlen konnte. Einige hörten auf, mich zu beliefern. Andere lieferten weiter und machten ständig Ärger. Täglich bekam ich Anrufe: „Herr Käfer, entweder sie überweisen die offenen Rechnungen oder ich höre auf Sie zu beliefern!" Einer dieser Lieferanten, der Besitzer der Firma Fisch-Winter, von dem ich meinen Fisch bezog, machte mich dann systematisch fertig. Dieser Fischhändler trieb mich fast bis zur Verzweiflung. Sein Rechtsanwalt schickte mir einen Mahnbescheid nach dem anderen. Ich kriegte schon Bauchweh, wenn ich den Postboten nur von Ferne sah. Am Ende blieb mir nichts anderes übrig – ich musste meinen schönen Laden verkaufen und blieb auf einem riesen Berg Schulden sitzen.

… aber der Nowak ließ ihn nicht verkommen!

EL: Bist du dann reumütig zu deinen Eltern zurück?

GK: Da kennst du aber Gerd Käfer schlecht. Du glaubst gar nicht, wie stur ich sein kann, wenn ich mir etwas in den Kopf gesetzt habe. Damals konnte ich mir noch nicht eingestehen, dass mein Vater recht gehabt hatte. Nein, ich ging zur „Gisela". Gisela, die singende Wirtin in der Occamstraße! Gisela war eine Schwabinger Institution. Ihr Song „ Und der Nowak lässt mich nicht verkommen!" war die Lebensphilosophie aller Schwabinger Künstler und solcher, die es werden wollten. Da gehörte ich voll und ganz dazu. Der Schwabinger Gisela habe ich viel zu verdanken. Bei ihr habe ich mich aus diesem Schuldensog herausgearbeitet und geschuftet wie ein Irrer. Schließlich hatte ich ja Frau und Kind zu versorgen – auch wenn ich Hilde und Michael kaum mehr gesehen habe. Denn bei Gisela war ich „Generaldirektor, Empfangschef, Koch und Spüler in einem!" Keinen Tag kam ich vor Morgengrauen aus dieser total verrauchten Kneipe. Das war die härteste Zeit meines Lebens. Ich war oft zum Umfallen erschöpft, aber als junger Mann muss man das schon aushalten. Das war die beste Schule, die ich für meinen späteren Beruf als „Tafeldecker der Nation" habe kriegen können, besser als jeder Lehrgang bei der IHK. Außerdem war das eine unglaublich intensive Zeit. Das war ein Leben wie auf dem Vulkan!

EL: Das war doch mitten in der hohen Zeit der Schwabinger Boheme?

GK: Und wie! Ich war ein richtiger „Schwabinger", in abgewetzten Jeans, unfrisiert und mit Löchern in den Socken. Ein bisschen heruntergekommen war da modern. Aber ich war immer gut drauf. Die Schulden, die ich von der Feinkostboutique noch hatte, die waren mir eigentlich wurscht. Mal hatte ich Geld, mal hatte ich keins. Das gehörte zum Lebensgefühl dieser ganzen Zeit. Da liefen in Schwabing viele rum, die sich als Künstler und Lebenskünstler sahen. Wenn sie mal wieder ein Bild oder eine Skulptur verkauft hatten oder irgendeine reiche Witwe aufgerissen hatten, fuhren sie im Frack mit dem Taxi vor. Eine Woche später kamen sie total abgerissen wieder und mussten sich vom Kellner Geld leihen, wenn sie was zu essen brauchten.

Gäste aus dem ganzen Universum

Bei „Gisela" traf sich alles, was in München Rang und Namen hatte. Erich Kästner war Stammgast bei „Gisela". Franz-Josef Strauß, der damals schon heftig an seiner politischen Karriere schmiedete, kam regelmäßig vorbei. Aber er brauchte diese Welt, die nichts mit Politik zu tun hatte. Außerdem lebte Franz Josef immer aus dem Vollen, bis zuletzt.

Auch ein damals berühmter Münchner Anwalt, Dr. Heiner Glauer, kam jeden Abend vorbei. Dem vertraute ich bei einer Halbe Bier mein zerflossenes Eheglück an und er vertrat mich dann sehr kompetent bei meiner ersten Scheidung. Der junge und damals noch unbekannte „Scheibenwischer" Dieter Hildebrandt und all die anderen Kabarettisten kamen nach ihren Vorstellungen in der „Lach- und Schießgesellschaft" ins „Gisela" zu Gisela. Ab und zu konnte man sogar internationale Prominenz erleben – Leonard Bernstein kam, wenn er in München dirigierte. Kirk Douglas schaute vorbei, als er mal in Geiselgasteig drehte und bei ARRI zu tun hatte. Sogar der erste Mensch im Weltall, der russische Kosmonaut Juri Gagarin, legte einen Abstecher zu „Gisela“ ein, als er auf seiner Goodwilltour in München Station machte. Bei „Gisela“ traf sich einfach alles. Jeden Abend fand das gleiche Ritual statt: Zu später Stunde trat „sie“ auf die Bühne und sang mit ihrer verrucht-verrauchten Stimme das Lied vom Nowak. Kennst du’s, Erich? – War’t mal, ich sing’s dir vor:

„Ich habe einen Mann, den viele möchten, der immer mich bewahrt vor allem Schlechten.
Ein jeder kennt ihn, Nowak ist sein Name, ihm dank’ ich es, dass heut’ ich eine Dame!
Ob angezogen oder als ein Nackter, der Nowak hat am ganzen Leib Charakter.
Ich hätt’ schon längst ein böses End’ genommen, aber der Nowak läßt mich nicht verkommen.“

Ja, der Nowak ließ uns nicht verkommen. Jeder hatte dieses Lied auf den Lippen und dieses total ausgeflippte Lebensgefühl im Leib. Auch Giselas „Schwabinger Laterne“ war ein Wahnsinnshit. Das war die „Großstadtmelodie“. Einige ihrer Titel kamen sogar wegen „Unzüchtigkeit“ auf den Index. Aber sie drückten alle aus, wie wir lebten und dachten: „Raus aus dem kleinbürgerlichen Mief mit seinen kleinlichen Tabus!“ Damals gab es auch keine Polizeistunde. Wir feierten regelmäßig durch bis die Spießbürger, nach unserer Meinung „die armen Irren“, ins Büro gingen.

Abgewiesen!

GK: Diese Art von Boheme gab es nirgends sonst in Deutschland – und heute gibt es sie auch in Schwabing nicht mehr. Eigentlich schade!

EL: Und die Discos? Entsprechen die nicht diesen Schwabinger Kneipen?

GK: Diese Nobeldiscos von heute kannst du mit der „Boheme“ von damals überhaupt nicht vergleichen. Da verkehrt ein völlig anderes Publikum. Da herrscht ein ganz anderer Geist. Das ist auch ein total anderes Lebensgefühl. Außerdem durfte bei „Gisela“ jeder rein, er musste nur hinterher bezahlen können. Da gab es noch nicht diese „Gesichtskontrolle“ durch die Türsteher am Eingang. So wie im P1, Deutschlands angesagtestem Nachtclub, der meinem Sohn gehört. Das war nach dem Krieg das Offizierscasino der Amerikaner. Deshalb heißt es auch P1, weil ein Amerikaner natürlich nicht „Prinzregentenstraße Nummer eins“ sagen kann. So wurde im Munde eines texanischen Quartiermeisters aus „Prinsredschendenschdraaaasse Number One“ das „Pee One“.

Dieses sagenumwobene „Pi one“, das ich irgendwann Mitte der achtziger Jahre von Münchens Nachtclubkönig Aleko für 400000 DM gekauft und als Pachtbetrieb geführt hatte, wollte ich vor einiger Zeit ein paar Gästen von mir zeigen und spazierte ganz ahnungslos auf die Tür zu. Da hielt mich so ein muskelbepackter Zerberus auf und sagte in einem ziemlich herausfordernden Ton: „He, Opa, wo willst du denn hin?“ Ich lächelte den ganz freundlich an und sagte: „Hören Sie mal, ich bin der Vater von Michael Käfer!“ Da musterte mich der von oben bis unten und sagte: „So, so? – Und ich bin der Sohn von Rudolf Moshammer!“ Was soll ich dir sagen – ich kam nicht rein!

Bei einem späteren Versuch kam Gerd Käfer doch noch ins sagenumwobene P1.

Wie wird man Zeremonienmeister?

EL: Gerd, wir beide haben eines gemeinsam. Wir gehören zu den Leuten, die allein mit einer originellen Idee, mit unerschöpflicher Fantasie, mit Begeisterung, mit einem Ziel vor Augen und mit einem bedingungslosen Einsatz über viele Jahre ein großes Lebensziel erreicht haben. Was war der wichtigste Schritt auf dem Weg zum „Feinkost-Käfer", zum „Gourmet-Papst? Wie kam es zur Erfindung des „Party-Service"?

Gerd Käfer – der Zeremonienmeister.

GK: Also, da waren ganz viele Schritte notwendig. Es ist auch nicht ganz richtig, dass ich der „Erfinder" des Party-Service bin. Den gab es schon bei den alten Römern. Wenn da ein Kaiser Tiberius seine wüsten Partys in den Grotten von Sperlonga gefeiert hat oder in einer der Villen in der

Umgebung von Rom, dann hatte er da auch seinen Zeremonienmeister, der ihm diese Feste organisierte. Schließlich musste ja jemand Regie führen und sagen, wann die leicht bekleideten Mädchen ihre Tänze aufführen und wann die Knaben auf der Flöte blasen. Dieser arme Mann musste sich auch für jedes Fest etwas Neues und Überraschendes einfallen lassen, weil er sonst den Löwen zum Fraß vorgeworfen worden wäre.

Oder nimm den Sonnenkönig Ludwig XIV. Der verlangte in Versailles nach den glanzvollsten Festen, die sich die menschliche Fantasie damals ausdenken konnte, und zwar für mehr als 10 000 Gäste. Da gab es selbstverständlich einen „Maître de Plaisier". Denn zu einem festlichen Essen gehörten schon damals neben den erlesenen Speisen und Getränken die Dekoration, die Musik, die Hofnarren, die Gaukler, die ihre Kunststücke vorführten und Dichter, die ihre neuesten Verse deklamierten. Übrigens auch eine perfekte Logistik, denn der Sonnenkönig verlangte täglich seine frischen Austern. Schließlich glaubte man schon damals, dass die dem Mann zu jeder Tages- und Nachtzeit das nötige Stehvermögen verleihen. Und es gibt kaum etwas anderes aus der Welt des Meeres, das dem Gaumen größere Wonnen bringt als das kräftige und zugleich zarte, nach Jod und Meer schmeckende Fleisch der Cancalaiser Austern. Diese Austern kamen per Reiterstafette 300 Kilometer weit von Frankreichs berühmtestem Austernort Cancale.

Feste feiern bedeutete schon immer mehr als ein paar Scampi auf den Grill zu legen oder eine Kiste Hummer in kochendes Wasser schmeißen. Dazu gehörte eine gelungene Mischung aus Kreativität, perfekter Dienstleistung und exakter Logistik. So gesehen war ich nicht der „Erfinder" des Party-Service. Höchstens der Wiederentdecker in der Zeit des Wirtschaftwunders.

Man kann alles feiern, wenn man will

EL: Aber Gerd, du warst doch der erste, der diese Nische im Nachkriegsdeutschland zu Beginn der Wirtschaftswunderzeit erkannt hat. War das ein Markt, den andere nicht gesehen haben?

GK: Diesen Markt konnte niemand sehen, weil es den als solches gar nicht gab. Das war ungefähr so wie wenn du im Jahr 1900 einen Marketingforscher daran gesetzt hättest, dass der untersucht, ob es einen Markt für Automobile gibt. Der hätte auch gesagt: „Nein, gibt es nicht. Die Leute gehen alle zu Fuß oder fahren mit der Pferdekutsche!" Die Menschen hatten im Grunde keine Ahnung wie man Feste feiert. Es gab nur das ungeheure Bedürfnis nach mehr Freude und mehr Lebensgenuss. Die Menschen wollten einfach mehr Farbe in ihr Leben bringen. Allen voran natürlich die Flicks und Grundigs, die Krupps und Sachsens, die Neckermanns, Quandts, Schickedanz', die mit dem kräftig boomenden Wirtschaftswunder dank ihrer Marktpositionen unvorstellbar viel Geld verdienten.

Aber nicht alle Unternehmer hatten die Zeit, um sich über die Ausgestaltung von Festen Gedanken zu machen. Die meisten schufteten von früh bis spät. Über Lebensgenuss nachzudenken, hatte so jemand doch keine Zeit. Die waren todfroh, wenn sie einen Tipp bekamen, wer ihnen das zehnjährige Gründungsjubiläum ihrer Fensterladenfirma oder ihres Bauunternehmens ausrichten könnte.

In dieser Zeit des Wirtschaftswunders habe ich in Deutschland den „Party-Service" populär gemacht. Mir hat dieses Wort zwar nie gefallen, aber Amerikanisch war modern! Da hieß es längst nicht mehr „Ami, go home!", sondern „Ami, please, come in!" Ich habe den Deutschen gezeigt, wie man Feste feiert. Vom Geburtstagsfest bis hin zum Lieblingsfest der Deutschen, zu Weihnachten. Hochzeitsfeste, Firmenjubiläen, Silberne Hochzeit, Goldene

Hochzeit, Beerdigungen – alles kann man feiern und entsprechend dem Anlass ausstaffieren. Mit mir wurden auch viele getauft und beerdigt.

Ich habe den Leuten sogar gezeigt, wie man ohne jeden Anlass feiern kann. Nur „aus Spaß an der Freud!“, wie der Bayer sagt. Ich wurde zu einer Art Gradmesser für Wohlstand und Wachstum. Wenn es in der damaligen Zeit bei Siemens oder Osram auf einer Aktionärsversammlung ein Käferbüffet gab, dann wussten die Aktionäre: „Es geht aufwärts. Das Unternehmen blüht. Das Betriebsergebnis stimmt. Wir können eine höhere Dividende erwarten!“

Die Erfindung des Party-Service

EL: Wie kamst du dazu, deine allererste Party zu organisieren? Gab es da einen besonderen Anlass?

GK: Ich hatte schon in meinem Schwabinger Feinkostlädchen nach dem Beispiel meiner Mutter angefangen, Salate und Platten mit Häppchen auf kleine Schwabinger Künstlerfeten zu liefern. Die erste Party, das erste richtige Fest, das ich selbst veranstaltete, war witzigerweise ein Hochzeitsfest. Ein Freund hatte mich gebeten, für ihn in einer großen Garage eine richtige Sause zu seiner Hochzeit zu organisieren. Mit Essen und reichlich Trinken, mit Dekoration, mit der Musik, eben mit allem, was zu einem richtigen Fest gehört. Diese Garage erkannte niemand wieder. Die hatte ich mit Teppichen, Sitzkissen und großen Tüchern an den Wänden in einen riesigen orientalischen Harem verwandelt. Die graue Waschbetondecke ließ ich hinter Dutzenden von bunten Luftballonen verschwinden. Jede Kleinigkeit wurde von mir genauestens geplant und durchdacht. Ich kümmerte mich auch um den Druck der Einladungskarten. Sogar die Sitzordnung entwarf ich, denn schließlich war es mir wichtig, dass die Leute zusammen saßen, die sich am besten verstanden.

Das war sozusagen mein erstes „Komplett-Angebot“ für ein Fest. Mein Freund konnte sich ganz seiner Braut und seinen Gästen widmen. Ich hatte selbstverständlich auch ein paar hübsche Studentinnen zum Bedienen organisiert. Das war nicht schwierig. Die Uni war ja ganz in der Nähe.

Bei diesem Fest habe ich zum ersten Mal das angeboten, was heute ganz modern als „fingerfood“ bezeichnet wird. Auch die warmen Vorspeisen in den kleinen Schälchen hatte ich damals schon im Programm. Aus meiner Zeit bei „Gisela“ kannte ich jede Menge junger Jazzmusiker, die froh waren, wenn sie irgendwo für ein kostenloses Abendessen in die Tasten greifen oder ins Horn stoßen konnten. Die legten einen Sound hin, dass die Garagenwände wackelten. Ich selbst hatte bei der Planung und vor allem auch bei der Durchführung dieses ersten Hochzeitsfestes einen Riesen Spaß. Als in den frühen Morgenstunden alle davon schwärmten, was für ein unvergleichliches Fest das gewesen sei, kam mir urplötzlich die Idee: „Mensch, Gerd, das iss'es! Feste organisieren – das ist dein Leben! Das kannst du! Das ist Lebensfreude pur!“ Dort bekam ich zum ersten Mal eine Ahnung davon, dass ich diesen Service als einen ganz neuen Geschäftszweig ausbauen könnte. Ich hatte noch keinen Namen dafür. Aber das war der Anfang des Käfer-Party-Service“.

Sämtliche Hochzeitsgäste waren jedenfalls total begeistert und einige fragten mich anschließend, ob ich ihnen nicht auch so ein tolles Fest organisieren könnte. Weil sie dafür nicht alle extra heiraten konnten, überlegten einige ganz scharf, was sie als Anlass für ein Fest hernehmen könnten. Geburtstag hat man schließlich auch nur einmal im Jahr. Da ließ ich mir einiges einfallen – vom Maikäfer-Fest bis Sommersonnenwende. Das Wort „Brunch“ zum Beispiel war in Deutschland noch völlig unbekannt. Dass ein spätes Frühstück mit hundert Leuten bis weit nach Mitternacht dauern konnte, war mal die Überraschung der Saison!

Rückkehr in den elterlichen Laden

EL: Hattest du damals schon eine Vorstellung davon, zu welcher Größe sich dieser Party-Service steigern lässt?

GK: Erst mal habe ich bei der „Gisela“ alle meine Schulden abgearbeitet, die ich bei den Lieferanten gehabt hatte. Monat für Monat, eineinhalb Jahre lang! Dort habe ich im Grunde nur für's Überleben, für Hilde und Michael und für die Schulden geschuftet. Übrig geblieben ist mir da nichts. Aber die Schulden habe ich auf Heller und Pfennig zurückgezahlt.

Nach dem Intermezzo bei „Gisela“ bin ich dann zu meinen Eltern zurück und habe dort ganz bescheiden im Laden mitgearbeitet. Mit meinem Vater habe ich mich ausgesprochen und auch ausgesöhnt. Ich hatte eingesehen, dass ich einen Fehler gemacht hatte. Außerdem war der Grund unseres Zerwürfnisses längst aus meinem Blickfeld verschwunden. Mitsamt den Möbeln von Ziersch. Mein Vater war auch ganz froh, dass er wieder meine Unterstützung hatte, auch wenn der Laden in der Prinzregentenstraße damals eigentlich ein Tante-Emma-Laden war, mit ein bisschen Feinkost. Aber auch mein Vater hatte schon Pläne, wie man den Feinkostladen erweitern könnte. Das Verhältnis zu meiner Mutter war immer schwierig, weil sie nur sah, was ich ausgab, aber nicht was ich aufgebaut habe. Sie hielt mich für einen grenzenlosen Verschwender – bis zuletzt.

EL: Gerd, solche kleinen Feinkostläden gab und gibt es viele. Was brachte dir die Idee, dass daraus einmal das große „Feinkost-Käfer-Imperium“ werden könnte? – Das interessiert mich wirklich, denn ich kenne diese Phase aus meinem eigenen Leben. Aus den ersten Jahren meines Unternehmens, das ich Mitte der 70er Jahre gegründet habe. Der große Erfolg, den ich später erzielte, sieht im Rückblick ganz wunderbar und logisch aus, aber im Grunde bestand mein Unternehmen nur in meinem Kopf. Bei dir war es sicher genauso. Du rackerst und rackerst und freust dich über jeden noch so kleinen Auftrag und kannst dir nicht einmal ein eigenes Auto leisten. Aber in deinem Kopf existiert bereits ein weltumspannendes Unternehmen. Wenn du in solch einer Phase einem Menschen erzählst, dass du die Vision hast, in deiner Branche die Nummer eins weltweit zu werden, dann halten dich alle für verrückt.

GK: Ich kenne deine Firmengeschichte nur vom Hörensagen. Wie sah denn dein Anfang aus?

EL: Ich saß damals in meinem Drei-Zimmer-Wohnbüro an einem Schreibtisch vom Trödelmarkt. Bis meine Frau Irène Lejeune aus der Schweiz kam, bestand die Buchhaltung aus einem großen Schuhkarton. Die Pakete packten wir in der Küche auf dem Esstisch. Wenn ich damals jemandem gesagt hätte, dass ich als Chip-Broker einmal die Nummer eins werden möchte – weltweit – der hätte mich glatt für verrückt gehalten. Dass ich mit diesem Unternehmen zwanzig Jahre später mit einem sensationellen Ergebnis an die Börse gehen würde, war zu dem Zeitpunkt für niemand abzusehen. Außer mir!

Deshalb meine Frage an dich, Gerd, wann hat sich in deiner Vorstellung eine ähnliche Vision einer Firmengröße abgezeichnet, die weit über deine Heimatstadt München hinausreicht?

Qualität als Wachstumsprinzip

GK: Die intuitive Vorstellung, dass sich der Party-Service auf ganz Europa ausdehnen lässt, war bei mir eigenartiger Weise von Anfang an mit dieser Idee verbunden. Schon auf diesem Hochzeitsfest in der Garage! Ich sah mich im Geist schon die größten Lagerhallen in fantastische Fest-Arenen verwandeln. Was mir dabei zu Hilfe kam, war natürlich, dass meine Eltern schon 1930 mit einem kleinen Laden in der Amalienstraße, direkt hinter der Universität, begonnen hatten.

„Der kleine Gerd schaut hoffnungsfroh in die Zukunft."

Der war mit seinen 80 Quadratmetern nicht größer als mein Lädchen in der Georgenstraße. Aber meine Mutter fing damals schon an, in ihrer Küche Salate anzurichten und die zu verkaufen. Mein Vater kam aus einer Weinbauernfamilie und verkaufte Wein direkt vom Winzer. Das gab diesem Laden von Anfang an eine besondere Note. Die Leute kamen von weit her, um bei „Käfer" einzukaufen. Dieser Laden war also nicht nur „Tante Emma". Das Konzept und der Service waren so erfolgreich, dass meine Eltern 1933 mit ihrem Laden von Schwabing in größere Räumlichkeiten in die Prinzregentenstraße ins Nobelviertel Bogenhausen umziehen konnten. Dort hatten sie natürlich ganz andere Kunden als die Studenten und Professoren, die jeden Pfennig zweimal umdrehten, bevor sie ihn für Essen ausgaben. Aber auch diese Zeit war kein reines Honiglecken. Während der Kriegsjahre musste meine Mutter den Laden alleine führen und die ersten Nachkriegsjahre waren auch für Käfer sehr schwere Zeiten.

Ab Anfang der 50er Jahre, mit dem Einsetzen des Wirtschaftswunders, ging es aber dann mit diesem Laden stetig bergauf. Der kleine Imbiss, den meine Mutter anbot, lockte

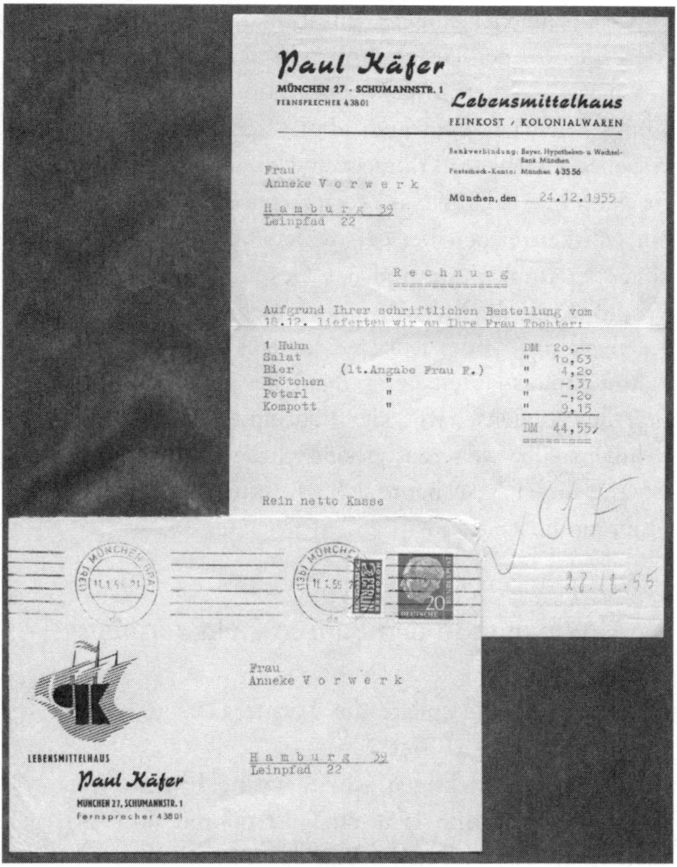

Paul Käfer
MÜNCHEN 27 · SCHUMANNSTR. 1
FERNSPRECHER 43801

Lebensmittelhaus
FEINKOST / KOLONIALWAREN

Bankverbindung: Bayer. Hypotheken- u. Wechsel-Bank München
Postscheck-Konto: München 43556

Frau
Anneke V o r w e r k

H a m b u r g 39
Leinpfad 22

München, den 24.12.1955

R e c h n u n g

Aufgrund Ihrer schriftlichen Bestellung vom
18.12. lieferten wir an Ihre Frau Tochter:

1 Huhn		DM	2o,--
Salat		"	1o,63
Bier	(lt.Angabe Frau F.)	"	4,2o
Brötchen	"	"	-,37
Peterl	"	"	-,2o
Kompott	"	"	9,15
		DM	44,55

Rein netto Kasse

27.12.55

LEBENSMITTELHAUS
Paul Käfer
MÜNCHEN 27, SCHUMANNSTR. 1
Fernsprecher 43801

Frau
Anneke V o r w e r k

H a m b u r g 39
Leinpfad 22

... noch klein, aber schon fein!

auch die Künstler des nahe gelegenen Prinzregententheaters ins Haus. So kam der Kontakt zur späteren Theatergastronomie zustande.

Käfer – mit der Nase immer vorn dran

Eine Neuerung, die meine Mutter installiert hatte, erregte in der ganzen Stadt Aufsehen. Bei uns im Laden drehte sich nämlich der erste Beer-Hähnchengrill in Deutschland!

Das war eine viel größere Sensation als wenn da ein 600er Mercedes vor der Tür gestanden hätte. Kein Geringerer als der später weltberühmte Wienerwald-Gründer und Hendl-König Friedrich Jahn erkundigte sich bei meiner Mutter, wie dieser Grill funktioniert und ob sich so eine Anschaffung lohnt. Also, die Nase vorn zu haben, war schon immer ein Markenzeichen bei den Käfers. Dazu kam diese persönliche Atmosphäre und das Gespür für die besonderen Produkte, die die Menschen noch nicht kannten. Kaum bot Käfer sie an, wollte jeder sie haben. Und das Wichtigste: Schon damals lautete der Leitsatz des Unternehmens „Qualität aus Leidenschaft", der kontinuierlich in allen Unternehmensteilen weiterentwickelt wurde und bis heute gültig ist. Auf dieser Basis baute sich eine immer größer werdende Stammkundschaft auf.

Wie man in den Pausen Geld verdient

EL: Welche Rolle spielte die Theatergastronomie für die Entwicklung von „Käfer"?

GK: Diesen wichtigen Schritt hat noch mein Vater vollzogen. Er übernahm 1956 die Gastronomie im Prinzregententheater. Das war zu der Zeit das Opernhaus der Münchner. Das Nationaltheater lag da noch in Schutt und Asche. Später kamen dann alle Münchner Theater und Konzertsäle dazu. Leider starb mein Vater sehr früh, schon mit 58 Jahren. So hat er diesen Aufstieg nicht mehr miterlebt. Nach seinem Tod war ich dann natürlich stark gefordert, denn ich hatte drei „Baustellen" gleichzeitig. Den Feinkostladen, den zwar mein Bruder Helmut Käfer führte, den ich aber ständig erneuerte und umbaute, die Gastronomie im „Prinze" und meinen Traum vom Party-Service.

Nach dem Tod meines Vaters hatte ich allerdings auch freiere Hand für die Verwirklichung meiner Träume und Visionen. Als erstes fing ich damit an, den ganzen Laden umzubauen. Für die damalige Zeit ganz modern. Da kam dann mein eigentlicher Traumberuf zum Durchbruch. Als Bub wäre ich am liebsten Innenarchitekt geworden. Und ich muss dazu sagen – während des gesamten Umbaus war der Laden nicht einen Tag geschlossen. Das war schon eine Leistung!

Auch für die Pausenbewirtung im Prinzregententheater habe ich mir etwas ganz Neues einfallen lassen. Bis dahin gab es dort nur Wein, Bier und Sekt, ein oder zwei alkoholfreie Getränke und Häppchen. Ich „erfand" das Vanilleeis mit heißen Himbeeren. Das war der große Schlager. Da schwärmen die Leute heute noch davon. Die Portion kostete 3 Mark 50. Da verkauften wir pro Abend im Schnitt 100 Portionen. Später im Nationaltheater gingen pro Abend 300 oder 400 Portionen Himbeeren mit Vanilleeis über die Theke. Manche Opern haben sogar zwei Pausen, dann waren es noch mehr. Das war natürlich mit einem Schlag ein Riesenumsatzplus in diesem Bereich. Bis heute hat Käfer von dieser „Erfindung" weit über eine Million Portionen verkauft. Das Glas Sekt kostete damals gerade mal eine Mark. Im Fasching veranstaltete ich im Prinzregententheater große Faschingsbälle, zwei pro Saison. Da kostete die Flasche Sekt DM 5,50. Das war damals viel Geld. Da haben wir an einem Faschingsabend 2000 Flaschen ausgeschenkt. Auch durch diese Faschingsbälle habe ich sehr viel Routine in der Organisation großer Feste bekommen.

EL: Dir wurde ja dann im Lauf der Zeit die gesamte Münchner Theatergastronomie übertragen. Wie hing das mit der Entwicklung des Party-Service zusammen?

GK: Das ging Hand in Hand. Durch den Ausbau des Feinkostgeschäfts, durch die großen Faschingsfeste und durch die Theatergastronomie wurden immer mehr Menschen auf „Käfer" aufmerksam. Zu den Opern-Festspielen kamen die Menschen aus ganz Deutschland, aus Westeuropa, ja, sogar aus Amerika.

Mundpropaganda

EL: Hast du diesen Party-Service eigens beworben?

GK: Nein, der vergrößerte sich ausschließlich durch Mundpropaganda und durch die Berichte in den Zeitungen. In dem Moment, wo sich herumsprach, dass „Käfer“ Feste arrangiert, von denen die Menschen begeistert waren und über die voller Verwunderung in der Boulevardpresse berichtet wurde, wollte jeder, der was auf sich hielt, ein Fest von „Käfer“. Damals fing das an, dass jeden Tag in der Zeitung stand, wer wann und wo auf einer „Käfer-Party“ gesehen wurde. Was es zu essen gab, war selbstverständlich auch minutiös vermerkt.

EL: Was war das Besondere an deinen Festen?

GK: Ich habe mir für jedes Fest neue Gags einfallen lassen, mit denen keiner der Gastgeber gerechnet hatte. Das entsprach nicht nur meiner eigenen Lust an kreativen Überraschungen. Das war auch notwendig. Denn gerade wenn Leute zu mir kamen und sagten, dass sie „mein Fest bei der weltbekannten Versicherungsgesellschaft miterlebt hatten“, dann hieß es meistens: „Ich möchte auch ein Fest veranstalten, aber das muss ganz anders werden!“ Das war schon eine wahnsinnige Herausforderung. Aber gerade diese Herausforderung hat mir am meisten Spaß gemacht. Je zahlreicher die Feste wurden, umso größer war auch die Herausforderung an meine Kreativität.

Mir kam das sehr entgegen. Ich selbst wollte nie zweimal dasselbe Fest arrangieren. Das wäre mir viel zu langweilig gewesen. So war ich ständig auf der Suche nach neuen Ideen. Ich habe viel gelesen, und selbstverständlich habe ich auch Feste von anderen besucht, aber nicht, um Ideen zu kopieren, sondern um mich anregen zu lassen.

Das Problem, immer wieder ganz neue Ideen für Feste zu entwickeln, hatte ich natürlich auch mit Kunden, für die ich schon viele Feste veranstaltet hatte. Gerade sie erwarteten von mir, dass ich jedes Mal mit neuen Ideen auf sie zu-

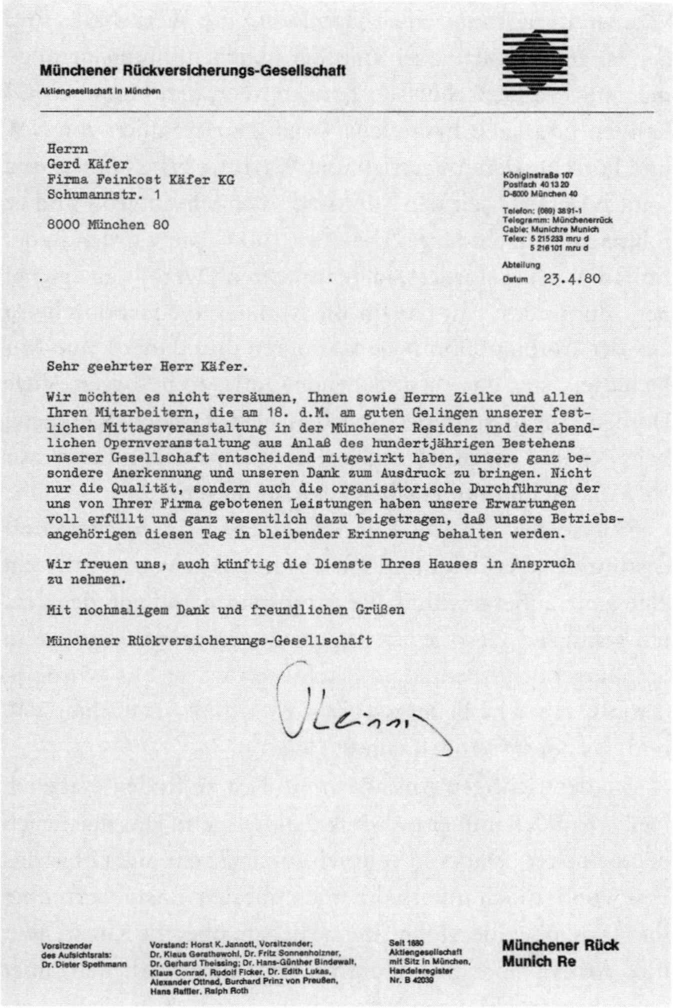

Münchener Rückversicherungs-Gesellschaft
Aktiengesellschaft in München

Herrn
Gerd Käfer
Firma Feinkost Käfer KG
Schumannstr. 1

8000 München 80

Königinstraße 107
Postfach 40 13 20
D-8000 München 40

Telefon: (089) 3891-1
Telegramm: Münchenerrück
Cable: Munichre Munich
Telex: 5 215 233 mru d
5 216 101 mru d

Abteilung
Datum 23.4.80

Sehr geehrter Herr Käfer.

Wir möchten es nicht versäumen, Ihnen sowie Herrn Zielke und allen Ihren Mitarbeitern, die am 18. d.M. am guten Gelingen unserer festlichen Mittagsveranstaltung in der Münchener Residenz und der abendlichen Opernveranstaltung aus Anlaß des hundertjährigen Bestehens unserer Gesellschaft entscheidend mitgewirkt haben, unsere ganz besondere Anerkennung und unseren Dank zum Ausdruck zu bringen. Nicht nur die Qualität, sondern auch die organisatorische Durchführung der uns von Ihrer Firma gebotenen Leistungen haben unsere Erwartungen voll erfüllt und ganz wesentlich dazu beigetragen, daß unsere Betriebsangehörigen diesen Tag in bleibender Erinnerung behalten werden.

Wir freuen uns, auch künftig die Dienste Ihres Hauses in Anspruch zu nehmen.

Mit nochmaligem Dank und freundlichen Grüßen

Münchener Rückversicherungs-Gesellschaft

Vorsitzender des Aufsichtsrats: Dr. Dieter Spethmann

Vorstand: Horst K. Jannott, Vorsitzender; Dr. Klaus Gerathewohl, Dr. Fritz Sonnenholzner, Dr. Gerhard Theissing; Dr. Hans-Günther Bindewalt, Klaus Conrad, Rudolf Ficker, Dr. Edith Lukas, Alexander Ottnad, Burchard Prinz von Preußen, Hans Raffler, Ralph Roth

Seit 1880 Aktiengesellschaft mit Sitz in München, Handelsregister Nr. B 42039

Münchener Rück
Munich Re

Dankschreiben – eines von Tausenden.

kam. So hatte ich für Fritz Haberl, einen der größten Gastgeber Münchens und Chef der MAHAG München, schon eine ganze Reihe von Festen arrangiert, auch 1983 für das 50-jährige Bestehen seiner **M**ünchner **A**utomobilhandel **HA**berl & Co. **KG**. Zum Dank für diese vielen Aufträge lud ich ihn zu einem Fest. Für dieses Fest verwandelte ich den

Veranstaltungsraum eines Hotels in eine Werkshalle. Auf den langen Tischen lagen statt der üblichen Blumenarrangements Schraubenschlüssel, Zangen aller Art, Hämmer, Ölkannen und auch Ersatzteile – selbstverständlich von VW und Porsche, deren Vertrieb und Wartung Fritz Haberl und seine MAHAG seit den 50er und 60er Jahren groß und erfolgreich gemacht hatte. Die etwa 160 Gäste wurden in der Einladung aufgefordert, in gebrauchten Overalls zu erscheinen. Zumindest galt das für die Männer, die fast durchweg aus der Automobilbranche stammten und daher keine Mühe hatten, sich das entsprechende Outfit zu besorgen. Viele Damen trugen statt der üblichen Handtaschen Werkzeugbehälter und Segeltuchtaschen, in denen sie ihre Taschentücher und Schminkutensilien verstaut hatten.

Eine solche, auf den Kunden und sein Unternehmen abgestimmte „Verkleidung“ verlieh dem Fest von vornherein eine ganz außergewöhnliche Atmosphäre und gab den Gästen genügend Gesprächsstoff, ganz anders als wenn sie in Smoking oder Abendkleid erschienen wären. Es wurde jedenfalls ein sehr heiteres Fest – rund um einen alten VW und das neuste Modell von Porsche.

Um den richtigen Ansatz für ein Fest zu finden, habe ich meine Kunden immer persönlich aufgesucht. Das mache ich heute noch so. Dabei spreche ich zunächst gar nicht über das Fest, sondern ich unterhalte mich mit den Gastgebern über ihr Haus, über die Möbel, die sie lieben, über die Kunst, über ihre Arbeit, über ihre Hobbys, über ihre Vorlieben, über ihren letzten Urlaub oder über die Landschaft, in der sie am liebsten leben würden. Aus diesen Gesprächen hole ich mir dann meine Ideen für die Feste. Maßgeschneidert. Damit überrasche ich erstmal die Auftraggeber. Und dann natürlich die Gäste.

Diese Art von Individualität war und ist vermutlich das Geheimnis des Käfer-Erfolges. Außerdem ließ ich mir schon bei den Vorbesprechungen immer die Gästeliste zeigen. Dabei musste ich häufig feststellen, dass auf vielen Festen 80

Prozent der Gäste identisch waren. Da ich die Gäste zum Teil besser kannte als die Gastgeber, konnte ich diese auch bei der Tischordnung beraten. Ich wusste genau, wer mit wem kann und wer welche Leute überhaupt nicht ausstehen kann. Wenn du da die falschen Leute an einen Tisch setzt, dann weißt du von vornherein, dass die Party nach spätestens zwei Stunden ein Fiasko wird.

Eine Lagerhalle wird zum orientalischen Märchenpalast.

Ausnahmezustand „Location"

Um meine Feste wirklich einmalig zu gestalten, habe ich natürlich auch die *Location* verwandelt. Überhaupt war es mir das liebste, wenn ich für die Gestaltung der Feste möglichst freie Hand bei der Wahl der Räumlichkeiten hatte. Ich war nie begeistert, wenn es hieß, dass ich ein Fest im Haus oder in der Villa eines meiner Auftraggeber veranstalten sollte. Da durfte meistens nichts verändert werden. Das war mir viel zu langweilig. In meiner Vorstellung muss ein Fest völlig aus dem Alltag herausfallen. Am liebsten habe ich meine Feste in Scheunen, in Lagerhallen, oder in einer eigenen Zeltstadt ausgerichtet. Große Vergnügungsdampfer oder Flugzeughallen waren mir auch sehr willkommen. Die habe ich in richtige Traumwelten verwandelt.

Meine große Spezialität war und ist immer noch die außergewöhnliche Dekoration. Das mache ich wirklich mit Leidenschaft. Wenn ich so richtig nach eigenem Gusto schalten und walten kann, freue ich mich als Idealist, wenn da am Ende noch ein kleiner Gewinn für mich übrig bleibt. Hauptsache, es war eine tolle Dekoration, die von allen bestaunt und gelobt wurde. In diesem Metier war ich damals wirklich unschlagbar, denn André Heller war noch lange nicht in Sicht. Dafür habe ich sogar meinen eigenen Dekorations-betrieb aufgebaut, mit Schreinerei, mit Schlosserei, mit einer Malerwerkstatt, fast wie beim Theater.

Die Dekoration ist das Fest

Die Marke „Käfer“ habe ich hauptsächlich mit meinen Ideen und mit meiner Vorstellung vom Dienen aufgebaut. Mir ging es nie ausschließlich nur um Umsatz oder Gewinn allein. Ich wollte immer hohe Qualität und möglichst neue, ausgefallene und überraschende Ideen, und das hat selbstverständlich seinen Preis.

EL: Was waren denn so die großartigsten Feste, an die du dich am liebsten erinnerst?

GK: Das ist wirklich schwer zu sagen, bei den unzähligen Festen, die ich im Lauf von fünfzig Jahren veranstaltet habe. Zum Beispiel habe ich im Auftrag eines großen Gaskonzerns in Berlin eine Party auf dem Flughafen Tempelhof ausgerichtet. Dieser Konzern hatte sich einen Firmenjet zugelegt. Dementsprechend war der Veranstaltungsort ein riesiger Hangar, in dem in der Mitte dieses Flugzeug stand. Neben diesen Vogel stellte ich als Kontrast einen riesigen bunten Heißluftballon. Der reichte bis unter die Decke und wurde von innen beleuchtet. In den Korb am Boden ließ ich eine tolle Bar einbauen. Um diesen Blickfang herum gruppierte ich 60 Tische mit jeweils zwanzig Sitzplätzen, denn es waren 1200 Gäste geladen.

Aber nun kam der eigentliche Höhepunkt dieser Dekoration. Auf jedem Tisch war eine Landebahn aus Kies und Teer angelegt – mit echtem Rasen darum herum. Für den Rasen hatte ich eigens meinen Gärtner nach Berlin mitgenommen. Meine Techniker hatten entlang den Landebahnen lauter kleine gelbe Positionslampen angebracht – die blinkten den ganzen Abend – wie auf einem richtigen Flugfeld. Das war natürlich ein optischer Knaller, der alle schon beim Reinkommen begeisterte. Auf den Käfer-Landebahnen parkten lustige Oldtimer-Flugzeuge aus Schokolade. Die durfte jeder Gast am Ende der Party mitnehmen.

EL: Waren solche Feste nicht irrsinnig teuer?

GK: Das war damals völlig egal! Hauptsache es war toll und hat die geladenen Gäste beeindruckt und verzaubert.

Eine ganz tolle Idee habe ich einmal für eine Festveranstaltung im Folkwang-Museum in Essen verwirklicht. Da war in der Eingangshalle ein riesiger Stehempfang auszurichten. Ich musste an die fünfzig Büffets dekorieren. Auf diese Büffets drapierte ich eine Menge ganz unterschiedlicher Bilderrahmen – moderne, goldene, glatte, verschnörkelte, kleine, große. Dafür habe ich in München ein halbes Rahmengeschäft aufgekauft und eingepackt. Jeder dieser Bilderrahmen wurde von meinen Dekorateuren und Patisseuren nach Ideen von mir mit unterschiedlichen Gemälden aus bunten Speisen gefüllt. Aus einem Rahmen ließ ich Geflügel rauslaufen. Aus einem anderen Rahmen quoll wie in einem Landschaftsgemälde aus dem 19. Jahrhundert ein Sturzbach aus Nudeln. In eine ganze Reihe von Rahmen dekorierte ich mit meinen Leuten üppige Stillleben. Als Vorlagen dienten mir Bilder von Caravaggio über die Niederländer bis hin zu Cezanne und Picasso. Das war eine wahre Stillleben-Orgie. Jedes Bild war anders vom Stil her und hatte auch ein anderes Format. Schon in der Einladung hieß es: „Unser Gourmet-Künstler „Käfer“ aus München schuf viele lebende, schmackhafte Bilder speziell für diesen Abend!"

Ja, ich habe wirklich immer versucht, aus einem Fest ein Gesamtkunstwerk zu gestalten. Das müssen wohl in der Weise auch meine Auftraggeber so empfunden haben, denn einmal bekam ich von einer Düsseldorfer Industriellengattin den Auftrag ein Fest ganz im Stil eines niederländischen Gemäldes zu gestalten. Für 300 Personen sollte ich die „Bauernhochzeit" von Pieter Brueghel inszenieren. Ich besorgte mir eine Kopie dieses Gemäldes, das im Kunsthistorischen Museum in Wien hängt, und fing mit meiner Mannschaft an, Tische und Bänke aus grobem Holz zu zimmern. In einer Schneiderei gab ich die entsprechende Kleidung für die Kellner und die Bedienungen in Auftrag und mit meinen Küchenchefs besprach ich einen entsprechenden Speiseplan – bäuerlich, aber sehr schmackhaft. Den Auftakt bildete eine raffinierte Suppe mit Safran. Die entsprach farblich ganz genau dem Gericht, das auf dem Bild von Brueghel hereingetragen wird. Mit der Dekoration dieses Festes, das passender Weise in einer Scheune stattfand, hielt ich mich ebenfalls an die Vorlage, bis hin zu den Tontöpfen für die Getränke, die auf dem Bild dargestellt sind.

Fondue Chinoise unter Palmen

Eine ganz ausgefallene Idee habe ich mal in Zürich verwirklicht. Da musste ich für ein großes Unternehmen aus Deutschland das Abschlussessen einer Kundentagung für 600 Personen ausrichten. Der Veranstaltungsort war wirklich toll gewählt – ein riesiges Gewächshaus, in dem ein paar hundert Palmen standen. Für die Halle brauchten wir also nicht viel Dekoration. Da genügte es, nur die Palmen und die anderen exotischen Gewächse, die da herumstanden, orangefarben zu beleuchten. Zwischen Reihen der Palmen stellte ich große Tische auf. Die musste ich allerdings so platzieren, dass niemand beim Aufstehen ins Wasser fiel, denn da gab es überall kleine Wasserrinnen, in denen es munter plätscherte. Die Tische ließ ich alle auf die Vorstellung von einem Palmenhaus an einem Südseestrand hin dekorieren und mit einer Menge orangefarbener Laternen beleuchten. Das sah wirklich sehr romantisch aus.

Ganz wichtig war dem Gastgeber dieser Tagung das Gespräch zwischen seinen Vertretern und Angestellten und den zahlreichen Kunden. Also musste ich ein Essen anbieten, bei dem die Menschen ganz automatisch ins Gespräch kommen. Was gibt es da Besseres als ein Fondue, allerdings nicht das typische Schweizer Käsefondue, sondern der Exotik des Veranstaltungsortes angemessen ein „Fondue Chinoise". Immer vier Personen bekamen einen Fonduetopf zugeteilt. Dafür musste ich 150 Fonduetöpfe in Kupfer kaufen. Das war gar nicht so einfach. Weil es ein gesetztes Essen mit einer genauen Tischordnung gab, hatte ich der exotischen Umgebung entsprechend als Tischkarten 600 kleine stachelige Kakteen besorgt. An denen hing jeweils ein orangefarbener Zettel mit dem Namen des Gastes. Als die Gäste aufgefordert wurden, ihre Tischkarten am Ende der Veranstaltung mitzunehmen, entstand ein riesen Hallo: „Herr Käfer, sollen wir die Kakteen etwa in die Hosentasche stecken?"

Wichtig war für den Ablauf des Essens, dass die Gäste selber arbeiten. Es stand zwar alles fertig auf dem Tisch, aber dann mussten sie die Scampi selber schälen, dreierlei Fleisch aufspießen und exotisches Gemüse in kleinen Sieben eintunken und sich gegenseitig die verschiedenen Soßen reichen – lauter Gesprächsanlässe für Menschen, die sich zum größten Teil vor diesem Essen noch nicht kannten. Den Abschluss bildeten eisgekühlte Erdbeeren, die man auch wieder aufspießen, dann in Wodka tauchen und schließlich in Puderzucker wenden musste. Am Ende dieses Essens gab es wirklich niemand, der nicht mindestens mit sämtlichen Tischnachbarn ins Gespräch gekommen war. Die Musik, die ich aus München mitgebracht hatte, tat noch ein Übriges. Die Los Paraguayos, eine meiner Lieblingsgruppen, gingen von Tisch zu Tisch und animierten die Gäste mit ihren fetzigen, südamerikanischen Rhythmen. Nach diesem Fest bekam ich wieder mal ein großes Dankschreiben. So einen Erfolg hatte wohl noch keine Kundentagung jemals zuvor gebracht.

Feste für zwei

EL: Wo hast du dir alle diese Ideen für deine Kreationen geholt?

GK: Ich habe schlicht und einfach von früh bis spät über nichts anderes nachgedacht. Ich war besessen von der Vorstellung, die besten, witzigsten, schönsten, farbenprächtigsten und auch edelsten Feste der Welt zu veranstalten. Wenn du den ganzen Tag über nichts anderes im Kopf hast als wie du die „Leidenschaft deines Lebens" noch verbessern kannst, dann fliegen dir diese Informationen und Ideen einfach zu. Alles, was du hörst, siehst, liest, kann dir da als Anregung dienen.

Ich habe selbstverständlich ganz gezielt viele Bücher, Magazine und Zeitschriften nach Ideen durchsucht. Wenn ich hörte, dass irgendwo eine interessante Party veranstaltet wird, bin ich da hingefahren und habe geschaut, wie die das anpacken. Diese Neugierde ist ganz wichtig. Du musst dir immer auch die Ideen der anderen anschauen, damit du einen Maßstab dafür bekommst, ob du besser bist oder schlechter als deine Mitbewerber. Und wenn du Ideen siehst, die besser sind als deine, dann weißt du, dass du dich einfach mehr anstrengen musst. Ganz gefährlich in diesem Metier ist, wenn du dir einredest: „Ich bin der Beste!" Dann stellst du nämlich plötzlich fest, dass du von besseren Ideen überholt wirst. Deshalb war ich immer selbst der schärfste Kritiker meiner eigenen Feste. Essen vorbereiten, kalte Platten oder Schüsseln mit Kaviar hinstellen – das kann jeder, aber ein Fest zu einem wirklich unvergesslichen Ereignis zu machen, das ist in meinen Augen die wahre Kunst!

Anders und vor allem besser zu sein als die anderen, die allmählich auch darauf kamen, Feste zu veranstalten, das war mein ständiges Denk- und Handlungsprogramm. Das ist mir auch gelungen und darauf bin ich stolz.

EL: Mal zur Abwechslung nicht die Frage nach dem Größten: Was war denn das kleinste Fest, das du je ausgerichtet hast und das dir unvergesslich ist?

GK: Auch das ist nicht einfach zu beantworten, denn in meiner 50-jährigen Berufserfahrung habe ich viele Feste arrangiert, die unvergesslich sind. Da feierte zum Beispiel ein Kunde mit seiner langjährigen Freundin seinen 50ten Geburtstag. Die Gestaltung dieses Tages übertrug er nach einem kurzen Gespräch völlig mir.

Nach einem opulenten Frühstück mit allen Schikanen – mit Champagner, Lachs und Kaviar – holte ich die beiden in meinem alten Rolls Royce Baujahr 1927 ab. Damit kutschierte ich sie sehr fürstlich zu einem mittäglichen Fünf-Gänge-Menü in einem herrlichen Grundstück direkt am Starnberger See. Das Mittagessen habe ich natürlich selbst serviert und mich dafür vom Chauffeur in einen Ober mit einer echten „Käfer-Jacke“ verwandelt. Dann kam ein Programmpunkt, der Bedingung war – ein Rundflug mit einem Hubschrauber an der Alpenkette entlang mit Landung im Park eines privaten Schlosses, das ich für diesen Tag gemietet hatte. Dort war schon ein großes weißes Zelt aufgebaut. Darin stand eine zehn Meter lange Tafel mit Silberleuchtern und feinstem Nymphenburger Porzellan. Das Geburtstagskind saß an einem Ende der Tafel, die fürstlich gewandete Freundin am anderen. So dinierten die beiden wie die Könige. Das war ganz unwirklich – aber die beiden waren glücklich, lachten sich dezent aus zehn Meter Entfernung an und genossen dieses „Dinner for two“.

EL: Und was kostet so ein Fest?

GK: Das ist so schwer zu beantworten wie die Frage: Was kostet ein Auto? Aber das war schon eines der teuersten „kleinen" Feste, die ich je veranstaltet habe. Das kostete damals etwa 50000 Mark. Für jedes Jahr dieses Geburtstagskindes einen Tausender!

Die teuersten Feste, die ich je organisiert habe, kosteten 500000 Euro, eine Million oder mehr. Für 500, 1000 oder 2000 Gäste. Aber es gab auch wesentlich kleinere Privatfeste, die ähnlich viel gekostet haben.

Early Morning Tea mit Käfer

An ein „kleines" Fest denke ich ganz besonders gern. Da wollte ein Unternehmerehepaar seine Silberne Hochzeit feiern – und zwar ganz allein und nur zu Hause. Als Kontrastprogramm zu ihrem sonstigen Leben, in dem die beiden ständig unterwegs waren und mit Hunderten von Leuten zu verhandeln hatten. Für diese beiden inszenierte ich einen „silbernen" Festtag – Silber, wohin dein Blick fiel, vom silbernen Teegeschirr für den „Early Morning Tea", den ich persönlich ans Bett servierte über ein opulentes Frühstück auf Silberplatten ohne Ende, Mittagessen, Nachmittagskaffee, „Dinner for two" mit Kerzenbeleuchtung auf fünfarmigen Silberleuchtern bis zum „Nightcap" aus Silberbechern. Zum Servieren setzte ich meine beste Käfer-Crew ein.

Als Clou nach dem Abendessen organisierte ich auf Anregung des Ehemanns eine riesige Überraschung. Die beiden hatten zu ihrem großen Bedauern keine Kinder. Die Frau vermisste das unter anderem auch deshalb, weil sie als Kind mit ihren Eltern so gerne ins Puppentheater gegangen war. Für diese zwei, seit 25 Jahren jung verliebten Menschen engagierte ich ein ganzes Marionettentheater. Die beiden waren so glücklich, als sie Händchen haltend vor dieser wunderbar bunten Marionettenbühne saßen – das kann man gar nicht beschreiben. Diese Inszenierung ging der total gerührten Dame des Hauses so ans Gemüt, dass ich – noch vor ihrem Ehemann – zum Abschied einen dicken Gutenachtkuss bekam.

Käfers Sprung in die dritte Dimension

EL: Ich kann verstehen, dass dir dieser Gutenachtkuss ganz besonders in der Erinnerung haften geblieben ist. Dennoch eine Frage, die mir schon lange auf der Zunge liegt. Feste für zwanzig, fünfzig oder hundert Leute zu organisieren – das würden sich sicher viele zutrauen. Wie hast du diesen gewaltigen Sprung über die „Tausendermarke“ geschafft?

GK: Das war in der Zeit als Michael noch ganz klein war, und deshalb muss ich mir heute rückblickend ehrlich eingestehen: „Ich war nicht der beste Vater! Ich war einfach pausenlos unterwegs!“ Andererseits habe ich gerade in dieser Zeit ein Unternehmen aufgebaut, das die Ausgangsbasis von „Käfer“ heute bildet. Insofern kommt dem Michael jetzt zugute, was er damals sicher vermisst hat.

Meinen ersten Großauftrag bekam ich von der Bayerischen Staatskanzlei in München. Ich sollte das Abschlussfest für den Welt-Juristenkongress im frisch renovierten und wiedereröffneten Schloss Schleißheim in der Nähe von München durchführen. Schloss Schleißheim – mit dem der bayerische Kurfürst Max-Emanuel im 18. Jahrhundert seine Ansprüche im europäischen Machtpoker dokumentieren wollte! Das ist wirklich eine gewaltige Anlage. Dort ein Fest für zweitausendfünfhundert Menschen aus der ganzen Welt ausrichten – vor so eine Aufgabe war ich vorher noch nie gestellt worden. Das war im Rückblick betrachtet der Punkt, an dem sich meine ganze spätere Karriere entschied. Mit diesem Auftrag veränderte sich die Bedeutung von Feinkost Käfer radikal – mit Nachwirkungen

Schloss Schleißheim sollte schon für seinen Erbauer Kurfürst Max-Emanuel europäischen Anspruch signalisieren!

bis heute. Das war der Wendepunkt in eine Größenordnung, die ich vorher rein theoretisch in Gedanken schon gelegentlich durchgespielt hatte. In der Praxis stellte sie aber eine so gewaltige Herausforderung dar, dass ich während der Planung starke Zweifel bekam, ob ich dieser Herausforderung gewachsen war. Vor allem, als diese Nachricht an die Medien durchsickerte und ich ständig Anfragen über den Programmablauf und die Menüfolge beantworten musste.

Ein Fest für 2500 Menschen – und das in einem Schloss, in dem es auch nach der Renovierung keine brauchbare Küche gab! Das war schon ein Risiko, das an die Grenze des Machbaren ging. Bis dahin hatte ich Feste für hundert oder höchstens hundertfünfzig Leute arrangiert. Und dann plötzlich ein Fest für zweieinhalbtausend Menschen zu entwerfen und zu organisieren, das war ein gewaltiger Sprung. Aber ich war immer ein risikofreudiger Mensch. Also habe ich meinen ganzen Mut zusammengenommen und „Ja" gesagt.

Dann ging es erst richtig los! Da musste alles bis ins kleinste Detail stimmen. Jeder Gang, jeder Ablauf musste minutiös berechnet werden. Mit „Passt scho!" oder „Schaun mia mal!" wäre da nichts gegangen. Wenn dieses Fest schief gegangen wäre, hätte ich anschließend meinen ganzen Party-Service zumachen können. Bei mir hätte niemand mehr ein Fest bestellt – nicht einmal für zwei Personen. Niederlagen gehen nämlich noch viel stärker durch die Presse als wenn etwas klappt. *„Bad news are good news!"* Vor allem für die Yellow Press. Gerade die braucht immer ein gewisses Quantum an Leuten, die sie verreißen kann.

Große Feste – in kleinen Schritten geplant

Für dieses Fest habe ich wochenlang alles bis in kleinste Einzelheiten und Abläufe geplant, durchdacht, kritisch betrachtet und in Gedanken verbessert, verbessert und noch mal verbessert. So oft ich Zeit hatte, fuhr ich nach Schleißheim und schaute mir immer wieder die Örtlichkeiten an. Bis ich im Schlaf wusste, wie viele Schritte eine Bedienung von der Küche bis zum hintersten Tisch im Park gehen musste und wie lange das dauert. Als mir klar wurde, dass das so weit war, dass die Gäste dort die Suppe und das Hauptgericht höchstens lauwarm bekommen würden, plante ich an diesem Ende eine zweite Küche ein. Allein bis ich für zweieinhalbtausend Menschen Tische, Stühle, Geschirr, Besteck und Platten zum Servieren zusammengeliehen hatte, vergingen Wochen. Ich hing von früh bis spät am Telefon, und natürlich wollte jeder, bei dem ich eine Anfrage landete, wissen, wofür ich das alles brauchte. Da bekam ich eine panische Angst, dass mir einer dieses Fest noch vor der Nase wegschnappen könnte, mit dem Hinweis: „Der Käfer hat für so eine Veranstaltung nicht einmal genügend Teller!"

Lauter hübsche Service-„Käfer"!

Für zweieinhalbtausend Gäste brauchte ich mindestens zweihundert Bedienungen und Kellner für den Service, dazu ausreichend Köche und Ober. Das Auf- und Abbauen musste organisiert werden. Plötzlich reichte auch die Mannschaft in meinem Büro nicht mehr aus. Zwei Sekretärinnen waren allein damit beschäftigt, das Personal zu rekrutieren und Termine für mich zu vereinbaren. Schließlich wollte ich jeden Kellner und jede Bedienung, die auf diesem Fest den Namen „Käfer" vertreten sollte, persönlich sprechen.

Gleichzeitig ließ ich mir eine ganze Reihe von neuen Gerichten einfallen, Canapées, kleine Vorspeisen in Schälchen,

Hauptgerichte und Nachspeisen, die vor diesem Fest noch nie jemand gesehen hatte. Das alles wurde mehrfach „Probe gekocht", begutachtet, verbessert und zum Schluss fotografiert, damit auch das Aushilfspersonal genau wusste, wie jeder Teller zu dekorieren war. Die Wochen vor diesem Welt-Juristenkongress in Schloss Schleißheim waren für mich eine Lehrzeit ganz besonderer Art. Das war wirklich ein Ereignis in meinem Leben, das unwiederholbar war, auch wenn ich später Feste für mehr als 2500 Menschen organisiert habe. Nach einem Kongress der amerikanischen Touristik-Büros bei dem ich 6700 Gäste bewirtete, stand in einer Zeitung: „Deutschlands größter Zeremonienmeister für publikumswirksame Verköstigung hat jetzt den biblischen Rekord eingestellt! Er übertraf die „Die Speisung der Fünftausend" und es gab nicht nur trockenes Brot und rohen Fisch!"

Ein Käfer entpuppt sich

Dieses erste Fest in Schloss Schleißheim war wirklich ein Meilenstein in der mittlerweile 75-jährigen Käfer-Geschichte. Anschließend war die Welt für mich nicht mehr dieselbe. Die Zeitungen überschlugen sich in Lobeshymnen, nicht nur die in München ansässigen Blätter. In der ganzen Bundesrepublik wurde über dieses Fest berichtet. Mit einem Schlag war ich in aller Munde. Von da an wusste jeder: „Wenn es ein ganz großes Fest zu feiern gibt, dann muss der „Käfer" her!" Plötzlich war ich der Star am Himmel der „Schönen und Reichen". Ab diesem Zeitpunkt entstand ein Markt, ja eine ganze Branche für das Feiern von Festen, die es vorher in der Form noch nicht gegeben hatte. Der Welt-Juristenkongress in Schleißheim hatte allen Konzernchefs vor Augen geführt, wie man Feste dieser Größenordnung ausrichten kann – und welchen Stellenwert das in den Medien hat.

Von da an wurde beinahe über jedes Fest berichtet, das „Feinkost-Käfer" organisierte. Der Name „Käfer" tauchte öfter in der Presse auf als der von Filmstars dieser Zeit wie Lieselotte Pulver, O.W. Fischer oder Bernhard Wicki oder Fußballlegenden Uwe Seeler. „Käfer" bekam für seine Feste quasi einen Hofberichterstatter der Spitzenklasse – „Hunter", den berühmten Erfinder der „Klatschpresse" Hannes Obermaier. Weil es schnell langweilig wurde, immer nur „Käfer, Käfer, Käfer" zu schreiben, bekam ich alle die schönen Beinamen – von Austernkönig bis Feinkost-Zampano!

Olympiade 1972 – ein Käfer bedient die Welt

Ein ganz großes Highlight in der Geschichte von Feinkost-Käfer war die Olympiade 1972. Die Idee, München zum Austragungsort der XX. Olympiade im Jahr 1972 zu machen, stammte von Willi Daume, dem Präsidenten des Nationalen Olympischen Komitees. Der hatte die Wahl Münchens zur Olympiastadt 1965 in Madrid durchgesetzt. Das war eine unglaubliche Chance für München. Was in dieser wahnsinnig kurzen Zeit zwischen der Wahl und der Austragung in München geplant und gebaut wurde, war wirklich gigantisch. Dadurch bekam die ganze Entwicklung der Stadt eine Schubkraft, die man sich heute gar nicht mehr vorstellen kann. Dagegen war der Bau der Allianz-Arena ein Klacks!

Das Olympiastadion wurde gebaut, das mit seinem sensationellen Zeltdach bis heute eines der schönsten Stadien der Welt ist, dazu der Olympiaturm und das Olympiadorf. München bekam die ersten U- und S-Bahnen, den Altstadtring, den Mittleren Ring. Lauter groß angelegte Verbesserungen der Infrastruktur, die ohne Olympia gar nicht denkbar waren. Dafür flossen der Stadt München zig Millionen vom Bund und dem Land Bayern zu, die auf anderem Wege und aus einem anderen Anlass niemals hätten mobil gemacht werden können. Mit Hans-Jochen Vogel hatte München damals allerdings auch einen Oberbürgermeister, der in großen Dimensionen dachte.

Ganz München machte in der Zeit seiner Vorbereitung als Olympiastadt einen riesigen Sprung nach vorne. Das war Münchens großer und entscheidender Schritt in die Internationalität. In diesen sechs Jahren wurde München zu einer modernen Millionenstadt. Es herrschte eine Aufbruchstimmung wie sie nicht einmal zur Fußballweltmeisterschaft wieder erreicht wurde – phänomenal!

Ganz Deutschland schaute auf München, denn hier sollte der Welt ein ganz neues Bild von Deutschland gezeigt werden. Deutschland – ein unbeschwertes Land, das seine Gäste weltoffen und gastfreundlich empfing – mit riesigen Kulturveranstaltungen und mit Popklängen von der Kurt-Edelhagen-Band.

Die Staatsgäste und die Vertreter der Olympischen Komitees aller beteiligten Länder sollten selbstverständlich auch mit kulinarischen Köstlichkeiten der Spitzenklasse verwöhnt werden. Und das waren nicht wenige Gäste.

Über 7000 Athleten aus 121 Ländern waren zu dieser Olympiade angemeldet. Dazu Stars der olympischen Geschichte wie Jesse Owens, der erste Leichtathlet, der bei einer Olympiade 4 Goldmedaillen gewonnen und bei den Olympischen Spielen von 1936 Sportgeschichte geschrieben hatte. Sein Weltrekord im Weitsprung hatte Bestand bis 1960. Dieser Sportlegende begegnete Gerd Käfer mehrfach während der olympischen Veranstaltungen auf „seinen“ Festen. Das deutsche Boxidol des Jahrhunderts, Max Schmeling war als besonderer Ehrengast selbstverständlich auch eingeladen.

Insgesamt sprengte die Olympiade 1972 mit diesem Aufgebot an Athleten alle damaligen Rekorde. Aber es wurden noch ganz andere Rekorde gebrochen – von Weltstars wie dem amerikanischen Schwimmer Mark Spitz. Mark Spitz stellte während der Spiele einen neuen olympischen Rekord auf. Er gewann in allen sieben Wettbewerben, an denen er teilnahm, die Goldmedaille. Sein Foto mit der medaillengeschmückten Brust ging rund um den Globus. Auch er wurde selbstverständlich von „Käfer" verköstigt. Für die Fußballfans von heute sei noch vermerkt, dass damals in der Olympiamannschaft zwei Spieler aufgestellt waren, die beim Rekordmeister FC Bayern noch einmal eine große Rolle spielen sollten – Uli Hoeneß und Ottmar Hitzfeld!

EL: Gerd, was bedeuteten die „heiteren Spiele", die dann mit dem schrecklichen Überfall auf die israelischen Sportler so tragisch endeten, für dich?

GK: Für mich war diese Olympiade ein Rekordereignis. Ich bekam die Durchführung sämtlicher wichtigen Feste übertragen – angefangen vom Staatsempfang im Antiquarium der Residenz mit Bundespräsident Gustav Heinemann an der Spitze über die hochrangigen Empfänge des Deutschen Olympischen Komitees bis zu den feierlichen „Baumpflanzungen", die zahlreiche Nationen im Olympiapark veranstalteten.

Selbstverständlich hing das im Rückblick betrachtet mit der gelungenen Veranstaltung in Schloss Schleißheim zusammen und einiger Feste, die ich in der Zwischenzeit für die Bayerische Staatsregierung durchgeführt hatte. Man traute dem „Bayerischen Tafeldecker" einfach zu, dass er alle diese Feste und Veranstaltungen perfekt und dem repräsentativen Charakter der Spiele entsprechend über die Bühne bringen würde.

Wie ich diesen Auftrag übermittelt bekam, glaubt einem heute kein Mensch mehr. Ich kannte damals einen Herrn Dröger. Er war die rechte Hand von Willy Daume und für die Ausrichtung der Feste zuständig. Dieser Herr Dröger rief mich eines Tages Anfang das Jahres 1972 an, las mir eine ellenlange Liste von Festen, Empfängen und Veranstaltungen vor und sagte abschließend: „Gerd, das machst du!“ Der fragte nicht mal: „Kannst du das?“ Dann bekam ich eine Liste zugeschickt, auf der vermerkt war, wie viele Personen zu verköstigen waren und wie viel jede einzelne Veranstaltung kosten durfte. Dementsprechend organisierte ich das Essen, die Dekorationen und den ganzen festlichen Rahmen. Ich hatte praktisch freie Hand. Das ist heute vollkommen unvorstellbar. Wenn du heute für eine offizielle Stelle die Grundsteinlegung für eine Turnhalle ausrichten darfst, dann musst du vom Aschenbecher bis zu den Zahnstochern einem Gremium von Fachleuten, die von nichts was verstehen, genaue Pläne und Farbmuster zur Genehmigung vorlegen.

Bei mir genügte es damals, dass die Auftraggeber wussten, dass ich die richtigen Ideen bringe und dass ich absolut verlässlich bin. Ich habe buchstäblich sämtliche Feste während der Olympiade mit meinem Party-Service begleitet. Neben den Festveranstaltungen der Bundesregierung und der Bayerischen Staatsregierung und zusätzlich zu den Empfängen des Olympischen Komitees pflanzten die einzelnen Nationen feierlich Bäume in den Olympiapark – als Gruß an die Olympiastadt München. Für jede dieser „Baumpflanzungen“ musste ein ganz individuelles Fest mit den entsprechenden Fahnen und landestypischen Speisen organisiert werden. Wenn zum Beispiel Schweden einen Baum pflanzte, dann musste da auch typisch schwedisches Essen serviert werden – verschiedene Heringsgerichte, Krebse in Dillsauce mit Brot und Kartoffeln und die unvermeidlichen Köttbullar, die heute jedes Kind kennt, das schon einmal bei IKEA einkaufen war. Und der ganze Veranstaltungsort – von den Tischdecken bis zu den Servietten erstrahlte in Blau und Gelb.

Liebestraum mit Schwedenhappen

EL: A propos Schweden. Stimmt es, dass sich Königin Silvia und König Carl Gustav auf einer Käfer-Party kennen gelernt haben?

GK: Ja, das ist richtig. Silvia Renate Sommerlath de Toledo, die mütterlicherseits aus einem spanischen Grafengeschlecht stammt und am Sprachen- und Dolmetscherinstitut in München vier oder fünf Sprachen studiert hatte, war bei der Olympiade 1972 Chef-Hostess und dem damaligen Kronprinzen Carl Gustav als Dolmetscherin und Betreuerin zugeteilt. In dieser Funktion war sie selbstverständlich auf einer Reihe Veranstaltungen anwesend, die ich ausgerichtet habe. Von der „Baumpflanzung“ der schwedischen Nationalmannschaft, zu der ich die „Schwedenhappen“ geliefert habe, hängt sogar noch ein Foto von den beiden bei mir im Büro. Aber da möchte ich doch in aller Bescheidenheit anmerken: Diese Frau hat eine so tolle Ausstrahlung – bis heute. Die hätte dem schwedischen Kronprinzen auch ohne meine Lachsbrötchen und Meeresfrüchte gefallen. Denn der hatte ein gutes Auge für schöne Frauen. Genauso wie König Juan Carlos von Spanien, der 1972 in der spanischen Segelmannschaft angetreten ist und dem ich später noch mehrfach auf Partys begegnet bin. Auch auf der letzten Party, die Frau Thyssen als Frau Thyssen für ihre Tochter Fürstin Leiningen auf dem Schloss in Leiningen gegeben hat. Juan Carlos war im Gegensatz zu dem etwas schüchternen Carl Gustav von Schweden immer ein Mann, der die Frauen mit seinem Charme beglückt hat. Meinem Eindruck nach hat er auch Frau Thyssen sehr verehrt. Und Juan Carlos ist sicher ein Mann, bei dem Frauenherzen höher schlagen!

Am Fuße der Bavaria

EL: Sag mal, Gerd, waren es immer nur die großen Feste, die den Feinkost-Käfer vorangetrieben und dein Leben verändert haben? Waren es nicht manchmal auch deine persönlichen Kontakte zu einflussreichen Persönlichkeiten, die dir neue Wege und Möglichkeiten eröffnet haben.

GK: Es waren immer die Menschen, die mir die Chancen geboten haben. Chancen ohne die Menschen, die sie dir bieten, gibt es gar nicht. Die Voraussetzung dafür ist allerdings, dass du diesen Menschen erst einmal beweisen musst, dass du ihnen einen hundertprozentig verlässlichen Service bietest. Ich will dir ein Beispiel dafür geben, wie dieser Gedanke von Dienen und lebendiger Kommunikation mein Leben verändert hat, und zwar in einer Weise, die ich nie im Voraus hätte planen können.

Erich, du weißt, dass ich 30 Jahre lang mit großer Leidenschaft und Herzblut „Wies'n-Wirt" war. Du warst ja selber oft genug bei mir im Käferzelt auf dem Oktoberfest.

EL: Wie kommt man auf dem Oktoberfest zu einem „Wies'n-Zelt". Es ist ja fast unmöglich, ohne einen Vetter im Himmel einen Breznstand auf der Wies'n zu bekommen? Geschweige denn ein ganzes Zelt. Das hat nicht einmal der Wittelsbacher Prinz Luitpold von Bayern mit seinem „König Dunkel" geschafft, obwohl sein Ururgroßvater Ludwig I. das Oktoberfest bei seiner Hochzeit mit der preußischen Prinzessin Therese praktisch erfunden hat.

GK: Das war 1971. Ich hatte im Deutschen Museum für die „Modewoche München" den großen Eröffnungsball ausgerichtet. Wie üblich war ich einer der letzten und saß noch mit dem damaligen Präsidenten der Modewoche, Alfred Wurm und dem Zweiten Bürgermeister Bayerle beisammen. Wir ließen bei einem „Morgendämmerschoppen" dieses rauschende Fest ausklingen. Die schönen Mannequins waren zu dem Zeitpunkt leider auch schon alle weg. Da sagte Bürgermeister Bayerle zu mir: „Du Gerd, da fällt mir grade was

Wichtiges ein. Letzte Woche ist die Inhaberin einer Hendl-Braterei gestorben. Würdest du diesen Platz übernehmen? Das muss aber innerhalb von 14 Tagen über die Bühne, weil in zwei Monaten die „Wies'n" beginnt. Die anderen Wies'n-Wirte fangen schon mit dem Aufbauen an!" Meine Antwort kam spontan und ohne lange zu überlegen: „Klar, das übernehme ich sofort!" „Gut, dann kommst du am Vormittag zu mir ins Rathaus, dann regeln wir die Formalitäten!" Am nächsten Vormittag unterschrieb ich die Verträge und bekam die Unterlagen. Dann setzte ich mich sofort mit meinem Architekten hin und entwarf einen Bauplan für eine kleine

Gerd Käfer hoch zu Ross beim Wies'n-Einzug.

Almhütte mit 100 Plätzen. Voller Stolz nahm ich am Einzug der Wies'n-Wirte teil, aber Schlag zwölf Uhr brach mit dem „Ozapft is!" des Oberbürgermeisters die Hölle los.

Der Andrang am ersten Wies'n-Tag war so schlimm, dass ich meine leichtfertige Zusage schon bereute. Nach diesem ersten Tag wusste ich nicht mehr, wo mir der Kopf steht und wollte von der ganzen Wies'n nichts mehr hören. In meinem jugendlichen Leichtsinn hatte ich völlig unterschätzt, wie schwierig es ist, in einem Wies'n-Zelt mit seinem Massenansturm die Ausgabe und den Nachschub von Essen und Trinken so zu organisieren, dass alles reibungslos klappt. Vor allem am ersten Tag, wo die halbe Welt aufs Oktoberfest drängt.

Das spielte sich aber nach und nach ein und bald hat mir dann ja auch mein Michael geholfen und mich tatkräftig unterstützt. Mit der Zeit wurde das „Käferzelt" zu dem „In-Treff„ der Prominenz. Das heißt, ich hatte kein Zelt, sondern eine richtige Almhütte. Daher „Käfer-Schänke". Wegen der wachsenden Beliebtheit war es notwendig, dass wir Jahr für Jahr vergrößerten. Schon 1973 zogen wir mit der „Käfer-Schänke" an den Platz unter das Wahrzeichen der Münchner „Wies'n", zu Füßen der Bavaria. Heute gibt es in der „Käfer-Schänke" 1300 Plätze innen, und noch über 2000 Gartenplätze – und das ist immer noch nicht genug, denn die Käfer-Schänke kennt man mittlerweile auf der ganzen Welt.

Der Siegeszug der Käfer-Tasse

Auf der „Wies'n" habe ich auch mit den berühmten Käfer-Tassen angefangen. Heute machen alle diese Käfer-Idee nach, aber die Käfer-Tasse ist die berühmteste – und wie ich finde, in ihrer Schlichtheit auch die schönste. Diese Tasse, oder besser, dieses „Haferl" habe ich speziell für die „Wies'n" entworfen. Im Käferzelt wurde nämlich sehr viel Kaffee ausgeschenkt, vor allem am Nachmittag. Dafür hatte ich zwei- oder dreitausend dieser „Haferl“ anfertigen lassen. Nach meinem Entwurf mit den lustigen kleinen Marienkäfern. Die sind einfach für jeden Menschen gleichzeitig ein Glückskäfer. Diese Haferl hatten einen riesigen Vorteil gegenüber normalen Kaffeetassen: beim Servieren und Abräumen braucht die Bedienung nur ein Teil in die Hand nehmen. Außerdem gehen in ein „Käfer-Haferl“ fast zwei Tassen Kaffee rein. Der Gast bekommt also auf einmal doppelt so viel Kaffee und die Bedienung muss nur halb so oft laufen!

Schon am ersten Tag stellte sich heraus, dass man diese „Käfer-Haferl“ überhaupt nicht abräumen musste – die wurden dutzendweise mitgenommen. Bei mir wurden in den ersten drei Tagen mehr „Haferl“ geklaut als Maßkrüge während der ganzen Wies'n. Innerhalb kürzester Zeit war die Hälfte Kaffeehaferl weg. Ich musste an jeden Ausgang jemanden hinstellen, der den Gästen die „Haferl“ wieder abnahm, sonst hätte ich keinen Kaffee mehr ausschenken können.

Ich orderte also ganz schnell noch ein paar tausend meiner „Käfer-Haferl“. Dabei kam mir die Idee – ich rechne den Preis für die Käfer-Haferl einfach auf den Kaffeepreis drauf. Dann konnte sie jeder mitnehmen. Niemand musste mehr verstohlen sein beliebtes „Wies'n-Mitbringsel“ in die Jackentasche oder seiner Freundin in die Handtasche stecken, und alle waren zufrieden. So schnell konnte ich die gar nicht produzieren lassen wie die weggingen. – Jeder Wies'n-Besucher wollte als Erinnerung dieses „Haferl mit den vielen Glückskäfern“ haben. Die Haferl „with the beetles“ waren ein Hit von Flensburg bis Berchtesgaden, von San Francisco bis Tokio und von New York bis Sidney!

Viele Leute tranken nur deshalb in die Käferschänke Kaffee, weil sie unbedingt das „Haferl“ haben wollten. Dann kam die große Überraschung. Nach dem Oktoberfest rannten uns die Kunden im Stammhaus die Bude ein. Jeder wollte dieses „Käfer-Haferl" haben – als Geschenk zum Geburtstag oder für die Sekretärin, damit sie gleich fröhlich gestimmt ist, wenn sie morgens im Büro die erste Tasse Kaffee trinkt. Das „Käfer-Haferl" wurde zu einem Statussymbol – fast wie seinerzeit die neueste IBM Schreibmaschine mit Kugelkopf.

Diese Tassen mit ihrem klaren Design und ihrer „Glücksbotschaft" trugen sehr zur Verbreitung der Marke Käfer bei. Später ließ ich noch Tassen mit einem anderen Design herstellen, jedes Jahr ein paar neue, aber die Käfer-Tasse mit den Glückskäfern ist in ihrer Beliebtheit unerreicht. Im Jahr 2005 haben wir tatsächlich die 10-Millionen-Grenze überschritten. Zehn Millionen verkaufte Käfer-Haferl! Dabei ist das Käfer-Haferl nicht von Hutschenreuther oder Rosenthal. In manchen Jahren verkauften wir von diesen Haferln über 750 000 Stück. Ich glaube, das ist ein Rekord, den man gut ins Guinness-Buch der Rekorde eintragen könnte. So kann sich eine Idee ausweiten, wenn sie den Nerv der Menschen trifft – und gute Stimmung verbreitet.

Ein Schotte mit Dudelsack

Auf der Wies'n habe ich als Wirt auch selber Musik gemacht. Jeden Abend ab zehn Uhr, wenn die Stimmung allmählich ihren Höhepunkt erreichte, spielte ich ein anderes Instrument – Saxophon, Klarinette, Ziehharmonika, alles was mir in die Finger kam und sich über die Tonbandanlage in ein überzeugendes Playback verwandeln ließ. In einem Jahr habe ich sogar Dudelsack gespielt. Jeden Freitag. Und auch dieser Dudelsack klang „elektrisch" sehr überzeugend. Trotzdem ist das Spielen mit einem schottischen Dudelsack ganz schön schwierig. Ich musste mir erst von einem Schotten zeigen lassen, wie man diesen Dudelsack richtig hält.

Für meine umjubelten Auftritte zog ich einen echten schottischen Kilt an, schön kariert und – mit dem origi-

Die Käfer-Wies'n-Spezialität:
Champagner aus gekühlten Bierkrügen.

nalen Ledertascherl vor meinem „kleinen Käfer“. Wie man ja weiß, ist das größte Geheimnis der Schotten, was sie unter dem Rock tragen. Da bin ich von Tisch zu Tisch, habe auf meinem Dudelsack gespielt und habe die Damen dieses

Für den National-Keeper Olli Kahn gibt es in der Käfer-Schänke genügend zu halten.

Damen-Wies'n in der Käfer-Schänke.

Geheimnis lüften lassen: „Einmal „Rock lupfen" kostet eine Doppel-Magnum-Flasche Champagner!" Das wussten die Damen schon, wenn sie herausfordernd fragten, was denn ein Schotte unter seinem Rock trägt. Da kamen manch-

Monti Lüftner mit einer wirklich süßen Maus – seiner Tochter.

mal an einem Abend zehn oder fünfzehn 6-Liter-Magnum zusammen. Die Damenwelt war richtig heiß auf mein Käfer-Geheimnis unter dem Schottenrock. Schon ab acht Uhr schauten sie ganz gespannt auf die Uhr, wann endlich der flotte Käfer mit seinem Dudelsack auftritt. Ich glaub', für diese Nummer bräuchte ich heute auch eine Sondergenehmigung vom Kreisverwaltungsreferat!

Schlagerkönig Ralph Siegl mit Wies'n-Schlager: Schampus aus dem Steinkrug.

Ein bisschen Spaß muss sein – für die süße kleine Maus!

GK: Die Käfer-Schänke ist neben dem Hippodrom der größte Prominententreff. Die VIPs – ob Fußballer vom FC Bayern, Politiker sämtlicher in Bayern und im Bundestag vertretenen Parteien heben in der Käfer-Schänke einträchtig ihre Maßkrüge. Oder die durch Spinatwerbung bekannte Fernsehfrau mit dem großen Blubb und dem Riesen „Fönblick“ in ihre Voralpen – sie alle wollen einen Platz in der Käfer-Schänke, und bitte möglichst im Séparée. Früher kam auch regelmäßig ein in ganz München weltberühmter Prominentenschneider mit genauso prominentem Hund.

EL: Wer kam denn außer „Mosi und Daisy" sonst noch an Prominenz zu dir in die „Käfer-Schänke?

GK: Wenn du das wissen willst, brauchst du während der Wies'n-Zeit nur in die Abendzeitung oder in die tz schauen – unter der Rubrik „Leute". Da erfährst du jeden Morgen, wer am Abend vorher bei „Käfer" eine Flasche Champagner aus dem tiefgekühlten Bierkrug getrunken oder sich die Enten mit der dicksten Brust hat schmecken lassen.

Mehmet Scholl und Sammy Kufour
mit dem Shakespeare-Klassiker – „Maß für Maß".

Monti Lüftner, der ehemalige Ariola-Boss und grandiose Kenner der Musikindustrie hat seit über 30 Jahren seine feste „Käfer-Box" auf der Wies'n. Er sang – oft zusammen mit mir – jeden Abend seinen ganz persönlichen „Wies'n-Hit" „Meine süße kleine Maus", und dieser Charming-Grandseigneur der Plattenszene hatte auch immer eine süße kleine Maus dabei. Eine mindestens! Roberto Blanco, ein Urgestein des deutschen Schlagers, zeigte auch in der Käfer-Schänke, dass „Ein bisschen Spaß muss sein!" nicht nur sein größter Schlager ist, sondern auch sein Lebensmotto. „Mr. Grand Prix" Ralph Siegl, der mit seiner beispiellosen Vielseitigkeit als Komponist, Texter, Produzent, Verleger und Künstlerpromoter viele Meilensteine in der Schlager- und Pop-Musik gesetzt hat, gehört bis heute während der Wies'n fast zum Inventar der Käfer-Schänke. Und mittlerweile gilt das auch für seine Tochter Giulia, die natürlich von Fotografen umlagert wird, sobald sie nur den Fuß in die Türe setzt – mit wem auch immer. Rainhard Fen-

Tommy Haas mit „Wild Card" Giulia Siegl.

drich, dem „Herzblatt-Moderator" und Verfasser der inoffiziellen Bundeshymne Österreichs „I am from Austria" kannst du zuprosten. Skifahr-Legende, „Dior der Skimode" und James Bond-Double Willy Bogner und seine Frau Sonia haben ihren festen Platz in der Käfer-Schänke. „Otto" Waalkes, das große Comic-Genie aus Ostfriesland liebt es, sich zur Wies'n-Zeit in die bayerische Hirschhorn-Fraktion der Käfer-Schänke einzureihen.

Genauso wie die Musikszene ist selbstverständlich auch die Filmbranche vertreten. Joseph Vilsmaier, der Regisseur der Bestsellerverfilmung „Herbstmilch" hat während der Wies'n seinen Stammplatz bei uns ... und, und, und!

Die Presse unter sich – Peter Bönisch mit Marie Waldburg.

Dass diese VIPs auf dem Oktoberfest nicht wie Tiere im Zoo angegafft werden wollen, ist klar.

Auch die Vorstandsvorsitzenden und Aufsichtsräte der wichtigsten Unternehmen Bayerns mieten für sich und ih-

Bei Käfer mischt sich die Gesellschaft – Platten-Mogul Monti Lüftner, Audi-Vorstandsmitglied Ralph Weyler, Helmut Markwort, Patricia Riekel.

re Geschäftspartner Boxen in der Käfer-Schänke. Für die engagieren wir natürlich die schönsten Dirndl als Bedienungen, die du in ganz Bayern und Sachsen finden kannst. Auch die Frau von Europas größtem Autovermieter hatte

Der Bulle von Tölz wird angezählt.

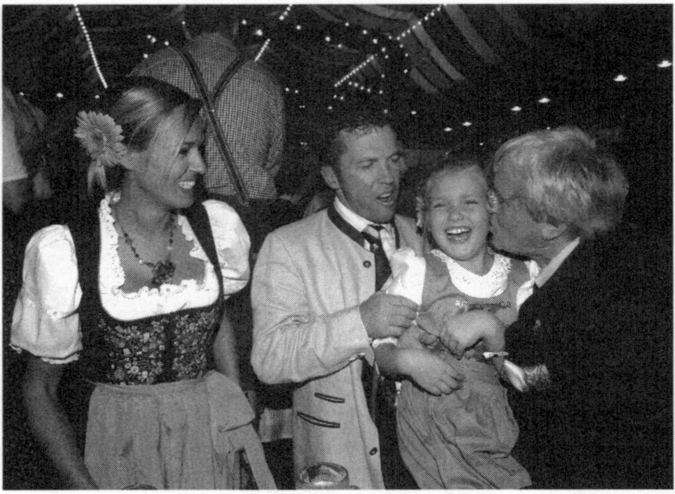

Am Dienstag ist auf der Wies'n Familientag! – „Loddar" Matthäus mit Frau Marijana und Tochter Angela Kostic bei Käfer!

Auto-Verleih-Königin Regine Sixt, Uschi Dämmrich von Luttitz bei Käfer in der „herzigen" Ecke!

ihre berühmte „Damen-Wies'n" mal ganz klein im Käfer Festzelt aus der Taufe gehoben. Noch heute feiert sie mit ihren 600 engsten Freundinnen ein Wies'n-Fest.

EL: Sixt, dann hat sich also der Schnellschuss mit der „Wies'n für dich und deinen Sohn rentiert. Oder?

GK: Ja, das kann man wohl sagen. Wir haben allerdings im Verhältnis den teuersten Aufbau von allen Festhallen auf der Wies'n. Die großen Brauereien stellen Stoffzelte auf, aber wir bauen eine richtige Almhütte. Die könntest du jederzeit an den Tegernsee stellen, wo ja auch viele prominente Bayern aus dem Norden Deutschlands wohnen, und die würden sofort glauben, dass da schon der Prinzregent Luitpold drin verkehrt hat.

Für mich war die Wies'n, als ich noch selber Wies'n-Wirt war, ein Ereignis, auf das ich mich jedes Jahr gefreut habe wie ein Erstklässler aufs Christkindl. Das war einfach schön. Ich bin auch nicht wie die anderen Wies'n-Wirte in der Kutsche auf die Wies'n gefahren, sondern ich bin eingeritten – auf meinem eigenen Bräuross. Mitten durch den

Eingang, bis in die Küche. Dort habe ich dann – jetzt musst du dich wahrscheinlich festhalten – zum Wies'n-Auftakt ganz heimlich als Aperitif einen Rosé-Champagner getrunken mit – einem Eiswürfel drin.

Prominenz der Extra-Klasse

EL: Gerd, wer war zu der Zeit, als du noch Wies'n-Wirt warst, dein prominentester Gast?

GK: Schwer zu sagen! Aber der liebste war mir Franz Josef Strauß. So oft er sich während der Wies'nzeit frei machen konnte, kam er zu mir in die „Käfer-Schänke“. Bei mir auf dem Münchner Oktoberfest hat Franz Josef Strauß auch sein letztes Brathendl gegessen und die letzte Maß Bier seines Lebens getrunken. Da bin ich heute noch traurig, wenn ich daran denke!

Am Vormittag des 1. Oktober 1988 – an einem Sonntag – rief er mich an: „Gerd, schau bitte, dass du ein ruhiges Eckerl für mich reservierst. Ich komm' mit der Renate zu dir!“ Um zwei Uhr rückte er an, mit Renate Piller und ein oder zwei Bodyguards. Ich hatte schon eine Box für ihn frei

Franz Josef Strauß und Renate Piller in der Käfer-Schänke.

gemacht und wie immer verlangte er, dass ich mich dazusetze. Da waren wir ungestört. Und dann ließ es sich Franz Josef Strauß schmecken. Angefangen haben wir mit Radieschen und mit einem Schnittlauchbrot. Dazu gab es selbstverständlich eine frische „Wies'n-Maß“. Jeder verspeiste ein knuspriges Hendl vom Grill. Weil er immer ganz viel Petersilie drin haben wollte, habe ich das Hendl für ihn eigens „solo“ grillen lassen. Von Müller-Brot ließ ich ganz schnell noch frische Brezen bringen. Hinterher tranken wir Kaffee – natürlich aus meinem berühmten „Käfer-Haferl“. Dazu ließ sich Franz Josef Strauß mit großem Appetit eine frische Dampfnudel mit Vanillesoße mit Kipferl schmecken. Er war einfach ein Genießer durch und durch.

Während dieser Brotzeit diskutierten wir über alles Mögliche. Das heißt, wie fast immer bei FJS war das ein Schnelldurchgang durch die Weltpolitik. Von Peking bis Moskau über Washington und mit einem kritischen Blick auf Bonn. Mit mir unterhielt er sich gerne auch über die Wirtschaft, weil er in mir jemand sah, der mit seinem Geschäft die Hand am Puls des wirtschaftlichen „Gefühlszustandes“ hatte. Und so war es auch. Ich konnte in der Art und Weise, wie Unternehmer bei mir Feste bestellten, sehr genau ablesen, wie es der Wirtschaft ganz allgemein ging. Der Party-Service ist in der Hinsicht ein echter Seismograf.

Da gab es die Ära der „neuen Bescheidenheit“, wo wir bei manchen Leuten nicht mit einem Käfer-Auto vorfahren durften, weil ihnen das gegenüber ihren Angestellten zu protzig vorkam. Dann wieder konnte es nicht teuer und aufwändig genug sein. Da ließen es die Unternehmen krachen, dass die Wände wackelten. Diese „Gefühlsschwankungen“ haben Franz Josef Strauß immer sehr interessiert. Für ihn war auch das Wies'n-Geschäft immer ein Gradmesser, wie locker oder fest den Leuten das Geld in der Tasche sitzt.

Der heimliche Außen- und Wirtschaftsminister

Am liebsten erzählte Strauß über seine Kontakte zum Ausland, denn die Verbesserung der Wirtschaft in Bayern war ihm ein echtes Herzensanliegen. Wenn er einem kleinen Unternehmer bei irgendeiner Veranstaltung versprochen hat: „Ich schau, wie ich dir da helfen kann, wenn ich wieder in China oder Kanada oder sonst irgendwo bin", dann war das keine billige Ausrede, damit ihn der andere nicht weiter belästigt. Dann hat er sich auch wirklich darum gekümmert.

Selbstverständlich kam auch bei diesem Gespräch die Rede auf den Bau des Flughafens, der einmal seinen Namen tragen sollte. Denn eines stand für ihn fest: Die bayerische Wirtschaft braucht diesen Flughafen, und zwar so schnell wie möglich. Franz Josef Strauß war selber ein leidenschaftlicher Flieger. Immer wieder kam er auf seinen legendären Flug nach Moskau zu sprechen. Wo er zur größten Verblüffung seiner Freunde in der CDU zu Michail Gorbatschow geflogen war – und mit der Nachricht zurückkam, dass er sich mit dem Parteivorsitzenden der KPdSU ausgesprochen konstruktiv und offen unterhalten habe.

Auch zu Chinas Nummer eins, Deng Siao-Ping, hatte er so gute Beziehungen wie niemand sonst, in der Bundesregierung nicht und ich glaube im übrigen Europa auch nicht. Man kann fast sagen, dass die beiden befreundet waren. Das war jedenfalls mein Eindruck, als ich Franz Josef Strauß und den chinesischen Parteivorsitzenden bei dessen Besuch in München in der Residenz fürstlich bedient habe.

Ich glaube, von einer täglichen Verbindung München – Peking träumte Franz Josef Strauß schon, seit er zur größten Überraschung der gesamten westlichen Welt im Jahr 1975 vom Staatsgründer und Großen Vorsitzenden Mao

Tse-tung und von Außenminister Chou en Lai zu persönlichen Gesprächen empfangen wurde. Diese tägliche Flugverbindung kam ja dann auch – nach der Eröffnung „seines" Flughafens im Erdinger Moos – für die ich übrigens auch die Eröffnungsparty ausgerichtet habe.

Das Ende einer Ära

Nach unserer „grüabign" Brotzeit im „Käfer-Zelt" wurde er zum damaligen Messegelände gleich neben der Theresienwiese gebracht. Von dort flog er mit dem Hubschrauber nach Regensburg, wo er mit Johannes von Thurn und Taxis zur Jagd verabredet war. Die Jagd war neben der Fliegerei die andere große Leidenschaft, die er hatte. Ja, und dann kam über das Radio die Nachricht, die viele zutiefst erschütterte: „Ministerpräsident Franz Josef Strauß ist nach seiner Ankunft in Regensburg mit einem Kreislaufversagen zusammengebrochen! Er wurde in bewusstlosem Zustand in eine Regensburger Klinik eingeliefert." Da lag er dann noch zwei Tage und alle hofften, dass er wieder gesund wird. Aber er kam nicht einmal mehr zu Bewusstsein und am 3. Oktober 1988 ist er gestorben. Als er so fröhlich bei mir saß, und genüsslich mit seiner Herzensdame ein Hendl verzehrte, ahnte er sicher nicht, dass ihm der Tod so nahe steht. Gerade dieser Sonntag, an dem er da bei mir war, war so ein wunderschöner Tag. Für uns beide!

Politisches Urgestein

Mit Franz Josef Strauß habe ich einen echten Freund verloren. Er hat unheimlich viel für mich getan. Uns hat sehr viel verbunden. In meinem Tabakstüberl, das er nach dem Umbau zu einem „Stammsitz" erkoren hat, fühlte er sich richtig wohl. Wenn er kam, begrüßten ihn meine älteren Mitarbeiter ganz freundlich mit einem: „Grüß Gott, Herr Landesvater!“ und Franz Josef Strauß winkte erfreut und jovial zurück. Strauß hat auch nie vergessen, dass er wie ich aus einer ganz einfachen Familie kam. Eine unserer älteren Mitarbeiterinnen erinnert sich daran, wie er im Restaurant auf dem Boden einen Pfennig liegen sah. Ganz selbstverständlich bückte er sich und steckte diesen Pfennig in die Tasche.

Ein unwahrscheinlicher Zufall war auch, dass seine Eltern ihre Metzgerei in der Schellingstraße hatten, direkt um die Ecke, wo meine Eltern 1930 ihren ersten Feinkostladen aufgemacht hatten. Gleich hinter der Universität. Auf ihn hat diese Nähe zur Uni offensichtlich stark abgefärbt, denn er hat in seinem Jahrgang das beste Abitur von ganz Bayern hingelegt und dann Griechisch, Latein und Geschichte studiert. Franz Josef Strauß war überhaupt ein unglaublich gescheiter und auch gebildeter Mensch. Als Einserabiturient bekam er ein Stipendium, mit dem er schon als Student im Maximilianeum wohnen durfte. Ob er damals schon geahnt hat, dass er von dort aus einmal zehn Jahre lang Bayern als Ministerpräsident regieren würde, weiß ich nicht.

Für sein geliebtes Bayern hat er wirklich alles getan, was er nur konnte. Das hat er geprägt wie keiner vor ihm und nach ihm. Und nicht nur Bayern. Auch die alte Bundesrepublik verdankt ihm sehr viel. Mit der Zeit haben sogar seine politischen Gegner gelernt, das zu respektieren. Helmut Schmidt zum Beispiel, der ihn voller Hochachtung als „politisches Urgestein“ bezeichnete und über den Franz Josef Strauß einmal in seiner typisch bayerischen Art gesagt hatte: „Helmut Schmidt und ich kennen uns sehr gut. Wenn er mich anredet mit ‚Alter Gauner‘ und ich sage ‚Alter Lump‘, so ist das durchaus eine von gegenseitiger Wertschätzung und realistischer Kennzeichnung getragene Formulierung.“

Franz Josef Strauß hatte vor allen anderen Überlegungen immer den Wohlstand und die Wirtschaft im Blick. Er lebte auch persönlich nach dem alten bayerischen Spruch: „Man darf der Not keinen Schwung lassen!" In diesem Sinn gab er während seiner zehn Jahre als bayerischer Ministerpräsident glanzvolle Empfänge in der Residenz, in der Staatskanzlei und in Schloss Schleißheim, die ich durchführte. Er wollte mir sogar einen Alleinvertrag für alle Veranstaltungen in der Residenz geben, aber davon bin ich freiwillig zurückgetreten und habe ihn davon überzeugt, dass es nicht gut ist, wenn einer alles macht.

Aber das lag in seiner Natur. Für Menschen, die er mochte, hat er alles getan. Er hat mich auch in Bonn weiterempfohlen, wo es nur ging, auch an Walter Scheel, mit dem zusammen ich während dessen Zeit als Außenminister und auch als Bundespräsident ganz große Veranstaltungen im Ausland durchgeführt habe.

Weihnachtsessen mit Wollwürsten

Franz Josef Strauß hatte einen seiner Lieblingsplätze bei mir im Restaurant. Ich kann mich noch gut erinnern, wie er eines Tages kurz vor Weihnachten bei mir anrief und ganz kurzfristig noch einen Tisch brauchte. In der Zeit war aber bei uns im Restaurant alles besetzt, bis auf den letzten Platz, weil viele Firmen bei uns ihr Weihnachtsessen veranstalteten. Auch, weil in den Tagen vor Weihnachten viele Herren bei „Käfer" mit ihren „Herzensdamen" Bescherung feiern, mit denen sie am Heiligen Abend von zu Hause aus nicht einmal telefonieren können.

EL: Woran erkennst du diese vorgezogenen kleinen „Weihnachts-Bescherungen"?

GK: Hör mal, Erich, warst du noch nie kurz vor Weihnachten bei „Käfer"?

EL: Gerd, bei dieser Frage bin ich genauso diskret wie du.

GK: Wenn es alte Freunde sind, dann heißt es schon am Telefon: „Gerd, ich hätte gern einen Tisch, wo mich nicht gleich jeder sieht!“ Und zwischen Vorspeise und Hauptgang liegen auf dem Platzteller plötzlich so ganz kleine Packerl, wo du schon am Einwickelpapier erkennst – „Aha, Chopard, Cartier, Bulgari!“ Diese Packerl verschwinden dann ganz schnell in den teuren Handtaschen, bevor der Hauptgang serviert wird.

EL: Aber Franz Josef Strauß brauchte doch sicher nicht so einen „Tisch für zwei“?

GK: Nein, er wollte mit einigen Spezln zu einem Weihnachtsessen kommen. Aber das Lokal war ausgebucht bis in die letzte Ecke. Da habe ich kurzerhand mein Büro umfunktioniert. Innerhalb von einer Stunde war alles weihnachtlich dekoriert. Dann haben wir zusammen einen vorweihnachtlichen Abend gefeiert. Alle waren fröhlich, gut gelaunt. Ganz besonders schön war es, weil das eine so spontane Zusammenkunft war. Dabei haben wir überhaupt nicht über Politik gesprochen, sondern uns einfach sehr persönlich und gut unterhalten. Es herrschte einfach eine völlig heitere, gelöste Stimmung. Karl Dersch, mit Spitznamen „Mr. Mercedes“, ein enger Freund von Franz Josef Strauß, hatte plötzlich Appetit auf Wollwürste. Jetzt gab es aber bei uns im Laden keine Wollwürste. Da schickte ich ganz schnell meinen Fahrer zum „Franziskaner“ und eine halbe Stunde später standen „schön braun gebrannt“ Wollwürste mit Senf und Kartoffelsalat vor „Mr. Mercedes“ auf dem Käfer-Tisch. Das war natürlich ein Riesen Hallo: „Gerd, bist scho a Hund!“ sagte da Franz Josef Strauß, und das ist eine der höchsten Auszeichnungen, die man in Bayern bekommen kann. Noch dazu vom Ministerpräsidenten. Einer meinte: „Gerd ist der reinste Neckermann – Neckermann macht's möglich!“ Plötzlich wollten alle Wollwürste. Das hatte ich mir aber schon vorher gedacht und entsprechend disponiert.

Im „Tabakstüberl" – die Planung eines Großflughafens

GK: Die denkwürdigste Unterredung, die je im „Tabakstüberl" stattgefunden hat, Anfang der siebziger Jahre, hat Auswirkungen bis heute. Für ganz Bayern. Da saßen neben Franz Josef Strauß noch der Chef von Mercedes Bayern Karl Dersch – und Peter Trautmann, der spätere Geschäftsführer der Flughafen München GmbH.

In diesem Gespräch entwarf Franz Josef Strauß die zukunftsweisende Idee eines neuen Großflughafens für München. Der Flughafen Riem platzte aus allen Nähten. Außerdem rasierten die Flugzeuge, die damals von Jahr zu Jahr größer wurden, bei jedem Start und bei jeder Landung fast die Dächer der Vorortsiedlung Trudering. Vom Lärm, den diese armen Menschen Tag für Tag aushalten mussten, gar nicht zu reden. Bei denen klirrten alle fünf Minuten die Tassen und Teller in den Schränken. Das war wie auf den Bildern von den „Rosinenbombern" in Berlin-Tempelhof.

Gerade am Flughafen zeigte sich, in welchen Dimensionen Strauß gelernt hatte zu denken. Er kannte eben Flughäfen wie „O'Hare" in Chicago und „JFK" in New York und er verband das mit seiner Vision der wirtschaftlichen Bedeutung Bayerns innerhalb der Bundesrepublik Deutschland. Ein bisschen schwang da vielleicht auch der Grundsatz von König Ludwig dem I. mit, der Anfang des 19. Jahrhunderts gesagt hatte: „Ich will aus Bayern ein Land machen, das so bedeutend ist, dass niemand sagen kann, er kenne Deutschland, wenn er Bayern nicht kennt!" Ja, das war auch die Einstellung vom Franz Josef!

Strauß entwarf in dieser Unterhaltung 1978 den Flughafen in einer Größe, wie er erst Jahrzehnte später realistisch war. Er sagte bei dieser denkwürdigen Zusammenkunft in meinem Tabakstüberl: „Lasst uns einmal ein bisschen spinnen und in die Zukunft schauen. Stellt euch vor, es gibt einmal ein Flugzeug, das ist 80 Meter lang und 80 Meter breit. Das heißt, unser Flughafen muss so konzipiert sein, dass dort ein Flugzeug mit 80 Meter Flügelspannweite starten und landen kann!" Strauß hat in den 70er Jahren im Kopf bereits den A 380 entworfen. Dabei war dieser Mann kein Ingenieur, sondern Altphilologe. Kein Flugzeugbauer hat damals so weit in die Zukunft gedacht wie Franz Josef Strauß. Wenn jemand dieses Bild von „Laptop und Lederhose", mit dem Bayern heute so gerne charakterisiert wird, wirklich verkörperte, dann war es Franz Josef Strauß.

Dass dieser Flughafen heute weltweit als „Franz-Josef-Strauß-Flughafen bekannt ist, finde ich absolut angemessen. Das hat er mehr als verdient, unser unsterblicher Franz Josef Strauß! Deshalb sollte man auch unser „Tabakstüberl" ihm zu Ehren in „Franz-Josef-Strauß-Stüberl" umtaufen.

Gerd Käfer, der regierungsamtliche Haupt-Gourmet

EL: Gerd, wenn man in den Zeitungen die Jahrgänge der Sechziger und siebziger Jahre durchblättert, dann stellt man in fest, dass es in der Bundesrepublik kaum einen Staatsgast gab, den du nicht bedient hast. – Charles de Gaulle bei seinem denkwürdigen Deutschland-Besuch kam zusammen mit Konrad Adenauer auch nach München und wurde von dir verköstigt. Der amerikanische Präsident Gerald Ford aß „à la Käfer". Dann der Mann mit dem lustigsten Englisch, das je ein amerikanischer Außenminister gesprochen hat – der aus Nürnberg stammende Henry Kissinger. Alle, wirklich alle waren bei dir zu Gast, natürlich mit ihren Gastgebern – Willy Brandt, Walter Scheel, Helmut Schmidt, Hans-Dietrich Genscher, und Franz Josef Strauß sowieso.

GK: Ja, Hans-Dietrich Genscher und Franz Josef Strauß hätte ich gern mal zusammen bedient, aber zwischen den beiden konnte nicht einmal ein Käfer-Menü vermitteln.

Hängt bei Gerd Käfer an der Wand: US-Präsident Gerald Ford am Zapfhahn!

EL: Staatsempfänge in der Residenz in München, Staatsbankette auf dem Petersberg bei Bonn und auf Schloss Gymnich – da bekommt man den Eindruck, dass du so eine Art „Geheimwaffe der Diplomatie" warst. Aus den Berichten über dich und deine Festveranstaltungen auf sämtlichen Schlössern rund um Bonn könnte ein Politikwissenschaftler eine ganze Doktorarbeit über den Zusammenhang von „Kochen und Völkerverständigung" ableiten.

Hast du die Spitzenpolitiker auch ins Ausland begleitet und dort in den Residenzen der Gastländer gekocht und bedient?

GK: Also, erstmal muss ich dem Eindruck widersprechen, dass ich nur in Schlossküchen gekocht und in Schlössern bedient habe. Bundesaußenminister Genscher und seinen Gast Henry Kissinger habe ich zum Beispiel ganz bodenständig im Forsthaus Hinterbrühl im Isartal bekocht. Den amerikanischen Präsidenten Gerald Ford habe ich auf einem großen Rheindampfer bedient. In Paris, im Mekka

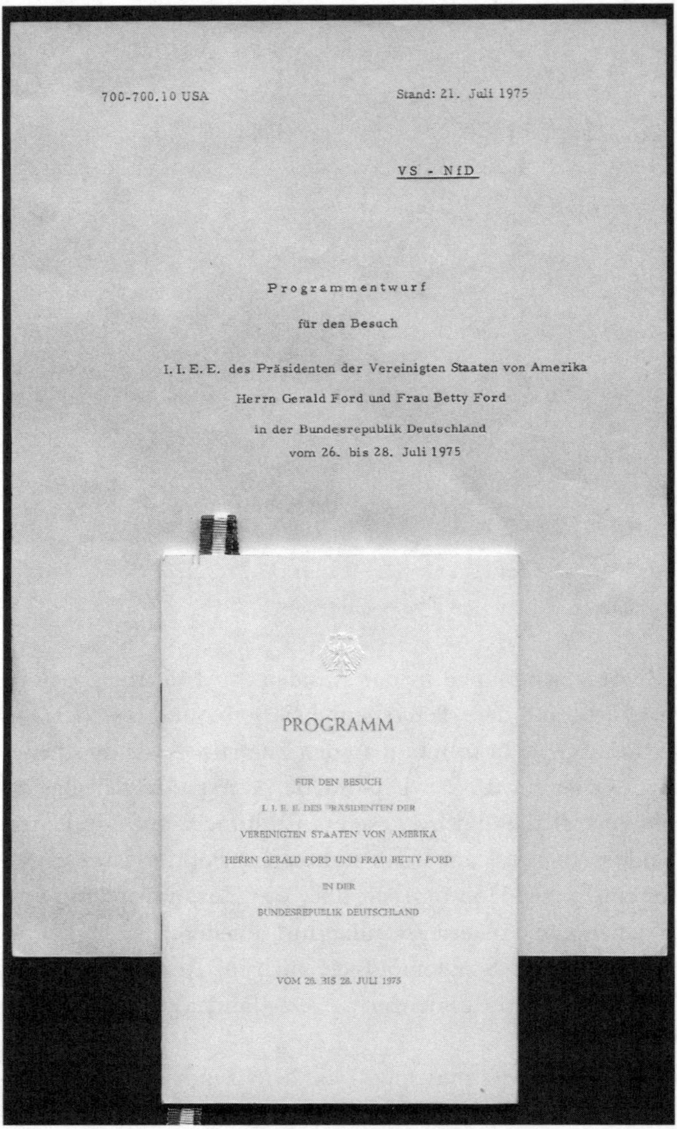

Festprogramm zur Einladung von Gerald Ford.

der Feinschmecker, habe ich für Empfänge der Deutschen Botschaft gekocht. Seinerzeit war die Deutsch-Französische Freundschaft noch alles andere als eine Selbstverständlichkeit. Da gab es hier wie dort noch viele, die dem „alten Erzfeind“ von der jeweils anderen Seite mit größtem Misstrauen begegneten.

Im Dienst der hohen Politik

GK: Die international vielleicht wichtigste Veranstaltung, die ich je mitgemacht habe, war das Festbankett im Kreml, das ich für den damaligen Außenminister Walter Scheel im Kreml gegeben habe.

EL: Wie kommt es dazu, dass Gerd Käfer mit dem deutschen Außenminister nach Moskau fährt und dort im Kreml ein Fest veranstaltet?

GK: Walter Scheel war schon damals ein ausgesprochener Gerd-Käfer-Fan. Den hatte ich mal bei einem Empfang der Bayerischen Staatsregierung bekocht und daraufhin hat er mich gelegentlich nach Bonn geholt, wenn er Gäste zu bewirten hatte. Auch seine inzwischen leider verstorbene Frau Mildred holte mich, wenn sie größere private Einladungen in ihrem Haus in Hintertal in Österreich gab. Zu den Scheels bekam ich dadurch einen sehr persönlichen Kontakt. Das hing auch damit zusammen, dass ich damals mit meiner Art der Küche allein war auf weiter Flur. Und große Feste mit allem Drum und Dran hat außer mir in Deutschland sowieso niemand veranstaltete.

Eines Tages fragte mich Walter Scheel, ob ich nicht ein größeres Fest ausrichten könne, das er für Moskau geplant hatte. Das war 1973, also noch mitten in Zeiten des Kalten Krieges. Aber Bundeskanzler Willy Brandt und Außenminister Walter Scheel hatten in dieser Eiszeit mit ihrer Ostpolitik schon ein gewisses Tauwetter eingeleitet. Der sowjetische Staatspräsident Leonid Breschnew war Anfang dieses

Jahres sogar zu einem Staatsbesuch nach Bonn gekommen. Das kann man heute gar nicht mehr nachvollziehen, welche Bedeutung das damals hatte. Der Ostblock und die Westmächte standen sich waffenstarrend gegenüber und wenige Jahre zuvor hatte die ganze Welt noch vor der Gefahr eines Atomkrieges gezittert. Plötzlich kam „der russische Bär“ nach Bonn und zeigte sich liebenswürdig, umgänglich und gesprächsbereit.

Feinkost-Käfer – auf dem Weg nach Moskau.

Dieser Besuch ging wie ein großes Aufatmen durch ganz Deutschland, weil die Menschen Hoffnung schöpften, dass die Kriegsgefahr ein wenig abgemildert werden konnte. Für diesen Besuch wollte sich Bundesaußenminister Scheel bei Breschnew mit einer Einladung im Kreml bedanken. Soweit ich weiß, fanden in dem Zusammenhang auch die ersten Wirtschaftsverhandlungen zwischen der Sowjetunion und der Bundesrepublik Deutschland statt. Da wurden die ersten Gaslieferungen der Russen an Deutschland beschlossen, was eine unvorstellbare Sensation war. Der Erzfeind, mit dem die Sowjetunion keine zwanzig Jahre zuvor in einem erbitterten Krieg gelegen hatte, bekam Gaslieferungen. Das muss man sich mal vorstellen. Und Deutsch-

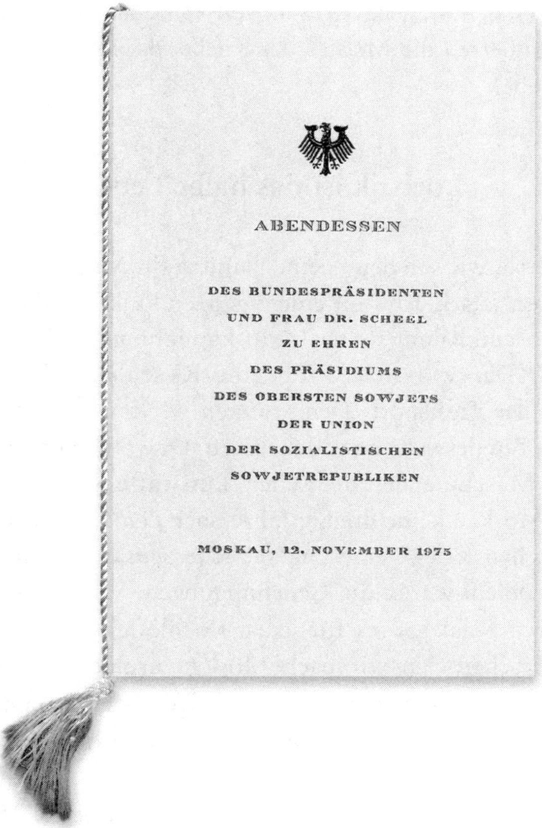

Bundespräsident Dr. Scheel und Frau geben sich die Ehre …

land brauchte dieses Gas dringend, weil es zu der Zeit nämlich den ersten riesigen Ölschock gab. Die Araber hatten wegen des Krieges zwischen Israel und Ägypten dem ganzen Westen den Ölhahn zugedreht. Auch uns. Plötzlich mussten wir uns nach anderen Energiequellen umsehen.

Unter diesen Vorzeichen hatte die Einladung, die Außenminister Walter Scheel damals in Moskau gab, nahezu weltpolitische Bedeutung. Aber auch das ist nichts Neues. Eine gute Küche hatte in der Diplomatie schon immer eine große Rolle gespielt. Auch in der Diplomatie geht die Liebe durch den Magen. Nicht umsonst sind die Franzosen seit Jahrhunderten die Meister der Küche, der Diplomatie und der Liebe!

Logistik ist das halbe Leben

EL: Gerd, wie sah denn deine Planung für Moskau aus? Du konntest ja schlecht mit einem ganzen Pulk Kühllaster die dreitausend Kilometer nach Moskau fahren?

GK: Das war in der Tat eine Riesenherausforderung. Nicht der Transport. Den konnten wir mit einer Maschine der Bundeswehr bewerkstelligen. Obwohl auch der Flug einer Maschine der deutschen Luftwaffe von München nach Moskau keine dreißig Jahre nach dem „Großen Vaterländischen Krieg" eine unglaubliche Sensation war. Nein, das Problem waren die Genehmigungen. Wie in jedem totalitären Staat gab es für jeden Kochlöffel und für jeden Zahnstocher, den wir nach Moskau bringen wollten, einen ganzen Stoß von Einfuhrbeschränkungen. Von der Küchenausrüstung, die ich sicherheitshalber mitnehmen musste, gar nicht zu reden.

Auf die Anfrage von Walter Scheel antwortete ich deshalb kurz und bündig: „Das Fest ist kein Problem. Das Essen kann ich in München kochen, die Ober und die Bedienungen, die ich brauche, bekomme ich in Moskau. – Das große Problem sind nur die Einfuhrgenehmigungen!" Scheel versprach, das alles über das Auswärtige Amt zu regeln. Und so nahm diese „Koch-Diplomatie" ihren Lauf. Wir bekamen über das sowjetische Außenministerium sämtliche Sondergenehmigungen, die wir brauchten – und trotzdem gab es nach der Landung in Moskau noch Riesenprobleme. Die Zollbeamten glaubten den eigenen Stempeln und Papieren nicht, obwohl die alle in Kyrillisch waren. So tief waren die Gräben damals noch.

Kochen im Angesicht des neuen Zaren

Insgesamt waren zwei Feste auszurichten, eines im Großen Saal des Kreml für Leonid Breschnew und die Präsidenten sämtlicher Sowjetrepubliken sowie hochrangige Politiker, also die ganze Nomenklatura. Wer schon einmal im Kreml in Moskau war, kann sich vielleicht vorstellen, was das für ein unglaubliches Erlebnis war. Überall Gold und Spiegel und Gemälde aus der ruhmreichen russischen Geschichte. Du hättest meinen können, jetzt kommt jeden Moment Peter der Große um die Ecke – oder Iwan der Schreckliche. Aber dieses Festessen verlief so was von locker und gelöst – da wurde einem Leonid Breschnew direkt sympathisch!

Das andere Festessen fand auf dem Gelände der Allunions-Ausstellung statt. Das ist eine Art Messegelände, wo Stalin versucht hat, der Welt die wirtschaftliche Größe der Sowjetunion vor Augen zu führen. Mit dem Kreml natürlich nicht zu vergleichen. Dort wurden aber ganz wichtige Wirtschaftsleute verköstigt. Auch denen hat es bei mir sehr gut geschmeckt.

Die Logistik dieser ganzen Veranstaltung war im Grunde ganz einfach. Die Maschine der Bundeswehr brachte zuerst den Außenminister mit seinem Stab, mit einigen Vorstandsvorsitzenden aus der Wirtschaft und einen riesigen Tross von Journalisten nach Moskau. Diese Maschine flog dann wieder zurück und wir packten das ganze Essen und alle Gerätschaften ein, die wir in Moskau brauchten, Geschirr, Kochöfen, Besteck, alles. Ich war selbstverständlich vorher schon in Moskau gewesen und hatte über einen Bekannten bei der russischen Botschaft die ganze Bedienungsmannschaft organisiert. Lauter Russen. Das war auch notwendig, denn die mussten beim Servieren ja alle Russisch sprechen. Von meinen Leuten hatte ich nur die Köche, ein paar Oberkellner und eine Reihe von Dolmetschern mitgebracht. Beide Feste verliefen wirklich perfekt. Ohne die kleinste Panne. Scheel und sein ganzer Stab waren so was von happy. Die hätten mich am liebsten auf einem silbernen Tablett zurück zum Flughafen gebracht. Aus dem Außenministerium bekam ich auch in den Tagen danach immer wieder begeisterte Anrufe und Leute aus Scheels Mitarbeiterstab erzählten mir, was in der Moskauer Presse über diese beiden Käfer-Feste zu lesen war. Sensationell!

„Neid in Germany"

Als wir wieder zu Hause waren, passierte etwas, was ich nur als typisch „deutsch" bezeichnen kann: In den hiesigen Medien gab es einen fürchterlichen Aufstand, dass die Bundesregierung mit ihrem „vergnügungssüchtigen" Außenminister an der Spitze die Steuergelder der braven Bürger verschleudert! Einige Journalisten, vermutlich diejenigen, die nicht haben mitfahren dürfen, überschlugen sich vor lauter Entrüstung – „Feinkost-Käfer, der Partykönig der Superreichen, schmeißt in Moskau mit vollen Schüsseln das Geld der Steuerzahler aus dem Kreml-Fenster!" Das war der Tenor dieser nachträglichen Kommentare. Objektiv betrachtet natürlich totaler Unsinn. Das war der politischen Bedeutung dieser Veranstaltung in keiner Weise angemessen.

Erstens war nach Einschätzung aller Beteiligten dieses Festmahl im Kreml ein großartiger diplomatischer Erfolg. Sogar die Prawda erwähnte diese deutsche Einladung sehr lobend. Breschnew war jedenfalls äußerst angetan von unserem Essen, von den deutschen Weinen, die ich ausgesucht hatte, und auch von dem tollen Service, den ich mit dieser gemischten Mannschaft hingelegt hatte. Um zu erkennen, wie wohl er sich mit unserem Service gefühlt hatte, dazu brauchte ich keinen Dolmetscher. Breschnew zeigte mir mit einem „Nastarovie, Gerd!", wie vorzüglich ihm alles geschmeckt hatte.

Außerdem habe ich der Deutschen Bundesregierung die Speisen weit unter meinem Gestehungspreis berechnet. Für mich war das ja ein unbezahlbarer Auftrag – so was von prestigeträchtig! Das hätte ich mit einem ganzen Jahresbudget an Werbung nicht erreichen können, was mir der Auftritt in Moskau an Publicity gebracht hat. Außerdem war der Kreml für mich das Großartigste und Außergewöhnlichste, was ich jemals bei einem Fest als „Location“ erlebt habe. – Gerd Käfer serviert im Palast der russischen Zaren, und das mitten im Kalten Krieg. Unvorstellbar! Die Weine wurden von deutschen Staatsweingütern geliefert. Von Kloster Eberbach, von Rüdesheim, Eppenheim, Iphofen – von überall her, wo der Staat die besten Weingüter besitzt, hatte ich die besten Tropfen ausgewählt.

Der Wein hat also schon gleich gar nichts gekostet. Aber gut, auch diese Aufregung ebbte wieder ab. Außerdem bekam Walter Scheel Schützenhilfe von einem der besten und angesehensten Kenner der Sowjetunion und der damaligen politischen Lage, von Klaus Mehnert. Auch Mehnert bestätigte, dass diese beiden Festessen ein großartiger diplomatischer Erfolg waren, deren politische Bedeutung man gar nicht hoch genug einschätzen könne.

Die ganze Aufregung wegen der Kosten war wirklich totaler Unsinn, kleinkariert und kurzsichtig, eine echte Provinzposse. Aber ich war durch diese Veranstaltung nicht nur auf einen Schlag in ganz Deutschland bekannt wie der berühmte bunte Hund. Auch in der Sowjetunion war der Name Käfer jedem geläufig, der in der Politik oder in der Wirtschaft etwas zu sagen hatte. Aus Deutschland bekam ich – wie üblich nach einer großen Feier– einen riesigen Anschlussauftrag. Als nämlich die Ruhrgas ein paar Monate später zur feierlichen Unterzeichnung der Verträge für die Gaslieferungen nach Moskau flog, gab es wieder feine „Käfer-Küche“ – sehr zur Freude der sowjetischen Wirtschaftsleute, die schon im Kreml und in der Allunions-Ausstellung „Käfers Köstlichkeiten“ mit Gusto verzehrt hatten.

Wenn ein Käfer zaubern muss

GK: Der Kreml in Moskau war schon eines der Highlights, was die Location betraf. Aber meine „Kochgelegenheiten waren nicht immer so fürstlich. Für den FC Bayern habe ich in Magdeburg, als das noch hinter dem Eisernen Vorhang lag, sogar einmal in einer provisorisch mitgeführten Küche in einem Omnibus gekocht, und auch das hatte viel mit Diplomatie zu tun. Dynamo Dresden hatte im Kampf um den Europapokal schon Mannschaften wir FC Porto, Juventus Turin und Benifca Lissabon aus dem Wettbewerb geworfen. Und dann kam das berühmte Duell im Herbst 1973 – das erste deutsch-deutsche Fußballpflichtspiel: Dynamo Dresden gegen den FC Bayern. Enger konnten die Verknüpfungen zwischen Fußball und hoher Politik gar nicht sein!

Zu diesem Spiel musste ich auf Anweisung von Robert Schwan eine kleine Küche mitnehmen. Die „Bayern“ befürchteten nämlich, dass ihnen der Gegner mit einem Spezialgewürz Beine machen könnte – und dass sie in Unterzahl spielen müssen, weil die Hälfte der Mannschaft auf dem Klo sitzt. Ich war mit meiner Omnibus-Küche sozusagen der Gourmet-Joker für den „FC Bayern“. Da stand ich in meiner Küche im Omnibus auf dem Parkplatz vor dem Hotel. Dessen Leitung hatte sich strikt geweigert, mich mit meiner Mannschaft in ihrer Küche kochen zu lassen.

Ich bin überhaupt ein alter FC Bayern Fan, weil ich diesen Verein seit vierzig Jahren begleite. Robert Schwan war übrigens der erste hauptamtliche Manager eines Fußballvereins in der ganzen Bundesliga. Der damalige Präsident Wilhelm Neudecker hatte ganz richtig erkannt, dass dieser erfolgreiche Fußballverein immer mehr zu einem Wirtschaftsunternehmen geworden war und hatte deshalb Robert Schwan mit einem für damalige Zeiten fürstlichen Gehalt von DM 5 000 im Monat als Manager angestellt.

Mit Robert Schwan und dem FC Bayern habe ich dann praktisch die ganze Welt bereist. Auch den Ostblock. Einmal war ich mit dem FC Bayern in Armenien, in Eriwan. Das war 1974. Da spielte der FC Bayern gegen den FC Ararat. Diese Mannschaft hatte im Jahr vorher die sowjetische Meisterschaft gewonnen und stand nun im Viertelfinale des Europapokals der Landesmeister und war dem FC Bayern nur knapp mit 1 : 0 unterlegen. Nach diesem aufregenden Spiel standen wir mit unserem ganzen Gepäck schon in der Abflughalle, da kam plötzlich die Mitteilung, dass der Rückflug gestrichen werden musste. Jetzt war kein Hotel gebucht, kein Restaurant, nichts. Da habe ich mit meinen Leuten aus allen Resten, die wir noch im Gepäck hatten, ein Essen gezaubert – mitten in der Abflughalle. Das ließen sich alle schmecken – Franz Beckenbauer, Uli Hoeneß, Paul Breitner, Karl-Heinz Rumenigge, die Torwart-Legende Sepp Maier, der sich heute ganz offiziell „Torwart des Jahrhunderts“ nennen darf. Gerd Müller, der schon damals heftig an seinem Ruf als „Bomber der Nation“ arbeitete. Und selbstverständlich auch Georg „Katsche“ Schwarzenbeck, an den man sich heute leider weniger erinnert, weil er immer im Hintergund blieb.

Als Franz noch nicht der „Kaiser“ war …
Der junge Franz Beckenbauer mit Detmar Cramer.

Die Zusammenarbeit mit Robert Schwan war allerdings nicht immer konfliktfrei. Wenn irgendwelche Schwierigkeiten auftauchten, ließ er seiner umfangreichen Kenntnis an Schimpfwörtern freien Lauf. „Du Rindviech, du bläds!" war noch eines der harmlosesten. So eine Explosion bescherte er mir auch am 30. Geburtstag von Franz Beckenbauer.

EL: Seit wann kennst du den Franz?

GK: Ich kenne Franz Beckenbauer, seit er ganz klein beim FC Bayern angefangen hat. Ich habe viele Feste für ihn veranstaltet. Auch den 30. Geburtstag von Franz Beckenbauer. Daran kann ich mich noch sehr genau erinnern. Mit dieser Feier in der Grünwalder Villa von Franz hatte mich Robert Schwan beauftragt. Und da passierte eine kleine Panne. Der Kaffee war kalt, als wir ihn servierten. Da hat mich Robert Schwan in der Küche so zusammengeputzt, dass ich in keinen Schlappschuh mehr passte. Ich war so fertig, mir sind wirklich die Tränen runtergekullert. Brigitte Beckenbauer hat sich dann Robert Schwan vorgeknöpft und dem Vorwürfe gemacht, dass er mir wegen einer Kleinigkeit so den Marsch geblasen hat. Dann hat Brigtte mich wieder aufgerichtet. Dann kam auch noch Franz zu mir in die Küche und hat mich getröstet. Es war ein Fest voller Aufregungen. Aber die Freundschaft zu Beckenbauer ist geblieben. Und mit seiner damaligen und allen späteren Frauen stehe ich immer noch in Verbindung.

EL: Wie war das mit den anderen Spielern?

GK: Für Sepp Maier, die Torwart-Legende habe ich in seiner Tennishalle in Anzing eine Reihe von Festen veranstaltet. Wir waren wirklich befreundet und verbrachten auch viel Zeit miteinander.

Überhaupt war es üblich – wenn beim FC Bayern jemand etwas zu feiern hatte, dann war das immer mit mir. Vor allem Willy Hoffmann, der „Champagner-Willy" hat viele Feste mit und bei Käfer gefeiert. Nach jedem wichtigen Spiel kam er mit der Mannschaft zu uns ins Restaurant. Dann gab es Champagner zum Überlaufen. Als Präsident des FC Bayern feierte er seine Silberne Hochzeit in ganz großem Stil. „Champagner-Willy“ ist mir, wie auch immer, unvergesslich.

Der FC Bayern ist mein Kunde, seit ich im Partygeschäft bin. Wenn ich alles zusammenrechnen würde, was ich mit dem Verein und einzelnen Spielern an Festen veranstaltet habe, würde sich höchstwahrscheinlich ergeben, dass der FC Bayern der größte Kunde von Käfer ist. Meisterschaftsfeiern, Geburtstage, Hochzeiten, einzelner Spieler – es gibt beim FCB sogar einen Fanclub, der ist gleichzeitig Käfer-Fanclub.

Restauranteröffnung im Scheinwerferlicht

EL: Gerd, du hast bisher fast ausschließlich von den sagenhaften Erlebnissen rund um deinen Party-Service erzählt. Dabei ging eines fast unter – du hast Anfang der 70er Jahre, so ganz nebenbei, neben der ständigen Erweiterung des Feinkostladens mit seinem unglaublichen Angebot an Delikatessen aus aller Welt und den täglichen Partys, die du alle selbst gemanagt hast, auch noch ein Restaurant eröffnet.

GK: Die Idee, ein eigenes Top-Restaurant zu eröffnen, ging mir schon durch den Kopf, seit ich in Schwabing meine Kneipe schließen musste und in den elterlichen Laden zurückgekehrt war. Zu der Zeit gab es nämlich in München kein wirklich vorzeigbares Restaurant, wo man zum Beispiel mit einem Geschäftsbesuch hätte hingehen können. Ende der 60er Jahre hatte auch noch das einzige Nobelrestaurant, der „Humpelmayr“ zugemacht. Auch mein Bruder Helmut Käfer hatte sich in der Richtung schon Gedanken gemacht. Da lag es für uns nahe, in diese Lücke ein wirklich gehobenes Käfer-Restaurant zu stellen …

EL: … mit einer sensationellen Küche!

GK: Das auch. Sensationell an diesem Restaurant war vor allem die Werbung, die ich kurz nach der Eröffnung frei Haus geliefert bekam. Ich glaube, das war die größte und meist beachtete „Eröffnungsparty mit Polizeischutz", die ein Restaurant auf der ganzen Welt je erlebt hat.

EL: Was hast du da inszeniert?

GK: Ich habe gar nichts inszeniert. Das wurde quasi unfreiwillig für mich inszeniert. Und zwar in einer Weise, dass sich noch 35 Jahre nach dieser denkwürdigen „Inszenierung" das ZDF wieder damit beschäftigte. Obwohl es letztlich auch ein sehr tragischer Anlass war, der zu dieser „Inszenierung" führte.

Einige Zeit nach der Eröffnung unseres Restaurants ereignete sich in unmittelbarer Nähe in der Prinzregentenstraße ein bewaffneter Banküberfall mit Geiselnahme. Der erste überhaupt, nicht nur in der Bundesrepublik, sondern ich glaube weltweit. Das war im Herbst 1971. Genau am 4. August 1971 um 15.55 Uhr, wie ich 35 Jahre später durch den ZDF-Film erfuhr. Da betraten zwei Männer mit Helmen und Gesichtsmasken die Filiale der Deutschen Bank schräg gegenüber von „Käfer". Wie bei „Bonnie and Clyde"! Aus einem Koffer holten sie zwei Maschinenpistolen und sagten wohl, was man bei solchen Gelegenheiten auch im Kino immer sagt: „Machen Sie keine Dummheiten. Her mit der Kohle!" Aber irgendwie lief dieser Banküberfall wohl nicht so, wie die beiden sich das gedacht hatte. Wahrscheinlich weigerten sich die Bankangestellten das Geld herauszurücken. Mit so etwas hatten die damals ja verständlicher Weise noch keinerlei Erfahrung.

Diese beiden Gangster nahmen achtzehn Kunden, die zufällig herumstanden, als Geiseln und verbarrikadierten sich mit denen im Schalterraum. Ja, und mit diesen armen Menschen in ihrer Gewalt fingen sie an, mit der Polizei zu verhandeln und ihre Forderungen zu stellen: „Zwei Millionen D-Mark und einen Fluchtwagen!" Das war eine ungeheure Summe.

Mit diesem Geld hätte ich damals das halbe Eckhaus kaufen können, in dem Feinkost-Käfer heute noch drin ist.

Daraufhin kam natürlich das Funkstreifengeschwader mit Martinshorn und Blaulicht angerast. Der damalige Polizeipräsident Dr. Manfred Schreiber wurde über Funk verständigt. Er kam geradewegs vom Flughafen. Später stieß auch noch Franz Josef Strauß dazu, der damals Justizminister von Bayern war. Ja, und dann gingen die Verhandlungen los. Allmählich rückte auch die Presse an, das Fernsehen, und ich glaube sogar die Bavaria Filmgesellschaft, denn dramatischer hätte man das auch in Geiselgasteig nicht inszenieren können. Wenn man nicht von Anfang an mitbekommen hätte, was da los ist, hätte man wirklich meinen können, dass ein Film gedreht wird. Überall standen die Kameras, und als es langsam dunkel wurde, wurden ganze Batterien Scheinwerfer aufgestellt und diese unheimliche Szene taghell beleuchtet. Dazu blinkte ein Meer von Blaulichtern. Gespenstisch! Ein wahrer Action-Thriller. Dabei herrschte mitten drin scheinbar totale Untätigkeit. Plötzlich war mein neues Restaurant polizeiliche Leitstelle und Pressezentrum in einem. Von hier aus wurde hektisch telefoniert, denn Handys gab es damals noch nicht.

„Party-Service“ mit dem Polizeipräsidenten

Als sich die Verhandlungen zwischen der Polizei und den Geiselnehmern hinzogen, kam jemand auf die glorreiche Idee: „Denkt vielleicht mal jemand daran, dass diese armen Menschen gegenüber allmählich Hunger und Durst kriegen!“ Ich ließ ganz schnell im Restaurant einen großen Korb mit Essen und Trinken für zwanzig Personen herrichten – für achtzehn Geiseln und zwei Gangster. Diesen Korb schleppte ich zusammen mit dem Polizeipräsidenten Dr. Schreiber im Scheinwerferlicht und unter Blitzlichtgewitter quer über die Straße und stellte ihn vor der Eingangstüre der Bank ab. Den Polizeipräsidenten kannten die Gangster offenbar nicht, sonst hätten sie den sicher auch noch einkassiert. Außerdem hatten wir beide weiße Mäntel mit dem Käfer-Logo an. Das war vorher so vereinbart worden, damit da nicht aus Versehen einer von den Gangstern oder von der Polizei auf uns schießt.

Sieben oder acht Stunden später, es war schon kurz vor Mitternacht, ging die Polizei zum Schein auf die Forderungen der Geiselnehmer ein. Eine der Geiseln, ein blutjunges Mädchen von neunzehn Jahren, sollte in das Fluchtauto gesetzt werden. Dort lag auch der Sack mit dem Lösegeld bereit. Dann kamen die Geiselgangster mit dem anderen Mädchen aus der Bank. Dieses junge Mädchen hatte einen Sack über dem Kopf. Sie sah wirklich erbarmungswürdig aus. Zu dem Zeitpunkt hofften wir alle noch, dass dieser ganze Spuk glimpflich ausgehen würde.

Aber in dem Moment, als die Gangster mit ihrer Geisel aus der Bank kamen, fingen die Scharfschützen der Polizei an zu schießen. Der eine der beiden Gangster ging schwer verletzt zu Boden. Das war Georg Rammelmayr, wie ich später erfuhr. Er starb noch an dieser Stelle. Vorher soll er laut Polizeibericht noch die Geisel erschossen haben. So genau wurde das nie geklärt. Der andere Gangster, Dimitri Todorov, blieb unverletzt. Er saß dann an die dreißig Jahre im Zuchthaus – und hat jetzt sogar ein Buch geschrieben, über den Ablauf des Überfalls, aus seiner Sicht und über sein Leben im Knast. Ich muss tatsächlich mal nachlesen, ob ich in diesen Erzählungen vorkomme. Möglich wäre es schon, denn über die Modalitäten der „Essensübergabe“ haben die Gangster lange mit der Polizei verhandelt.

Todorov schwört heute Stein und Bein, dass sie dieses tragische Ende niemals gewollt haben. „Ich wäre da nie reingegangen, wenn ich geahnt hätte, dass es so ausgehen könnte!“ sagte er gegenüber der Presse nach seiner Freilassung. Das glaube ich ihm sogar. Die beiden Gangster hatten sicher gedacht: „Wenn wir die Geiseln haben, ist die Polizei absolut machtlos. Die müssen uns mit den zwei Millionen unbehelligt abziehen lassen!“ Später hat das ja auch meistens geklappt, weil die Polizei in der Prinzregentenstraße die bittere Erfahrung machen musste, dass so eine Geiselnahme nicht mit Schießen zu lösen ist.

Bei mir im Restaurant ging es ab dem Tag jedenfalls zu wie in einem Taubenschlag. Der Banküberfall gegenüber dem neuen Käfer-Restaurant war über Wochen der Aufmacher aller Nachrichtensendungen. Sämtliche Medien beschäftigten sich mit diesem Raubüberfall. Nicht nur in Deutschland, weltweit! Noch Wochen später riefen die Leute bei mir an und sagten ganz aufgeregt, fast hinter vorgehaltener Hand, als seien die Gewaltverbrecher noch in der Nähe: „Herr Käfer, ich möchte einen Tisch bei Ihnen bestellen. Aber bitte geben Sie mir einen Platz auf dem Balkon, von dem aus man eine gute Sicht auf den Bankeingang hat!“ Ich hätte Eintritt in beliebiger Höhe verlangen können. Jeder der zu mir kam, verlangte, dass ich ihm den Hergang dieses Dramas minutiös von A bis Z erzähle. Von meinen Bekannten wurde ich hundert Mal am Tag gefragt. „Mein Gott, Gerd, hast du nicht fürchterliche Angst gehabt, dass dich diese Gangster erschießen!“ Denen antwortete ich ganz gelassen: „Hast du schon mal jemanden erschossen, der dir das Essen bringt? Schließlich bin ich doch der Party-Service! Außerdem hatte ich den Polizeipräsidenten dabei!“ Eigenartig, aber so war es.

Das neue Leben eines Geiselgangsters

Dieser ehemalige Geiselgangster will ja ein neues Leben beginnen. Er soll seine Beteiligung an dieser Tat auch sehr bereuen. Ich habe gelesen, dass er jetzt bei Gaststätten überzählige Essensvorräte einsammelt und diese an Bedürftige und Kindergärten verteilt. Hätte dieser Todorov damals bei mir gearbeitet anstatt gegenüber eine Bank zu überfallen, dann könnte diese junge Frau heute noch leben – und er hätte sich dreißig Jahre Knast erspart. Und beim Essen einsammeln und verteilen hätte er auch schon mitmachen können. Damit habe ich nämlich angefangen, seit ich den Party-Service habe. Weil mich das viele gute Essen, das täglich nach Veranstaltungen weggeworfen werden musste, fürchterlich gereut hat, habe ich alles, was übrig blieb, an die Altersheime in der Umgebung verteilt – und habe sogar noch bei den Kollegen aus der Nachbarschaft Essen eingesammelt. Das ist heute allerdings aus lebensmittelrechtlichen Gründen nicht mehr erlaubt. Deshalb rate ich meinen Kunden von vornherein genauer zu kalkulieren.

Das Ziel von Gourmets aus aller Welt: der Feinkost-Tempel in der Münchner Prinzregentenstraße … der mal ein kleines Lädchen war.

Das Märchen vom Schlaraffenland

EL: Gerd, was bedeutet dir selbst „Essen"? Bist du selbst ein Feinschmecker?

GK: Viele Menschen denken wahrscheinlich: „Ach, der Käfer, der „Millionendiener" hat's ja. Der lässt sich jeden Tag Hummer aus Alaska und Bärenkrebse aus Thailand einfliegen. Als Vorspeise löffelt er pfundweise Beluga-Kaviar und vertilgt weiße Trüffeln aus dem Piemont. Dazu schlürft er die teuersten Weine der Welt!" Das ist diese märchenhafte Vorstellung vom Schlaraffenland. Die stimmt natürlich überhaupt nicht. Ich lebe und esse sehr bescheiden, wenn ich nicht gerade für andere Menschen Feste veranstalte. Aber auch da halte ich mich sehr zurück.

Außerdem bleibt mir gar keine Zeit zum Essen, wenn ich jede Woche ein Dutzend Veranstaltungen betreue. Da nasche ich nur im Vorbeigehen Kleinigkeiten. Mit dem „Dolcefarniente", dem süßen Nichtstun, oder dem Tafeln wie bei Casanova, das sich die Leute bei einem Feinkost-Käfer immer vorstellen, war bei mir schon immer Fehlanzeige. Casanova ja, sehr gerne, aber das Essen war meistens Pflicht. Fast täglich gab es diese Probeessen. Gerichte, die ich mit meinen Küchenchefs entworfen habe, muss ich schließlich selbst probieren, sonst kann ich nicht beurteilen, ob diese Ideen wirklich so überzeugend sind, dass ich sie auch meinen Kunden anbieten kann.

Feinkost am „Hasenbergl"

GK: Um auf das Essen für die „Senioren" und Kindergärten zurückzukommen: Ich schenke einfach sehr gerne. Das habe ich früher schon gemacht und das tue ich auch heute noch. Ich gehe regelmäßig in Altersheime. Seit einiger Zeit arbeite ich auch mit einem Kindergarten am „Hasenbergl" in München zusammen. Dort koche ich einmal im Monat für über hundert Kinder, die so ein Essen von zu Hause aus sicher nicht kennen. Sechs von diesen süßen Drei- bis Sechsjährigen dürfen immer selber mitkochen.

Da ist ein kleines Mädchen aus Kroatien dabei, die kleine Drina, die würde ich am liebsten adoptieren. Aber dafür bin ich leider zu alt. Diese kleine Drina sagt oft zu mir: „Du, Onkel Gerd, wir sind vier Geschwister und meine Mami und mein Papi haben kein Geld. Wir haben eine ganz kleine Wohnung und nur ganz wenig zum Essen. Komm doch bitte mal zu uns nach Haus zum Kochen!" Weißt du, Erich, das geht mir schon sehr nah. Diese Kinder sind unglaublich dankbar für alles, was du ihnen von Herzen gibst. Das macht wirklich Freude. Trotzdem kann ich natürlich nicht jeden Tag für hundert Kinder kochen.

„Der Käfer hat's ja!"

Über viele Jahre habe ich jedes Jahr in der Weihnachtszeit für tausend alte und bedürftige Münchner ein Fest veranstaltet. Da kaufte ich im Advent für den Spätnachmittag bei einem der weltberühmten Münchner Orchester die Generalprobe eines Konzertes. Das kostete eine Menge Geld, aber das war mir für diesen guten Zweck egal. Ich habe das aus meiner eigenen Tasche bezahlt, nicht auf Kosten der Firma. Im Anschluss an das Konzert veranstaltete ich ein großes Essen. Dazu war dann immer auch der damalige Münchner Oberbürgermeister Georg Kronawitter eingeladen. Als Oberbürgermeister fühlte er sich selbstverständlich bemüßigt, eine Rede zu halten. Nach seinem obligatorischen „Dankeschön an den edlen Spender" kam jedes Mal sein unvermeidlicher Schlusssatz: „Der Herr Käfer hat's ja, dann soll er es auch geben!" Typisch sozialistisch! Der hatte einfach keine Ahnung, mit welchem Einsatz ich das Geld verdient habe, das ich da – mit Freuden – hergeschenkt habe.

Mich hat diese dumme Neid-Bemerkung von Georg Kronawitter jedenfalls immer maßlos geärgert. Schließlich habe ich das alles von dem Geld bezahlt, das ich Tag für Tag und von früh bis spät hart erarbeitet habe. Dafür ließ ich mir nicht einmal eine Spendenquittung geben. Dieses Geld hätte ich auch locker für mich persönlich ausgeben können. Ich habe diese Veranstaltungen auch in keiner Weise publicitymäßig ausgeschlachtet wie die heutigen „Charity Ladies“ mit ihren Louis-Vuitton-Dascherln, die für jeden Tausender, den sie ihrem Alten aus dem Kreuz leiern, mit ihrem eingebügelten Dauerlächeln einen Riesenscheck in die Kameras halten, damit für sie am nächsten Tag wenigstens noch etwas in der Zeitung steht.

Für Gehbehinderte habe ich bei diesen Festen über meine Kontakte zu „Mr. Mercedes“ alias Karli Dersch, einen Fahrdienst organisiert. Damit wurden die Gehbehinderten abgeholt und nach dem Fest wieder nach Hause gebracht. Beim Festessen am Abend bin ich persönlich von Tisch zu Tisch gegangen, habe jedem meiner tausend Gäste ein kleines Geschenk in die Hand gedrückt und habe mich mit den alten Leuten unterhalten. Ich habe einfach alles getan, dass diese oft sehr einsamen Menschen sich richtig wohl fühlen konnten. Denn ich dachte mir damals: „Du wirst hoffentlich selbst auch einmal alt und dann freust du dich, wenn sich jemand um dich kümmert und sich mit dir unterhält!“ Ich wollte diesen alten Menschen einfach ein bisschen Lebensfreude schenken. Und dann kommt da jedes Mal dieser „Kronawichtl“ daher und verpatzt mir meinen Spaß am Schenken.

Nach dem dritten oder vierten Mal habe ich ihn dann doch einmal auf diese unpassende Bemerkung angesprochen: „Wissen'S, Herr Oberbürgermeister“, habe ich zu ihm gesagt, „niemand verpflichtet mich, ein großes Fest für alte und bedürftige Münchner zu veranstalten. Das mache ich gerne und von Herzen. Dann könnten Sie ruhig mal a bisserl netter zu mir sein und nicht immer herausstreichen

„Der Käfer hat's ja!" Aber ich glaube, auf diesem Ohr war er taub, denn im nächsten Jahr hat er denselben Käse wieder verzapft. Ist ja auch kein Wunder, bei einem Menschen, der der Stadtentwicklung Münchens ein „Hundert-Meter-Limit" nach oben verpasst hat. Aber wie sagt der Frosch: „Schwamm drüber!"

Dienen ist mein Leben! – Aufstieg durch Service – eine junge Idee!

EL: Gerd, gehört für dich dieses Schenken auch zum Dienen? Siehst du tatsächlich dein ganzes Leben unter dem Begriff des Dienens?

GK: Ja, klar! Dienen und Schenken gehören nach meiner Vorstellung ganz eng zusammen. Jede gute Dienstleistung, die du für einen anderen Menschen erbringst, ist doch auch ein Geschenk. Nach meinem Verständnis kann man Dienen nicht auf diese primitive Vereinfachung reduzieren: „Ich diene – du zahlst!" Wenn ich diene, bin ich doch nicht nur so eine Art Roboter, der für jede Leistung eine bestimmte Menge an Energie verbraucht.

Echtes Dienen ist mit sehr viel Herz und Verstand verbunden. Mit Kreativität, mit Liebe, mit Freude. Im Dienen steckt für mich auch sehr viel von diesem Satz aus der Bibel: „Liebe deinen Nächsten wie dich selbst." Und für dich selbst sollte dir ja auch nur das Beste gut genug sein! Ich habe die Erfahrung gemacht: Du kannst jeden Tag deines Lebens bereichern, indem du anderen Menschen dienst und hilfst.

EL: Wen möchtest du mit dieser Botschaft ansprechen?

GK: Alle Menschen, die in der Dienstleistung arbeiten! Ich schätze, dass allein in Deutschland 18 bis 20 Millionen in der Dienstleistung tätig sind. Von der Toilettenfrau bis zur Nachtschwester, vom Tellerwäscher bis zum Chefkoch, vom Müllmann bis zum Schönheitschirurgen, von der Garderobenfrau bis zum Vorstandsvorsitzenden. Zum Servicebereich gehört für mich jeder, der mit Menschen zu tun hat. Deshalb widme ich dieses Buch allen, die im Service arbeiten und Dienst leisten.

EL: Wie willst du jungen Menschen diesen Zusammenhang zwischen Dienen und eigener Lebenserfüllung verständlich machen? Sie werden dir sagen, dass deine Ausgangssituation damals viel einfacher war. Es gab keine Arbeitslosigkeit. Ganz im Gegenteil, Deutschland musste sich in ganz Europa und darüber hinaus nach Arbeitskräften umtun. Wie willst du heute jungen Leuten deine Vorstellung von Dienen und der viel gepriesenen Selbstverwirklichung plausibel erklären?

GK: Das ist ganz einfach zu erklären. Ich habe seit Ende der fünfziger Jahre den fulminanten Aufstieg Deutschlands zu einer der führenden Wirtschaftsmächte Europas, ja der ganzen Welt, intensiv miterlebt. Ich habe gesehen, wie ein ganzes Land buchstäblich durch Fleiß und harte Arbeit aus Ruinen wieder auferstanden ist.

Gerade in München habe ich hautnah miterlebt, mit welcher Freude und Begeisterung jedes wiedererstandene Gebäude gefeiert wurde. Die Wiedereröffnung des Nationaltheaters zum Beispiel – das war ein Triumph sondergleichen. Von diesem großartigen Theater hatte nicht mehr ein Stein auf dem anderen gestanden. Und eines Tages fahren da die Luxuslimousinen vor und Menschen in festlicher Kleidung schreiten in ein glanzvolles Opernhaus, hören sich die großen Weltstars an und essen in der Pause ein dreigängiges Käfer-Menü.

Die Menschen waren begeistert – quer durch alle Schichten. Die waren „mega“ motiviert. Das war ein begeistertes und begeisterndes Lebensgefühl, das wir ihn ähnlicher Weise erst wieder bei der Fußballweltmeisterschaft 2006 erleben konnten. Das ist der wahre ökonomische Wert dieser WM – wir konnten die Deutschen in einer ganz neuen Einstellung zum Service erleben.

In der so genannten Wirtschaftswunderzeit freuten sich die Menschen ein ganzes Jahr lang drauf, dass sie für eine Woche mit ihrem VW-Käfer an den Gardasee fahren konnten. Und was erleben wir heute? Die Leute jetten auf die Seychellen und die Malediven, denn die Karibik ist ihnen schon langweilig. Aber wenn du sie fragst, wie es ihnen geht, dann hörst du sie häufig jammern, seufzen und wehklagen. Nicht nur die jungen. Die Alten sind oft noch viel schlimmer. Dann könntest du meinen, wir leben in einem der ärmsten Entwicklungsländer der Erde.

EL: Wie kann man deiner Meinung nach so einen Stimmungsabfall umdrehen?

GK: Lieber Erich, das ist ja von dir jetzt wohl nur eine rhetorische Frage. Du bist doch der große Motivations-Papst in diesem Land. – Ich bin der Gourmet-Papst und du bist der Motivations-Papst. So viele bayerische Päpste auf einmal hat es auf dieser Welt noch nicht gegeben. Und jetzt sind noch Franz Beckenbauer und Jürgen Klinsmann dazugekommen, die mit ihrer WM mehr für die Motivation Deutschlands erreicht haben als alle Regierungen der letzten zwanzig Jahre.

Das ist in allen Dienstleistungsbereichen zu spüren. Dienen und Motivation gehören ganz nah zusammen. Guter Service ohne Motivation ist ja gar nicht denkbar. Das sind praktisch zwei Seiten derselben Medaille. Ohne Motivation, ohne Freude kannst du jede Dienstleistung vergessen. Von jemandem, der keine Freude an dem hat, was er tut, sollte man sich nicht mal die Haare schneiden lassen.

Du musst die Menschen, mit denen zu zusammenarbeitest, ständig motivieren, durch Anerkennung, durch Ideen, durch ein persönliches Wort. Mit dem Gehalt allein kannst du Menschen nicht dreißig Jahre lang halten. In meinem Büro arbeiteten sieben bis acht Sekretärinnen. Die habe ich natürlich auch auf große Partys mitgenommen, dass sie diese Welt der Reichen und Schönen kennen lernen. Das ist auch eine Frage der Motivation. Einmal habe ich meine ganze Mannschaft auf ein Schlossfest nach Frankreich eingeladen. Da feierte Moët & Chandon ein Firmenjubiläum. Von diesem Erlebnis waren meine Mitarbeiter natürlich sehr begeistert. Davon erzählen sie heute noch, wenn ich sie treffe. Oder Sie schreiben mir, wie einer meiner ältesten Mitarbeiter, mit dem ich viele Jahre zusammengearbeitet und viele Feste „gefeiert“ habe. Diesen Brief musst du lesen, wenigstens auszugsweise:

München, Juni 2006

Lieber Herr Käfer,

nun ist es soweit, ich bin in Rente. Es ist nicht so, dass ich mich darüber besonders freue wie vielleicht viele andere an meiner Stelle. Dazu habe ich meinen Beruf und meine Tätigkeit viel zu sehr geliebt. ... Dass „Käfer“ zu meiner Firma geworden ist, daran haben Sie den allergrößten Anteil.
Das Verhältnis zu Ihnen war stets geprägt von gegenseitigem Respekt und Anerkennung. Sie gaben mir nie das Gefühl nur ein Angestellter zu sein. ... Ich bin stolz und dankbar, dass ich so lange Jahre mit Ihnen arbeiten durfte.
Begeistert von Ihrem Können und Verkaufsgenie, Ihren Ideen und genialen Einfällen, hat es mir immer eine große Freude bereitet, die vielfältigen Veranstaltungen und Feste mit Ihnen vorzubereiten und durchzuführen.
Sie waren für mich nicht nur ein großer Lehrmeister, sondern ein großartiger Mensch. Bedanken möchte ich mich an dieser Stelle für die großzügigen Geschenke, die Sie mir und meiner Familie gemacht haben, auch für die Einladungen und Reisen, die ich unternehmen durfte. ... die vielen sehr persönlichen Weihnachtsbriefe nehmen bei mir einen besonderen Platz ein. ...

Lieber Herr Käfer, ich wünsche Ihnen eine gute Zeit, Gesundheit und ein langes Leben.

Ich bin und bleibe ihr größter Fan.

Ihr
Helmut Klier

EL: Lieber Gerd, zu so einem Schreiben kann ich dir nur gratulieren. Ich habe viele ähnliche Briefe bekommen, als ich aus meinem Unternehmen ausschied, leider nur von einigen meiner Kunden. Dabei haben meine Mitarbeiter sicher ein Vielfaches von dem verdient, was du einem Herrn Klier im Party-Service bezahlen konntest.

Liebe deinen Kunden wie dich selbst!

EL: Gerd, du hast deinem Buch den Untertitel gegeben „Dienen ist mein Leben!" Was können junge Menschen in diesem Punkt von dir lernen?

GK: Als erstes muss dieses Wurstigkeitsgefühl weg, dieses „Null-Bock" als Grundeinstellung zur Arbeit. Dieses fürchterliche „Passt schon!" Ich hatte manchmal junge Köche im Team, denen habe ich schon beim Fleischabschneiden angesehen, dass ihre Arbeit sie im Grunde nicht interessiert. Die haben feinstes Filet abgeschnitten wie ein Stück Presssack für eine Maurerbrotzeit und es dann lieblos auf den Teller geschmissen, egal wie es aussah. Denen musste ich erst einmal zeigen, wie man sorgfältig Fleisch abschneidet, zart und hauchdünn, und es dann schön und mit Liebe auf einem Teller drapiert. In so einer scheinbar nebensächlichen Handlung drückt sich die ganze Wertschätzung für deine Kunden aus.

Eine Bedienung darf bei einem Fest nicht darauf warten, dass ihr die Gäste mit hungrigem Magen hinterherlaufen. Meinen jungen Bedienungen und Kellnern habe ich immer wieder gepredigt: „Dieses Fest steht und fällt mit euch, mit eurem Dienen. Euer Service heute ist die Garantie dafür, dass ihr morgen wieder Arbeit habt, weil Käfer nur weiterempfohlen wird, wenn jeder einzelne von euch sich als Gastgeber fühlt. Geht auf die Gäste zu, drückt ihnen mit einem freudigen Gesicht den Teller in die Hand, wünscht ihnen einen guten Appetit und vermittelt ihnen das Gefühl, dass ihr sie gerne und von Herzen bedient.

Dienen hat auch viel mit Selbstachtung zu tun. Das fängt schon mit der Kleidung an. Als Veranstalter von Festen musst du immer gut angezogen sein. Wer in dieser Branche arbeitet, sollte immer ordentlich und gepflegt aussehen, muss saubere Fingernägel haben, darf nicht nach Schweiß riechen, darf nicht in Turnschuhen herumlaufen. Wer Feste veranstaltet, muss oft besser angezogen sein als die Gäste. Das kann gelegentlich sogar für das Benehmen gelten. Selbst wenn einige Gäste schlechte Laune an den Tag legen und an allem herummeckern, musst du freundlich bleiben, musst fröhlich sein und die Gäste anlächeln und sie mit deiner guten Laune anstecken. Für einen Veranstalter von Festen gibt es nur eins – er muss einfach alles tun, um seine Gäste glücklich zu machen!

Diene deinem Lebensziel!

GK: Wie die meisten Menschen, die in der damaligen Zeit des Aufbruchs bewusst gelebt haben, hatte ich ein ganz klares und eindeutiges Lebensziel. Nachdem ich den Party-Service als die Chance meines Lebens erkannt hatte, verschrieb ich mich mit einer wahren Besessenheit dem Ziel, den besten Service von München, von Deutschland und von Europa anzubieten. Für die Verwirklichung dieses Zieles habe ich jeden Tag hart gearbeitet. Ich hatte einerseits dieses große Ziel vor Augen, und dazu gehörten natürlich von Tag zu Tag die kleinen Ziele, das nächste Fest, die nächste Party, der nächste Schritt zum bestmöglichen Party-Service. Ich habe hart gearbeitet und dabei gleichzeitig intensiv gelebt. Das war für mich überhaupt kein Widerspruch!

Heute hörst du immer wieder: „Ja, wenn ich erst mal in Rente bin, dann fängt mein Leben richtig an!“ So etwas kann ich doch nur sagen – oder überhaupt denken, wenn ich keine Ziele habe. Für solche Menschen sind Leben und Arbeiten zwei völlig getrennte Dinge. Die leben also nur am Wochenende oder vier Wochen lang im Urlaub und nach ihrem Berufsleben, wenn sie in Rente sind. Eine entsetzliche Vorstellung. Ich lebe gerne, und ich arbeite gerne, auch heute noch, obwohl ich schon über siebzig bin. Ich kenne Menschen, die schon mit Mitte Fünfzig die Hände in den Schoß legen. Die jeden Tag auf den Golfplatz gehen, die sich in der Früh schon Sorgen machen, bei welchem Nobel-Italiener sie zu Mittag essen und was es abends im Fernsehen gibt. Das ist doch fürchterlich langweilig. Der Mensch muss etwas Sinnvolles tun, wenn er glücklich sein will. Ich will arbeiten, bis es nicht mehr geht. Dann war mein Leben erfüllt. Klar, dass es dabei wichtig ist sich die Zeit für das Leben, für die Liebe, für die schönen Dinge zu nehmen.

EL: Gerd, ich komme immer mehr zu der Überzeugung, dass die Probleme unserer heutigen Zeiten daher kommen, dass die Menschen keine wirklichen Ziele haben. Ja, ich glaube, es fehlt bei vielen Menschen einfach das Lebensziel. Die leben vor sich hin wie in der Lotterie: „Wenn es diese Woche nix war, dann gewinne ich halt nächste Woche!“ Mit dieser Einstellung gewinnst du nicht mal einen Dreier im Leben.

GK: Ja, wir haben nur diese eine Chance – jetzt oder nie! Deshalb möchte ich vor allem junge Menschen motivieren, mehr Lebensfreude zu zeigen – nicht nur zu zeigen, sondern Lebensfreude zu leben. Dazu gehört auch, dass man die Kommunikation mit den Menschen pflegt, denen man dient oder die man bedient. Gutes Dienen setzt gute Kommunikation voraus – und das Ziel, anderen Menschen ehrliche Leistung und Anerkennung zu schenken.

Ein Feuerwerk an Fantasie

Zum Thema „gute Kommunikation im Service“ fällt mir ein Beispiel ein, das ich vor kurzem erlebt habe. Ich wurde von einem Kunden aus der Schweiz angerufen, weil er mit Käfer ein Fest veranstalten wollte. Dieser Kunde, ein erfolgreicher Unternehmer, den ich von früheren Festen her schon kannte, holte mich mit seinem Bentley in St. Gallen vom Bahnhof ab. Wir fuhren zu ihm nach Hause – auf ein traumhaft schönes Seegrundstück direkt am Bodensee. Während dieser Fahrt vertraute er mir an, dass er dieses Fest veranstalten will, weil seine Frau und er zusammen 100 Jahre alt werden. Außerdem erzählte er mir, dass er sich in der nächsten Zeit ein Haus auf Sylt kaufen will, weil seine Frau und er dort das Klima besser vertragen als am Bodensee, wo jeden Tag fünf Mal der Luftdruck wechselt.

Als ich zu ihm nach Hause kam, saßen da schon zwei junge Mitarbeiter, die bei der Durchführung dieses Festes mithelfen sollten. Während sie auf mich gewartet hatten, hatten sie diesem Kunden einen Katalog vorgelegt und ihm vorgeschlagen: „Sie feiern Ende Juni, da ist es warm. Veranstalten Sie ein karibisches Fest!“ In meinen Augen ein ausgemachter Unsinn. Diese jungen Leute fragte ich nach dieser Besprechung: „Habt ihr euch diese beiden Menschen und ihre Umgebung einmal richtig angesehen? Was, bitte schön, hat die Karibik mit dem Leben dieser beiden Persönlichkeiten zu tun? Absolut nichts! Wollt ihr die vielleicht im Bananenröckchen rumhüpfen lassen? Zwei Menschen, die ein so individuelles Fest feiern wollen wie „Wir werden zusammen Hundert!“, könnt ihr doch nicht einfach einen Katalog vorlegen.

Das sind Menschen, die ihr Vermögen mit höchst individuellen Ideen verdient haben. Solchen Kunden muss ich auch sehr individuelle Vorschläge unterbreiten. „Karibik“ war für den Gastgeber vielleicht vor dreißig Jahren modern – als jeder, der es sich leisten konnte, mit der Freundin in die Karibik düste. Aber um das herauszufinden, muss ich mich erst einmal mit diesen Menschen unterhalten. So ein Fest ist doch keine Betriebsfeier, wo am Ende eine goldene Uhr von Tchibo für 25 Jahre treue Firmenzugehörigkeit überreicht wird. Um zu erfahren, was Menschen von diesem Zuschnitt bewegt, was sie begeistert, muss ich mich mit denen unterhalten – emotional kommunizieren, wie es neudeutsch heißt.

Ich habe diesem glücklichen Ehepaar einen ganz anderen Vorschlag gemacht: „Ihr werdet zusammen 100 Jahre alt und ihr zieht nach Sylt. Also veranstalten wir – hier auf eurem Traumgrundstück ein Fest unter dem Motto „Wir ziehen um nach Sylt – und feiern Abschied vom Bodensee!“ Dazu ladet ihr genau hundert Gäste ein.“ Dann entwarf ich dieses Fest maßgeschneidert dem Anlass entsprechend. „Da wird auf eurem Grundstück ein großes Zelt aufgestellt. In einem Teil dieses Zeltes schütten wir Sand auf. Auf diesen Sand stellen wir jede Menge Liegestühle, in denen es sich eure Gäste bequem machen können. Außerdem stelle ich ein paar typische Sylter Strandkörbe auf, damit eure Freunde gleich sehen, dass ihr nicht nach Terracina oder nach Gomera zieht. Das Fest findet Ende Juni statt, während der Fußballweltmeisterschaft 2006. Viele eurer Gäste sind bestimmt Fußballanhänger. Also platziere ich vor die Strandkörbe ein paar Fernseher, damit die Fußballbegeisterten sich ab und an die Übertragungen anschauen können. Wenn wir Glück haben, spielt an diesem Abend Deutschland gegen die Schweiz! Das gibt ganz von selbst die heißesten Diskussionen.

Kostenloser Feuerzauber

Dann kommt noch der Clou des Abends: Dieses Fest findet am letzten Samstag im Juni statt. Ich habe mir natürlich angesehen, was es an diesem Tag sonst noch an Veranstaltungen rund um den Bodensee gibt. Das ist aus den verschiedensten Gründen wichtig – für die Anfahrt, für die Hotelbuchung usw. Daher wusste ich, dass genau an diesem Tag ganz in der Nähe, in Arbon ein riesiges Seenachtfest gefeiert wird. Der Höhepunkt dieses Seefestes ist, dass um Punkt 22 Uhr das größte Feuerwerk abgebrannt wird, das die Menschen zwischen Konstanz, Lindau und Friedrichshafen je erlebt haben. Dazu kreuzen sämtliche Schiffe der Weißen Flotte vor Arbon auf und ab. Also habe ich eine wahnsinnig tolle Kulisse zur Verfügung, die mich keinen Rappen kostet.

Da kann ich mir als Veranstalter sogar noch den Spaß erlauben, kurz vor 22.00 Uhr aufzustehen und den Gästen in einer kleinen witzigen Ansprache erklären, dass ihr Freund und Gastgeber dieses Mega-Feuerwerk höchst persönlich und eigens für sie bei David Copperfield bestellt hat. Ein Magier, der Jungfrauen aus einem verschlossenen Schrank wegzaubern kann, der kann auch genau zum richtigen Zeitpunkt, zum Hundertjährigen ihrer lieben Gastgeber ein kosmisches Feuerwerk herbeizaubern.

Selbstverständlich weiß nach zwei Sätzen jeder der Anwesenden, dass das ein bisschen übertrieben ist. Aber diese Gäste schauen doch mit einem ganz anderen Gefühl in den hell erleuchteten Nachthimmel als wenn nach dem Aufsteigen der ersten Leuchtstoffraketen jeder verwundert fragt: „Ja, hopperla, was ist denn hier los?“ Mit diesem kleinen Kunstgriff kann ich als Veranstalter sicherstellen, dass diese hundert Gäste nach dem ersten Knall nicht plötzlich aufspringen, die Gläser umschmeißen, ein Riesendurcheinander veranstalten und trotzdem die Hälfte verpassen. Nein, diese festlich eingestimmte Runde steht zum richtigen Zeitpunkt am richtigen Fleck und hat einen Riesenspaß!"

So habe ich diesen beiden Jubilaren aus dem Stegreif ein Fest entworfen, von denen sie und ihre hundert Gäste noch in zwanzig Jahren träumen. Das verstehe ich unter Kreativität im Service und Liebe zum Detail! So entstehen unvergessliche Feiern. Dieses Fest verlief genau so, wie ich das im Voraus geplant hatte. Das schönste der vielen Fotos, die ich anschließend zugeschickt bekam, ließ ich wie üblich rahmen und hängte es zu all den anderen Erinnerungen an gelungene Käfer-Feste an eine meiner – mit Dankschreiben und Fotos zugepflasterten Bürowände.

Gerd Käfer – der Diener aus Passion!

Jetzt darfst du dreimal raten, Erich, was auf diesen Foto am häufigsten zu sehen war – ein bunt glitzernder Leuchtstoffhimmel über dem Bodensee, wie in Rio in der Silvesternacht, zwei strahlende Gastgeber, glückliche Gäste und ein zufrieden schmunzelnder Junikäfer mit Vornamen Gerd!

Nach so einem Fest brauche ich mir auch keine Gedanken mehr über die Aufstockung meines Werbebudgets zu machen. Diese hundert Gäste haben das in der Zwischenzeit sicher in ihrem ganzen noblen Bekanntenkreis weitererzählt. Es war ganz unvermeidlich, dass ich auch nach diesem Fest wieder ein Dutzend Anfragen für exklusive Partys, Feste und Feiern bekam. Außerdem wurde ich von den Gastgebern gebeten, mir doch schon einmal Gedanken zu machen, wie die „Housewarming Party" auf Sylt aussehen könnte. Dienen macht einfach Spaß, denn der Einsatz lohnt sich für beide Seiten.

So geht es aufwärts, Deutschland!

Dienen heißt für mich, voll und ganz und mit all meiner Leistungskraft, mit meiner ganzen Kreativität und Erfahrung, mit Professionalität und mit Freundlichkeit für andere da zu sein. Mit einem Lächeln. Und mit Freude im Herzen!

Wenn die deutschen Unternehmen diesen Dienst am Kunden wieder mehr in den Vordergrund stellen würden, dann könnten wir die Arbeitslosigkeit in Nullkommanichts um zehn Prozent reduzieren. Die Fabrikhallen sind heute menschenleer. Wo früher in einer Schicht drei-, vier-, fünftausend Menschen beschäftigt waren, arbeiten heute nur noch Roboter und zwei, drei Ingenieure, die per Computer diese Roboter überwachen.

Bitte schön, Erich, wo sollen denn da überhaupt noch Arbeitsplätze entstehen, wenn nicht im Dienstleistungsbereich? Aber auch da wird auf Teufel komm raus Personal eingespart. Den meisten Unternehmen ist der Shareholder-Value wichtiger als zufriedene Kunden. Deshalb bauen die Konzernchefs immer mehr Personal ab. In der Gastronomie ist es nicht anders. Aber eines ist doch klar: Wenn ich als Ober fünfzig Leute gleichzeitig bedienen soll, dann kann ich mich um den einzelnen Gast nicht mehr kümmern. Dann ist der für mich nur noch „das Schnitzel von Tisch sieben". Dann muss der Gast auch für jede Beilagenänderung extra bezahlen, nicht weil die extra gemacht werden muss – die gewünschte Beilage liegt meistens in der Küche bereit, aber laut Computer für ein anderes Gericht. Diese Änderung vom Speiseplan kostet – weil ich niemanden habe, der sie durchführt. Wenn ausreichend Personal vorhanden wäre, würde das überhaupt keine Rolle spielen.

Roboter im Restaurant

EL: Aber gerade in der Gastronomie geht der Trend doch in Richtung Personalabbau.

GK: Das ist richtig, weil eben überall der größtmögliche Profit erwirtschaftet werden muss. Vielleicht erleben wir ja noch das Automaten-Restaurant. Da loggst du dich per Chipcard mit deinem Code ein, bestellst per Fingerdruck auf dem Bildschirm deine Gerichte, Vorspeise, Hauptspeise und Dessert – wie am Fahrkartenautomaten bei der Bundesbahn. Das Zeug läuft dann per Fließband in genau bemessenen Abständen an dir vorbei und am Ende wird alles automatisch von deinem Konto abgebucht. In so einem Restaurant braucht man dann überhaupt keine Bedienungen mehr. Nicht einmal mehr zum Abräumen. Das besorgt ein Greifer, der bei Vorspeisen nach fünf Minuten abräumt und bei Hauptspeisen nach fünfzehn Minuten. Du musst nur aufpassen, dass dir der Roboter nicht aus Versehen den Kaffee in die Nachspeise schüttet oder deine Brieftasche mit abräumt.

EL: Gerd, wir wollen ja nicht hoffen, dass dieser Gastro-Albtraum jemals Wirklichkeit wird – auch wenn manche Restaurants schon eine fatale Ähnlichkeit damit aufweisen. Du hast Tausende von Menschen persönlich bedient. Du bist der absolute Papst, was den Service betrifft. Was glaubst du, wie sich diese Horrorvision von einer Robotergastronomie noch stoppen lässt?

GK: Gegen diese Entwicklung setze ich mein Konzept „Dienen – mit Herz und Verstand". Dienen ist für mich ein Teil des Menschseins, ja der Menschlichkeit. Gerade in Zeiten der Globalisierung, auf die heutzutage in fadenscheinigster Weise jede Einsparung im Servicebereich abgeschoben wird. Ich bin felsenfest davon überzeugt, dass wieder eine Zeit kommt, in der die Dienstleistung im Konkurrenzkampf die herausragende Rolle spielen wird, und zwar in allen Branchen. Die moderne Gesellschaft lechzt nach menschlicher Dienstleistung. Ganz besonders natürlich in der Gastronomie.

Herr und Diener – eine Symbiose feinster Art

GK: Für mich ist Dienen auch immer ganz stark mit Stil verbunden. Als ich mit meinem Party-Service noch ganz am Anfang stand, kam ich in Häuser, von denen ich nicht geglaubt hätte, dass es die in Wirklichkeit gibt, wenn ich in einer Zeitschrift ein Foto gesehen hätte. Da habe ich Reiche und Adelige erlebt, die von ihren alten Dienern verwöhnt wurden – wie zu Zeiten von Kaiser Franz Joseph und seiner Sissi. So bekam ich Einblick in eine Zeit, in der Dienen noch ein Beruf war, den man mit all seinen Facetten lernen musste.

Ich denke an einen Grandseigneur, Friedrich Carl Baron von Oppenheim, einen der ganz großen Privatbankiers, mit einer Firmengeschichte, die bis ins 18. Jahrhundert zurückreicht. Baron Oppenheim war ein Herr, wie man ihn auf dieser Welt so schnell nicht mehr sieht. Respekt einflößend für alle, die mit ihm zu tun hatten. Seine Ausstrahlung war so überzeugend, dass er überhaupt nichts befehlen musste. Jeder, der sich in seiner Umgebung aufhielt, war darauf bedacht, ihm seine Wünsche von den Lippen abzulesen.

Als ich einmal die große Ehre hatte, für Baron Oppenheim und einige seiner Geschäftspartner auf Schloss

Schlenderhan bei Köln – wo dann Jahrzehnte später auch beinahe die Begegnung mit Papst Benedikt XVI. stattgefunden hätte – ein kleines Fest zu veranstalten, hatte ich mit lauter alten Dienern aus der Zeit von vor dem Krieg zu tun. Sehr feine alte Damen und Herren, die für ihren Chef durch das Feuer gegangen wären. Von der Begegnung mit ihm habe ich viel gelernt. Baron Oppenheim hat mich wirklich fasziniert.

Wie das Alltägliche zum Erlebnis wird

GK: Zum Stil im Service gehört selbstverständlich auch, dass ich in meinem Restaurant nicht ständig überlege: „Wo kann ich in der Küche noch mehr rationalisieren und durch welche Zusammenlegung von Servicebereichen kann ich noch ein paar Bedienungen einsparen?“ Das kann doch nie und nimmer klappen, auch nicht beim Party-Service. Wenn ich nicht genügend Personal habe, kann ich meine Kunden nicht verwöhnen. Gerade in der Gastronomie muss ich aber die Kunden mit meiner ganzen Persönlichkeit umwerben. Wenn ich einem Gast wortlos die Speisekarte auf den Tisch lege, dann bestellt er vielleicht eine Suppe, ein Wasser oder ein kleines Bier – und sucht dann schnell wieder das Weite.

„Service der Spitzenklasse – mit einer Mannschaft der Champions League!“

Wenn ich einen Gast aber freundlich begrüße, ihn anlächle, ihm die

Speisekarte reiche und dabei voller Freude und echter Überzeugung sage: „Heute habe ich etwas ganz Besonderes für Sie. Heute gibt es wunderbare Fleischpflanzl. Die hat unser Küchenchef selbst mit großer Liebe gemacht. Mit ein bisschen Wirsing und einer Prise Muskat. Die müssen Sie probieren. Die sind so locker. So ein leckeres Fleischpflanzl haben Sie noch nie gegessen. Dazu würde ich Ihnen ein Glas Rotwein empfehlen. Der ist wirklich sensationell. Ich habe da eine Flasche offen. Die habe ich selbst verkostet." – dann fühlt sich dieser Gast bei mir ganz anders aufgehoben. Und das sage ich doch nicht nur, damit dieser Gast bei mir möglichst viel Umsatz macht. Mir ist diese persönliche Beziehung zu meinen Gästen wichtig. Die verschönert doch auch mein Leben. Denn Dienen ist mein Leben.

In vielen Restaurants stehen die Bedienungen mittlerweile so unter Druck, dass sie nicht einmal mehr Zeit haben, dem Gast im Vorbeigehen zu sagen: „Bitte, haben Sie einen Moment Geduld!" Sie vermeiden oftmals jeden Blickkontakt, damit du sie ja nicht mit deiner Bestellung belästigst!" Dann wundern sich die Wirte, warum der Umsatz zurückgeht. Das ist doch logisch. Wenn ich schlecht bedient werde, kann ich mein Schnitzel auch zu Hause essen.

EL: Gerd, die Menschen gehen aber nicht nur ins Restaurant, weil sie Schnitzel essen wollen. Gerade zu „Käfer" gehen sie doch, weil sie auch mal was ganz Ausgefallenes probieren wollen.

GK: Das ist richtig. Ein guter Service lebt nun mal auch von guten Ideen und von neuen Kreationen. Da gibt es viele Gastronomen, die das noch nicht kapiert haben. Ich kenne Gaststätten, die haben heute noch dasselbe Angebot auf der Speisekarte wie 1970. Die servieren dir immer noch den Leberkäs Hawaii mit der Ananasscheibe aus der Büchse oder zum Wildbraten die braune Einheitssoße aus dem Endlos-Container und die halbe Birne aus der Dose mit einem Löffel Preiselbeeren in der Mitte. Ja, es gibt tatsächlich Wirtschaften, vor denen kann man die Gäste nur warnen.

Aber das Wichtigste an der Gastronomie sind nicht nur die ausgefallenen Speisen, sondern der Service, die Freude am Dienen und die persönliche Beziehung zum Gast. Der ganze Servicebereich steht und fällt mit der Kommunikation zwischen Personal und Gast. Deshalb trete ich vehement ein für besseren Service in Deutschland – und das nicht nur in den Nobelherbergen. Für eine freundlichere, menschlichere Beziehung zwischen Gast und Gastwirt.

Wir haben heute so gut wie alles im Überfluss. Wenn du um den Ort, wo du wohnst, einen Kreis von zwei oder drei Kilometern schlägst, hast du da vielleicht fünf, sechs oder noch mehr Gastronomiebetriebe, unter denen du auswählen kannst. Wo gehst du hin? Was wird dein Stammlokal? Doch das, wo du am besten und am zuvorkommendsten bedient wirst und wo dir der Wirt, der Ober und die Bedienung so sympathisch sind, dass du mit denen auch mal über ganz persönliche Dinge reden kannst. Dass die Qualität des Essens und die Preise stimmen müssen, das ist selbstverständlich.

Hotline oder Kommunikation?

GK: Wir erleben heute einen ständigen Abbau der Kommunikation. Die Menschen reden nicht mehr miteinander. Die brauchen auch nicht mehr miteinander zu reden, weil unser ganzes Leben immer stärker automatisch funktioniert. Wir kaufen unsere Lebensmittel ohne mit einem Menschen zu reden, wir tanken und schieben dann an der Kasse wortlos unsere Kreditkarte in ein kleines Kasterl. Wir buchen unseren Urlaub übers Internet und brauchen uns auch von niemand mehr persönlich beraten lassen, weil wir das alles „viel, viel besser“ im Internet nachschauen können. Unser Geld holen wir aus dem Automaten und am Flughafen checken wir automatisch ein. Da kommst du nicht mehr dazu, mit der neuen Kassiererin zu schäkern oder mit einer hübschen Bodenstewardess zu flirten.

Früher haben wir doch bei all diesen Gelegenheiten mit anderen Menschen gesprochen, mit ihnen kommuniziert, ein paar freundliche Worte ausgetauscht, einander angelächelt. Aus. Vorbei. Wir leben „automatisch“ – bis wir selber noch zu Automaten werden.

Wir können unser ganzes Leben organisieren ohne dass wir mit einem Menschen persönlich sprechen. Höchstens wenn es Schwierigkeiten gibt, wenn so ein Automat unsere Karte verschluckt, dann telefonieren wir mit einer „Hotline“. Die sitzt dann irgendwo auf dem flachen Land – jedenfalls weit weg. Zu sehen bekomme ich den Menschen nicht, mit dem ich mein Problem zu lösen versuche. Dementsprechend negativ ist dann meistens auch das Ergebnis dieser „Hotline-Gespräche“. „Drücke eins, drücke zwei, drücke drei!“

Deshalb ist es meine tiefste Überzeugung, dass es keine größere Wohltat gibt als wenn wir gut und persönlich, von Mensch zu Mensch bedient werden. Aber dafür muss es wieder viel mehr Menschen geben, die gerne und mit Freude dienen. Winston Churchill hat einmal gesagt: „Du kannst deinen Lebensunterhalt mit dem bestreiten, was du kriegst, aber dein Leben entsteht aus dem, was du gibst!“ Für mich bedeutet das – dein Leben wird umso reicher, je mehr du anderen Menschen dienst. Deshalb rufe ich die Deutschen auf: „Seid freundlich und zuvorkommend. Mit Freude dienen ist das halbe Leben!“

Kommunikation ist mehr als eine „Message“

EL: Unser Leben ist durch diese Automatisierung doch auch einfacher geworden. Ich kann mir an jeder Straßenecke Geld aus dem Automaten holen und muss beim Einchecken nicht mehr in der Schlange stehen. Glaubst du, dass die Menschen diese persönlich Art von Kommunikation im Alltag tatsächlich vermissen?

GK: Und wie! – Erich, ich danke für diese Frage! Du bist doch auch so ein „Kommunikationstier", das bei jeder Gelegenheit die Menschen, die ihm begegnen, ins Gespräch zieht. Du hast mir erzählt, dass du von jeder Flugreise mit einem dicken Packen Visitenkarten zurückkommst. Also muss es ja auch Menschen geben, die sich genauso gerne mit dir unterhalten wie du mit anderen.

Der Mensch braucht diesen Kontakt, diese Nähe. Die Entfremdung geht bis in die intimsten menschlichen Beziehungen. Die Menschen schauen sich ja nicht einmal mehr beim Flirten in die Augen. Die setzen sich an ihren Computer und flirten virtuell – in einem „Chatroom". Ihre Zärtlichkeiten tauschen sie per SMS über Vodaphone oder O^2 aus. Wenn du das früher den Menschen prophezeit hättest, dass das einmal die Wirklichkeit ist, dann hätten die dich für verrückt erklärt und dir einen guten Psychiater empfohlen. Genauso gut könnte ich doch den Mond anflirten. Oder hast du schon einmal „virtuell" eine schöne Frau geküsst?

EL: Wie können wir denn deiner Meinung nach diese Entwicklung noch aufhalten?

GK: In einer Zeit, in der es Menschen gibt, die eine langjährige Beziehung mit einer kurzen SMS zum Wochenendtarif beenden, kommt es noch so weit, dass sie sich handgeschriebene Briefe einrahmen und an die Wand hängen wie ein wertvolles Bild.

Angesichts einer derartigen Entwicklung bedeutet Dienen für mich die Rückkehr zu echter, direkter und persönlicher Kommunikation. Rückkehr zur Freude an gelungener persönlicher Beziehung. Deshalb bedanke ich mich zum Beispiel für sehr gute Leistungen bei meinen Mitarbeitern mit einem handgeschriebenen Brief, und nicht per E-Mail.

Ich bin sogar so altmodisch, dass ich auch heute noch Geburtstagskarten mit der Hand schreibe. Viele begnügen sich selbst in so einem persönlichen Bereich mit vorgedruckten Karten, die sie bloß noch vom Computer unterschreiben lassen. Die Industrie mit den vorgefertigten Glückwünschen boomt. Die bietet den Menschen ja schon vorgedruckte Liebeserklärungen an. Dieser Wahnsinn, diese Bequemlichkeit und Einfallslosigkeit führt zum allmählichen Exitus jeglicher Kommunikation. Wir haben uns unsere Liebeserklärungen immer noch selber einfallen lassen und sie unseren Damen auch ganz persönlich mit Blumen überbracht.

Dienen – fürstlich bedankt

Eines muss ich allerdings zum Thema Dienen auch anmerken. Jemand, der dient, wird bei uns, anders als in anderen Ländern, ganz schief angesehen. Viele Neureiche wollen ihre vermeintliche Überlegenheit dadurch beweisen, dass sie Menschen, von denen sie bedient werden, herablassend und schlecht behandeln; die den Herren nur spielen und meinen, sie müssten das Personal herumtanzen lassen.

Da habe ich ein ganz anderes Beispiel vor Augen. Das ist Johannes von Thurn und Taxis. Er war bei mir ein hochverehrter Stammgast. Johannes von Thurn und Taxis war für mich ein großartiger Gast. Er studierte nicht lange die Speisekarte, sondern fragte: „Gerd, was meinst du, was soll ich heute essen?“ Er wollte auch nicht immer das teuerste, obwohl er einer der reichsten Menschen in Deutschland war. Am liebsten aß er bodenständig Kost, nicht diese bis zur Unkenntlichkeit verfeinerte Küche. Natürlich haben wir ihm auch Wünsche erfüllt, die nicht auf der Karte standen. Dadurch, dass das Restaurant über dem Laden liegt, war das immer möglich. Wir hatten ja alles im Haus, was man sich an Rohmaterial nur denken konnte.

Johannes von Thurn und Taxis war bei allen meinen Angestellten unglaublich beliebt. Warum? – Das war ein echter Herr. In seinem ganzen Auftreten. Er bedankte sich ausgesprochen höflich, und wenn ihm die Bedienung nur ein frisches Glas hingestellt hat. Er bat auch höflich um die Rechnung und plärrte nicht durch das ganze Lokal: „Hallo, Ober, zahlen!"

Außerdem gab Johannes von Thurn und Taxis immer ein fürstliches Trinkgeld. Manche Kunden halten guten Service für eine Selbstverständlichkeit, auch dass man sie verwöhnt. Aber hinterher, wenn die Rechnung kommt, lassen sie sich auf Heller und Pfennig rausgeben. Schade!

First-Class-Service – auch für Kleinigkeiten

EL: Qualität der Speisen, Qualität des Service vorausgesetzt – worauf kommt es in der Gastronomie, im ganzen Servicebereich noch an?

GK: Die Qualität des Service ist für mich ein unerschöpfliches Thema. Schließlich beschäftige ich mich damit schon seit 50 Jahren. – Viele Menschen, die in der Dienstleistung tätig sind, machen den Fehler, dass sie ihre Freundlichkeit nach der Größe der Bestellung oder des Auftrags bemessen. Das ist so kurzsichtig und dumm, dass es schlimmer gar nicht geht. Die bedenken nicht, dass jemand, der zu ihnen ins Restaurant kommt und nur eine Suppe bestellt, weil er gerade keinen großen Hunger hat oder weil er eine Diätkur macht, beim nächsten Mal mit zehn Freunden wiederkommen kann – wenn es ihm gefallen hat. Der kommt aber bestimmt nicht mehr, wenn du ihn spüren lässt, dass du einen Menschen, der nur eine Suppe bestellt, nur widerwillig bedienst.

EL: Heißt das, dass der Kunde, der gerade vor dir steht, der wichtigste ist?

GK: Ja, genau, das ist einer der obersten Grundsätze im ganzen Dienstleistungsbereich. Jedes Fest, das ich veranstalte, ist in dem Moment für mich das Wichtigste! Es ist doch klar, dass wenn ich in einen Autosalon gehe und mich nach dem neuesten Modell von Mercedes oder BMW erkundige, dass der Verkäufer freundlich ist zu mir. Aber genau dieselbe Freundlichkeit erwarte ich, wenn ich mir im Geschäft nebenan ein Hemd, ein Paar Socken oder auch nur ein paar Schuhbändel kaufe.

Für mich ist der Kunde immer der König, ob er ein Fest für zwei bestellt oder für zweitausend. Und da steht nicht die Überlegung dahinter: „Der Kunde, der das Fest für zwei veranstaltet, könnte in zwei Monaten eines für zweihundert ordern. Nein, er ist mein Kunde. Er kommt zu mir, weil er vielleicht empfohlen wurde oder weil er von meinem besonderen Service gehört hat. Als Dienstleister muss ich mir über eines im Klaren sein: Mein Name steht bei jedem einzelnen Kunden auf dem Spiel. In einem Wirtschaftsgefüge, in dem es jedes Angebot zigfach gibt, in dem keinerlei Notwendigkeit besteht, irgendetwas bei mir zu kaufen, kann ich einen neuen Kunden nur gewinnen, wenn ich ihn durch meinen exzellenten Service überzeuge. Zum Stammkunden wird er dann, wenn er auch von meiner Persönlichkeit überzeugt ist. Überhaupt ist Persönlichkeit einer der wichtigsten Punkte im ganzen Dienstleistungsbereich.

Die jungen Menschen, die heute ins Berufsleben einsteigen, müssen motiviert werden, diese Dinge zu bedenken. Von zu Hause haben sie diese Grundregeln des Miteinanders oft nicht mitbekommen.

Freude am Dienen – Grundlage jedes guten Service

EL: Was würdest du diesen jungen Menschen als deinen wichtigsten Grundsatz zum Thema „Dienen“ mitgeben?

GK: Alles was du mit Freude machst, kommt auf dich mit Freude wieder zurück. Diese Freude entsteht vor allem durch Perfektion. Ob ich die Soße abschmecke oder das Fleisch probiere, ob ich ein Fest für zwei, für zwanzig, für zweihundert oder für zweitausend Gäste ausrichte – ich will für meine Kunden immer die absolute Perfektion. Das wollte ich mein ganzes Leben lang. Vom 20. Lebensjahr an war mein Motto „Dienen bis zur absoluten Perfektion". Ich habe meinen Kunden jeden Wunsch von den Augen abgelesen. In diese Rolle habe ich mich immer mehr hineingesteigert. Diesem Gedanken habe ich alles untergeordnet.

Warum? – Ich hatte eine wahnsinnige Sehnsucht nach Anerkennung. Dafür wollte ich die bestmögliche Leistung abliefern. Für dieses Ringen um Anerkennung habe ich alles gegeben. Ich hatte immer das Bestreben – und das habe ich heute noch – ich muss der Beste sein auf meinem Gebiet. Ich wollte der Beste sein – nicht nur in München, in Bayern oder in Deutschland. Ich wollte weltweit den besten Party-Service bieten. Dass mir das gelungen ist, bestätigen meine treuen Kunden bis heute, und so ist der Name Käfer europaweit zu einem Begriff für bestmöglichen Service geworden. Ich kann Kritik vertragen, aber ich bin deprimiert, wenn ich eine Leistung abliefere, die unter meinem Niveau liegt. Ich selbst war und bin immer mein schärfster Kritiker.

Dienen bedeutet für mich das ständige Streben nach Perfektion. Ich bin ein Perfektionist, und wie jeder Perfektionist bin ich in gewisser Weise auch ein Pedant. Wenn ich etwas ganz Bestimmtes haben will, dann muss das auch genau so erledigt werden, wie ich mir das vorstelle.

EL: Was bedeutet das für die Feste, die du ausrichtest?

GK: Wenn ich einen Raum für ein Fest dekoriere, dann weiß ich ganz genau, wie die Blumen, wie ein Tisch, ein Aufbau stehen muss. Das ist intuitives Feng Shui! Das habe ich im Gefühl. Besser kann ich das gar nicht erklären, als dass ich das im Gefühl habe. Auch bei mir zu Hause muss die Dekoration stimmen. Ich stelle Blumen, Schränke,

Tische immer wieder um, wenn ich den Eindruck habe, dass sie meinem Empfinden für Harmonie noch nicht ganz entsprechen. Ich bin nie endgültig zufrieden, nicht einmal mit meinen eigenen Arrangements!

Der Herr der Luftschlösser

EL: Gerd, wir beide arbeiten nun seit einigen Monaten mit großer Freude an diesem Buch. Wir haben viel über Könige, Fürsten, Barone und Grafen gesprochen. Du hast dabei immer nur sehr dezent über die Dekoration und die Speisefolgen erzählt. Hast du da nicht auch so „Foffi- und Tatti-Geschichten" erlebt?

GK: Mehr als genug! Aber „Adel verpflichtet" und „Dienen auch!" Ein anständiger Diener schaut nicht durchs Schlüsselloch. Und falls er tatsächlich mal in der Dekoration auf die Spuren des Geschlechterkampfes stößt, beseitigt er die genauso diskret wie ein blondes Haar auf dem eigenen Smoking. Außerdem sind Namen so tabu wie Ehefrauen in englischen Herrenclubs.

EL: Aber als Klatschreporter „Baby Namenlos" könntest du einem Fernsehregisseur wie Helmut Dietl genügend Stoff liefern für eine abendfüllende Serie mit der Überschrift „High Society – Wenn das blaue Blut kocht".

GK: Ob das so spannend wäre, bezweifle ich. Wenn du sämtliche Stellungen des „Kamasutra" durch hast, wird's ja auch langweilig – wenigstens im Fernsehen. Da sind andere Geschichten viel spannender. Ich persönlich finde jedenfalls bei „Sex and Crime" die Seiten mit dem „Crime" häufig viel unterhaltsamer. Und manche sind absolut einmalig. So viel Abwechslung findest du beim „Sex" eigentlich nie.

EL: Heißt das, dass du in der wahnsinnig spannenden Wirtschaftswunderzeit auch echte Wirtschaftskrimis miterlebt hast?

GK: Ja, klar, denn Leute, die zu Geld kommen, egal auf welche Weise, wollen natürlich auch feiern wie ein Milliardär. Die feiern manchmal sogar viel ausgelassener als die, denn sie wissen nie, wann der „Geldsegen" oder die „wunderbare Geldvermehrung" zu Ende ist.

EL: Sind das bekannte Namen, die du da beim Feiern erlebt hast oder musst du da auch deine bekannte „Käfer-Diskretion" wahren?

GK: Nein, ganz und gar nicht. Über einen Dr. Jürgen Schneider kannst du nichts mehr erzählen, was nicht schon in allen Medien publik gemacht worden wäre. Außerdem hat er selbst ein Buch vorgelegt, in dem er über seinen Aufstieg und spektakulären Fall freimütig berichtet. „Der Mann mit dem Toupet" trat jahrelang ganz öffentlich mit den Spitzen der Gesellschaft auf, zumindest mit den Spitzen des Bankwesens. Die kannten offensichtlich nicht die uralte Bauern- und Bankerweisheit: „Einem Mann mit Toupet darfst du keinen Cent leihen!" Leider wusste auch ich nicht, dass Dr. Schneider ein Toupet trug als er riesige Einweihungsfeiern seiner Immobilien bei mir bestellte. Das mittlerweile toupetlose Schneiderlein schuldet auch mir noch einige „peanuts", die ich erst beim Jüngsten Gericht beglichen bekomme – vermutlich per Scheck.

Ganz schön verbohrt

Ein anderer, der in meinen Augen noch genialer ist, verbringt gerade eine staatlich verordnete Auszeit in einer Appartementanlage mit geregeltem Besucherverkehr. Er lebt ziemlich auf Sparflamme, aber ihm werde ich, im Gegensatz zum Immobilien-Schneider bei seiner Rückkehr an die frische Luft eine echte, tolle „open-air"-Käfer-Party ausrichten.

Ich sage nur Flotex: Der Gründer und Inhaber von

Flotex hat eine Erfindung vorgetäuscht, so eine Art unterirdischer Bohrmaschinen, mit der man im Handumdrehen ganze Stadtviertel hätte neu verkabeln können. Von diesen genialen Maschinen hat er, wenn ich recht informiert bin, fast dreitausend Stück verkauft – obwohl er gerade mal ein halbes Dutzend vorweisen konnte. Aber bei diesen wenigen Maschinen hat „Mr. Flotex“ so geschickt immer wieder die Seriennummern vermehrt, dass er mit seiner „Erfindung“ bei Banken und staatlichen Stellen über zwei Milliarden D-Mark abkassieren konnte. Mit diesem ergaunerten Geld hat er es wirklich sensationell krachen lassen – aber mit Niveau.

„Mr. Flotex – einstmals der König von Baden-Baden“.

Eines Tages rief er mich an und sagte: „Herr Käfer, von meinen Geschäftspartnern habe ich gehört, dass Sie der beste „Fest-Gestalter Europas“ sind. Mit Ihnen möchte ich meinen 50. Geburtstag zelebrieren. Kommen Sie bitte zu einer Besprechung zu mir nach Baden-Baden!“ Ahnungslos fuhr ich nach Baden-Baden und traf dort den Münchner Stararchitekten Peter Lanz. Lanz baute damals für Mr. Flotex gerade einen Flughafen. Er empfing mich mit den Worten: „Gerd, schön, dass du dich frei machen konntest. Wir brauchen für dieses Fest ein paar wirklich außergewöhnliche und unvergessliche Ideen!"

Als ich an der Villa von Mr. Flotex alias Matthias Schmieder ankam, war das Geburtstagskind in spe nicht da. Ich wurde trotzdem fürstlich empfangen – zwischen Gemälden von Rembrandt, Rubens und van Dyck. Ob die auch gefälscht waren, konnte ich nicht beurteilen. Weil Sommer war, setzte ich mich auf die Terrasse und schaute den Schwänen zu, die auf dem heimischen Teich herum schwammen. Plötzlich hieß es: „Haben Sie bitte noch einen Moment Geduld. Der Chef ist jeden Moment hier!" Dann näherte sich unverkennbar das Rattern von Rotorblättern und es landete erst ein schwarzer Hubschrauber, kurz darauf ein weißer. Dem schwarzen Hubschrauber entstieg der „Herr des Hauses". Madame rauschte aus dem weißen Hubschrauber heraus, hinter ihr eines ihrer Dienstmädchen, bepackt mit unzähligen Tüten. Man kam wohl gerade vom Einkaufen.

Mr. Flotex, figürlich „der Bud Spencer von Baden-Württemberg", kam freudestrahlend auf mich zu und fing gleich an zu sprudeln: „Gerd – ich darf doch Gerd zu dir sagen. Ich habe wahnsinnig viel von dir gehört. Mein Stararchitekt, Herr Lanz hat dir ja sicher schon gesagt, um was es geht – ich will ein absolut „irrrrrrrrrrrrrrrrrrsinniges Fest – und dabei hörte er sich fast an wie sein Hubschrauber. „Ich denke an 350 bis 400 Leute der besten Gesellschaft!" Dann begann er, mir die Gästeliste herunterzuschnurren – angefangen vom Ministerpräsidenten des Landes, Erwin Teufel, bis hin zum damaligen Wirtschaftsminister und die gesamte lokale Politprominenz. Der ehemalige Ministerpräsident Lothar Späth war für die Laudatio vorgesehen. Das Ehepaar Scheufele von Chopard, einfach alle, die in Baden-Württemberg Rang und Namen hatten, waren eingeladen. „Die Gastgeschenke habe ich schon entschieden – jeder Gast bekommt ein silbernes Blatt von Chopard, und jetzt wo du zugesagt hast, muss da auch noch ein Käfer drauf!“ Mir wurde erst hinterher bewusst, dass ich entgegen meiner sonstigen Gewohnheit überhaupt noch nichts gesagt hatte. Seine nächste „Frage“ lautete: „Gerd, ich komme nächste Woche nach München. Wir machen doch sicher ein Probeessen? Meine Sekretärin gibt dir noch den genauen Termin durch!“

Zu diesem Probeessen kam er mit dem ganzen Beraterstab in seinem neuesten Lear-Jet. Ich musste fünf oder sechs Limousinen der Langversion ordern, um das ganze Test-Team vom Flughafen in die Prinzregentenstraße zu bringen.

Sein erster Auftrag lautete: „Grüß dich Gerd, ich brauche bis Anfang nächster Woche 1200 Flaschen Veuve Cliquot Jahrgang Neunzehnhundert... ach du weißt schon. Den besten, den es in den letzten Jahren gab!“ Die hatte ich natürlich nicht auf Lager, wie sich leicht denken lässt, konnte sie aber durch meine guten Beziehungen „zur Witwe“ innerhalb weniger Stunden lokalisieren und umgehend einen Lieferauftrag erteilen.

Ein Raritätenkeller wird geräumt

Noch bevor wir mit dem Probeessen anfingen, wollte Mr. Flotex meinen Weinkeller besichtigen – selbstverständlich nicht den, der zum Laden gehörte, sondern meinen persönlichen Raritätenkeller. Dort hatte ich über die Jahre einige hundert Flaschen wirklich außergewöhnlicher Weine gesammelt. Auf diese Sammlung war ich sehr stolz und hütete sie wie meinen Augapfel. Nur zu ganz außergewöhnlichen Festessen suchte ich höchstpersönlich den passenden Tropfen zu jedem Gang aus.

Noch ehe ich anfangen konnte, ihm einzelne, ganz besondere Weine zu erklären, schaute er sich kurz um, machte so eine Geste wie „Alles einpacken!“ und sagte: „Dreihundertfünzigtausend!“ Ich hatte überhaupt keine Zeit nachzurechnen, ob das dem tatsächlichen Wert meiner geliebten Raritätensammlung auch nur annähernd entsprach. Wenn ich diesen größten Wein-Deal meines Lebens richtig überschlagen hätte, wäre ich wahrscheinlich zu dem Ergebnis gekommen, dass der tatsächliche Wert weit höher anzusetzen war. Da lagerten seit Jahren etliche Flaschen, die auf einer Weinauktion sicher ein paar tausend Mark erzielt hätten. Wenn einem allerdings mit einer Geste aus dem Handgelenk eine Tageseinnahme von 350 000 Mark angeboten wird, dann denkt man nicht mehr so rational – ich wenigstens nicht. Ich hatte noch nicht einmal den Übergang vom Augenaufreißen zum Kopfnicken richtig geschafft, da zückte er schon sein Scheckbuch und überreichte mir einen Scheck über die volle Summe. Ein Zurück war da gar nicht mehr möglich. Ich brauchte drei Lastwagen, um ihm meinen Raritätenkeller nach Baden-Baden zu liefern. Die sah ich schon mit einem lachenden und einem stark weinenden Auge Richtung Baden-Württemberg abfahren. Andererseits – das Lager war leer und ich hatte wieder Platz zum Sammeln.

Der Weinkeller, der zum Feinkost-Käfer-Laden gehört,
wäre selbst für Mr. Flotex zu groß gewesen!

Plattform für ein Feuerwerk

Nach diesem „Raritäten-Quickie" in den Käfer-Katakomben ließen wir uns zu einem fröhlichen Probeessen nieder. Meine ganze Küchenbrigade war für den Rest dieses Nachmittags ausschließlich damit beschäftigt, unsere ganze Speisekarte einmal rauf und einmal runter zu kochen. Gegen Abend war die Speisefolge festgelegt und ich konnte meine Vorschläge für die Ausrichtung dieses „Geburtstagsfestes" unterbreiten. Mit meiner Einschätzung, dass Mr. Flotex von einer ganzen Geburtstags-Zeltstadt stark beeindruckt sein würde, lag ich richtig. Was ich allerdings nicht bis ins letzte durchdacht hatte, war die Tatsache, dass der Schmieder-Park in Baden-Baden eine starke Hanglage aufwies. Ein anderer Veranstaltungsort kam jedoch nicht einmal als mögliche Überlegung in Frage. Also mussten meine „Bühnenarbeiter" meterhohe Gerüste in den Hang bauen, um eine Ebene zu schaffen, auf der eine Zeltstadt für – mittlerweile 450 Gäste – aufgestellt werden konnte.

Zwei Tage vor dem Fest rief mich der Bohrmaschinen-Gigant an und sagte: „Gerd, eines habe ich noch ganz vergessen. Ich will unbedingt ein richtig großes Feuerwerk!" O Gott! Mir schossen sämtliche Paragrafen und Gemeindeverordnungen durch den Kopf, die nötig waren, um in zähem und oft wochenlangem Ringen mitten im Jahr ein Feuerwerk genehmigt zu bekommen. Ich brachte nur heraus: „Du, das tut mir leid. Das kriegen wir in der kurzen Zeit nie und nimmer genehmigt!" Da hörte ich am anderen Ende der Leitung nur ein leicht unwilliges Schnauben. „Gerd, eines musst du wissen – ich bin der König von Baden-Württemberg! Ich kriege mein Feuerwerk. Kümmere dich du bitte um die Kracherei und lass das andere meine Sorge sein. Und noch eines – ich will den besten Feuerwerker, den du auftreiben kannst!" – Peng! Gespräch beendet. – Während ich noch versuchte, meinen „Chef-Feuerwerker" ans Telefon zu bekommen, rief mich der „König von Baden-Baden" schon wieder an und fragte: „Hast du die Raketen? Ich habe gerade mit dem Oberbürgermeister telefoniert! Wir schießen das Feuerwerk um elf Uhr ab! Basta."

So ein Feuerwerk hatte selbst ich noch nicht erlebt. Eine gute halbe Stunde lang verwandelte ein Funkenregen von rot, grün, blau, gold und silbern explodierenden Baldachinen den Nachthimmel in ein Farbenmeer. Keiner der Anwesenden hatte jemals zuvor etwas Ähnliches gesehen. Allein dieser „Feuerzauber" kostete 70000 D-Mark. Ehe dieser „Zauber" allerdings starten konnte, kam – eine halbe Stunde nach der Durchsage mit der Genehmigung – ein sehr überrascht und gleichzeitig bestimmend klingender Anruf: „Gerd, hast du dir eigentlich überlegt, von wo aus meine Gäste dieses Feuerwerk anschauen sollen?"

Ehrlich gesagt, war ich davon ausgegangen, dass sich diese 450 Promis irgendwie über den riesigen Park verteilen. So eine simple Vorstellung kam für einen Menschen mit diesen Ansprüchen selbstverständlich nicht in Frage. Innerhalb von zwei Tagen musste ich die ganze Terrasse vor den Zelten statisch neu berechnen und so ausbauen lassen, dass 450 Menschen in Festtagskleidung – sprich die Damen mit ihren Stöckelschuhen – auf dieser Terrasse ruhig und sicher stehen konnte. Ein Laie kann sich nicht vorstellen, wie wir Tag und Nacht an dieser Tribüne gearbeitet haben – um sie am darauffolgenden Tag gleich wieder abzubauen.

Mr. Flotex war allerdings sichtlich beeindruckt, dass wir das geschafft haben. Schließlich wusste er – als Sohn eines einfachen Handwerkers, was meine Leute und ich in diesen 48 Stunden geleistet hatten. Was mich wiederum total vom Hocker haute, war die Tatsache, dass er mir noch in der Nacht, unmittelbar nach dem Feuerwerk, einen Scheck über die Hälfte der Gesamtkosten in die Hand drückte: „Gerd, das hast du wirklich prima gemacht!" Ein paar Tage später wurde zusammen mit einem gigantischen Blumenstrauß noch ein riesiges Geschenk für mich abgeliefert. Der

Scheck für die zweite Hälfte der Rechnung war da bereits eingetroffen.

Egal, was da später über die Geschäfte von Mr. Flotex hinterher heraus kam – dieser Mann ist ein Künstler, ein Genie. Wenn der Sohn eines Handwerkers es fertig bringt, den Banken Projekte so vorzustellen, dass ihm die mit ihren Milliarden nur so nachlaufen, dann hat das für mich den Touch des Genialen. Außerdem haben von ihm – wenn er Hubschrauber, Flugzeuge und Schiff kaufte oder eine Riesenparty für 450 Gäste veranstaltete, viele, viele Menschen profitiert. Er hat auch nicht die kleinen Handwerker gelinkt wie der Baulöwe Dr. Jürgen Schneider. Mr. Flotex hat im Grunde Geld unter die Leute gebracht, das sonst irgendwo nutzlos herumliegt. Und ganz ehrlich gesagt, solchen großkotzigen Finanzakteuren, die 50 Millionen DM als „Peanuts" bezeichnen, weil die ja nicht aus ihrem persönlichen Vermögen stammen – denen habe ich einen so genialen „Zauberer" wirklich gegönnt.

Wenn die Vorstände der Banken so gutgläubig und so nachlässig sind, dass sie einem Mann, der nichts vorzuweisen hat, als zehn mehr oder weniger unbrauchbare Fantasie-Bohrmaschinen, Milliarden über den Tresen schieben, weil sie sich davon selbst einen Milliardengewinn erhoffen, dann sollen die auch gestraft werden. Das war jedenfalls der größte Betrugsfall in der Geschichte der Bundesrepublik, noch größer als die Immobilien-Pleite, die Dr. Jürgen Schneider hingelegt hat. Schließlich wertete das Gericht bei dessen Verurteilung nicht umsonst als strafmildernd – so wörtlich – „die kaum vorstellbare Fahrlässigkeit und Pflichtvergessenheit der Banken bei der Vergabe dieser Kredite!" Wer solche Luftnummern finanziert, hat es nicht besser verdient.

Der König von Burladingen

GK: Das krasse Gegenteil eines Flotex-Zaubers erlebte ich ebenfalls in Baden-Württemberg, ebenfalls mit einem König, der sich allerdings niemals selbst als solchen bezeichnen würde und im Gegensatz zum „König von Baden-Baden“ einen äußerst soliden Geschäftserfolg vorzuweisen hat.

Man könnte meinen, dass sie im 21. Jahrhundert langsam am Aussterben sind, die Familienbetriebe alten Schlages wie Käfer. Aber da gibt es am Rande des Schwarzwaldes in Burladingen den Textilhersteller Trigema, dessen Erfolgsgeschichte sogar noch ein wenig älter ist als die von Feinkost-Käfer. Trigema ist der größte T-Shirt und Tennisbekleidungsherstellers Deutschlands. Sein Inhaber und Geschäftsführer Wolfgang Grupp hat eine sagenhafte Trendumkehr in der deutschen Textilindustrie geschafft. Während andere Hersteller im Ausland produzieren und in Deutschland verkaufen, produziert Wolfgang Grupp im Inland und verkauft den größten Teil seiner Produktion im Ausland. Wolfgang Grupp hat in der Zeit seiner Geschäftsführung den Umsatz verzehnfacht und beschäftigt in einem 6000-Seelen-Städtchen 1200 Angestellte aus der Region.

Da erscheint es angemessen, dass er dort der „König von Burladingen“ genannt wird. Dieses kleine „Wirtschaftswunder“ ist selbstverständlich nur zu schaffen, indem man jeden Kostenfaktor auf das sorgfältigste berechnet und kalkuliert. Aber genau diese erfolgsträchtige Grundeinstellung führte vor einigen Jahren zu einer Auseinandersetzung zwischen dem „König von Burladingen“ und mir. Wolfgang Grupp hatte mich beauftragt, seine Hochzeit zu gestalten und auszurichten. In gewohnter Weise kalkulierte ich, wie viele Häppchen für die Anzahl Gäste als Vorspeise zu liefern waren. Wie üblich veranschlagte ich auch einen gewissen Überschuss, da man den Appetit einer festlich gestimmten Gesellschaft nie so genau berechnen kann und es nichts Schlimmeres für den Beginn eines Festes gibt, als wenn die Vorspeise ausgeht.

Alles klappte wunderbar. Es herrschte eine großartige Stimmung. Das Fest nahm seinen Verlauf, alle Gäste ließen es sich schmecken, sowohl bei den Vorspeisen wie auch bei den folgenden Gängen. In den frühen Morgenstunden machte ich mich mit meinen Mitarbeitern auf den Heimweg von der württembergischen Zollernalb nach München. In den folgenden Tagen stellte mein Büro die Rechnung. Darauf tat sich nichts. Auf eine vorsichtige Anmahnung hin, erreichte uns der geharnischter Protest: Käfer habe unter dem Posten „Vorspeisen“ viel zu viele Häppchen berechnet. Ich legte unsere Berechnungen dar mit den Ausgabezetteln der Küche, um zu dokumentieren, dass Käfer keinesfalls mehr berechnet als geliefert hatte.

All das half nichts. Es kam zu einer gerichtlichen Auseinandersetzung, bei der sich herausstellte, dass Wolfgang Grupp ganz entsprechend seiner betriebswirtschaftlichen Kostenerforschung hatte recherchieren lassen, wie viele Häppchen jeder Gast verzehrt hatte. Hinzu kam der Vorwurf, unser Personal habe zu früh mit dem Austeilen dieser Häppchen begonnen. Um diesen Streit am Rande eines herrlichen Festes nicht weiter eskalieren zu lassen, stimmte ich einem Vergleich zu, dachte aber gleichzeitig, einen interessanten und geschätzten Kunden für alle Zeiten verloren zu haben. Umso erstaunter war ich, als Wolfgang Grupp zwei Jahre danach wieder ein Fest bei mir orderte. Offensichtlich war der „König von Burladingen“ am Ende doch mit Käfer sehr zufrieden. Er ist eben ein echter Gentleman!

The Best of Gerd Käfer

Alles Gute kommt von oben! Ein Aufzug von Fichtel & Sachs

EL: Gerd, was war das Besondere an deinen Festen?

GK: Mein unverwechselbares Markenzeichen war, dass ich das Unmögliche möglich mache. Ich habe mir für viele Feste Sachen einfallen lassen, mit denen keiner der Gastgeber gerechnet hatte. Aber einer der größten Gags gelang mir mit den Gebrüdern Sachs. Die hatten ganz Oberaudorf zu einer Jagdparty ins Jagdhaus Rechenau eingeladen, etwa 300 Leute. Mit dieser Party wollten sie beim Gemeinderat und bei den anderen Honoratioren etwas zur Verbesserung der Atmosphäre tun. Ist doch klar, wenn du große Treibjagden abhältst, dann gibt es immer irgendwo Ärger mit den Bauern, denen das Getreide niedergetrampelt wird. Gelegentlich geht auch eine Schrotladung daneben oder einer der Jagdgäste verwechselt eine Kuh mit einem Sechzehnender.

Ich kannte Gunter Sachs und seinen Bruder Ernst Wilhelm Sachs seit sie Stammgäste in meiner Schwabinger Kneipe waren. Die beiden hatten schon eine ganze Reihe von Festen mit mir veranstaltet. Vor allem Gunter Sachs war berühmt dafür, dass er für seine Feste immer unglaubliche Überraschungen parat hatte. Das war für mich natürlich eine große Herausforderung! Ich kannte auch Rechenau schon, ein riesiges Anwesen im Inntal, zu dem eine große Scheune gehört. Dort sollte diese große Sachs-Jagdparty stattfinden. Für die hatte ich mir eine wirklich schöne Überraschung einfallen lassen. Dazu muss man wissen, dass damals die Kugellagerfabrik in Schweinfurt noch den Gebrüdern Sachs gehörte. Dort kannte ich einen Ingenieur. Den rief ich an und sagte: „Du, pass auf, ich plane da eine sensationelle Überraschung. Ich möchte vom Dach der Scheune ein Floß runterlassen. Ein richtig großes Floß. Das wird an Ketten aufgehängt und zunächst mal hochgezogen. Wir brauchen also ein Floß und einen Aufzug dazu!"

Das war kein Problem. Die technischen Möglichkeiten so etwas zu bauen, hatten die. Dieser Ingenieur kam also ein paar Tage vor dem Fest mit ein paar Leuten von Schweinfurt angereist, baute das Floß, befestigte die Ketten und zog das Ganze mit einem hydraulischen Aufzug unter das Dach. Ich schmückte mit meinen Leuten von unten das Floß so mit Girlanden, dass man es nicht erkennen konnte, wenn man zufällig in die Scheune reinschaute. Das waren richtig derbe Bauerngirlanden aus Tannengrün und mit weißblauen Schleifen. Toll sah das aus. Der Raum darüber war noch so hoch, dass wir dort die ganze Tischdekoration und die Platten mit dem Essen für 300 Personen aufstellen konnten.

Das Jagdhaus stand glücklicher Weise so, dass man von dort aus nicht auf die Scheune sehen konnte. Außerdem reisten die Sachsens ohnehin erst kurz vor der Party an. Am Tag, als das Fest stattfand, schafften wir alles von hinten in die Scheune durch eine kleine Tür auf dieses Floß. Tische, Stühle, das ganze Essen inklusive der Köche und dem Bedienungspersonal. Das Floß war wirklich überdimensional. Da hätte schon was passieren können. Aber der Ingenieur von Sachs hatte das alles technisch perfekt gebaut.

Als das Fest beginnen sollte, kamen die Gebrüder Sachs vom Jagdhaus herunter, standen nichts ahnend im Scheuneneingang und warteten freudig auf ihre Gäste. Und natürlich warteten sie auch darauf, dass Käfer endlich mit dem Essen anrollt. Sie wunderten sich, dass die besenreine Scheune bis auf die Girlanden an der Decke noch total leer war. Nur die Trachtler von der Blaskapelle standen herum und packten ihre Instrumente aus. Ernst Wilhelm wurde immer nervöser. Alle paar Minuten schaute er auf die Uhr und sagte dann zu den Musikern ungehalten: „Ja, verdammt noch mal, wo bleibt denn dieser Käfer?"

Verkehrsnachrichten

Als die ersten Gäste eintrudelten und Ernst Wilhelm und Gunter anfingen nervös von einem Bein auf das andere zu treten, ging ich raus und sagte mit leicht unterdrückter Stimme zu den beiden: „Äh, ... ich muss euch leider etwas sehr Unangenehmes mitteilen. Es ist mir unwahrscheinlich peinlich ... ihr habt ja schließlich halb Oberaudorf eingeladen. Aber ... die ganze Festausstattung mit dem leckeren Essen, ... das mit dem Lastwagen kommen sollte ... da gibt es jetzt ein kleines Problem. Der Lkw-Fahrer hat mich vor fünf Minuten angerufen. Die stehen auf der Autobahn Salzburg. Da ist ein Riesenstau und da stecken die jetzt in der Blechlawine fest. Es geht überhaupt nichts mehr! Also, ich weiß im Moment noch nicht genau, wie wir dieses kleine Problem lösen können. Aber irgendeine Lösung werde ich mir schon einfallen lassen! Oder könnt ihr mir einen Tipp geben?"

Da ging ein Donnerwetter los, das kann man sich nicht vorstellen. Ernst Wilhelm schrie: „Du Arschloch, du blödes! Wie kannst du uns so etwas antun! Wenn du das richtig organisiert hättest, dann wär' das Essen schon längst da! Das kommt davon, wenn man alles auf den letzten Drücker macht. Wo gibt's denn so was!" Dann fing auch Gunter noch an: „Sag mal, Gerd, wie stellst du dir das vor? Wir stehen hier mit 300 Festgästen in unserer leeren Scheune. Es ist nichts da, nur deine Scheiß Girlanden! Und es gibt nix zu essen. Wir sind blamiert bis auf die Knochen!" Dann schaute er noch einmal wütend in die leere Scheune. „Gerd, eines sag ich dir – das war das letzte Mal, dass du von uns einen Auftrag gekriegt hast!"

Ich tat ganz zerknirscht und sagte kleinlaut: „Moment mal, ich könnte ja schnell ins Dorf zum Kramer laufen und alles zusammenkaufen, was ich auftreiben kann – Wurst, Käse, Knäckebrot, Salzstangen, vielleicht ein paar gekochte Eier und ein paar Gläser Essiggurken! Da lässt sich doch ganz schnell was Schönes auf die Beine stellen!" Da schrieen beide unisono: „Bist du denn total verrückt geworden? So eine Sauerei! Du bist ja unmöglich! Was bildest du dir eigentlich ein? Auf einer Party von Sachs gibt es doch keine gekochten Eier oder Essiggurken! Da machen wir nicht mit. Du kriegst keine müde Mark!" Ich sagte nur: „Mal ganz ruhig, meine Herren! Mir geht es doch nicht ums Geld. Ich brauch' euer Geld nicht. Ich hab selbst so viel, dass ich es jeden Tag umschaufeln muss, damit es nicht schimmelig wird. Ich will ja nur, dass eure Gäste trotz der Panne nicht hungern müssen!"

Die beiden konnten sich nun gar nicht mehr beruhigen. Die wurden abwechselnd rot, grün und blass. Schließlich hatten sie nicht nur in Oberaudorf einen Ruf zu verlieren! Am Ende schrieen sie nur noch völlig verzweifelt: „Gerd, verschwinde. Du kriegst nie mehr im Leben einen Auftrag von uns! Mit dir sind wir fertig, für alle Zeiten!" Ich antwortete ganz ruhig: „Ist ja gut! Aber jetzt lassen wir doch wenigstens die Musi aufspielen! Dann kommt gleich eine viel bessere Stimmung in die Scheune!" und dabei gab ich der Trachtenkapelle ein Zeichen: „Kommt's, spuit's auf, Buam!" Darauf fingen die also an zu spielen, mit Posaunen, Pauken und Trompeten und dem Riesen Bombardon, dass gleich meine schöne Decke wackelte. Das war eine richtig gute Blaskapelle, zwanzig Mann, lauter fesche Burschen in ihrer wunderschönen Tracht. Mit denen hatte ich vorher ausgemacht, dass sie nach dem ersten Tusch ein Lied spielen, das hatte den Refrain: „… und alles Gute kommt von oben!"

Da schrie Ernst Wilhelm mit hochrotem Kopf: „Gerd, spinnst du jetzt komplett?“ Dann schaute er seinen Bruder an und sagte: „Ist der wahnsinnig! Ist denn der noch zu retten – Lässt der die Blaskapelle spielen, wenn es nix zu fressen gibt!“ Da entgegnete ich schon gar nicht mehr so zerknirscht: „Was meint ihr, Gunter. Schenken wir halt derweil schon mal das Bier aus und verteilen ein paar Semmeln. Das ist doch schon besser als gar nichts!“ – „Ach, hör auf, verschwinde, geh mir aus den Augen, ich kann dich nicht mehr sehen! Das ist doch wirklich zum Kotzen!“

Da nahm ich den Gunter beiseite und sagte: „Gunter, hör mal, du kennst mich doch. Ich hab' mir für euch noch immer etwas Vernünftiges einfallen lassen! Ich lass' euch doch nicht hängen. Das würde ich nie im Leben tun! Das gibt es doch nicht, dass ein Gerd Käfer den Gunter Sachs hängen lässt!“ Und dabei nahm ich ihn am Arm und sagte noch zu ihm: „Gunter, ich glaube, jetzt musst du doch ein bisschen zur Seite gehen, denn ich hab' den Eindruck, gleich kommt die Decke runter!“ Da schrie er mich an: „Auch das noch! Das ist ja furchtbar mit dir!“ Da sah ich ihm ganz streng in die Augen und sagte nur sehr kühl: „Jetzt reicht's mir, Gunter! Eines will ich dir noch sagen. Ich lasse mich von dir nicht so anschreien, auch wenn du Gunter Sachs heißt! Ich heiße immerhin Käfer! Ich flieg gleich davon, dann kannst du dein Fest alleine schmeißen!“

Dann drückte ich auf den Hydraulikknopf. Und in dem Augenblick kam ganz langsam dieses riesige Floß herunter. Ich zog schnell die Beine raus. Zehn Beine links und zehn Beine rechts, und dann stand da das ganze Essen, mit Tellern, mit Dekoration, mit den Köchen und den Bedienungen in ihren hübschen Servierdirndln mit dem kräftigem Fönblick. Das war ein Hallo, einfach unbeschreiblich. Unvergesslich! Unvergesslich! Auf einen Schlag war der ganze Ärger vergessen! Gunter Sachs umarmte mich und rief: „Gerd, du bist der Größte! Du bist wirklich der Beste! Du könntest ein echter Sachs sein! So was kann doch sonst nur ich!“ Ich sagte ganz beiläufig: „Gunter, was du kannst, das kann ich schon lange! Schenk mir lieber ein Bier ein!“ Mit einem Schlag war die ganze Aufregung vergessen. Gunter und Ernst Wilhelm lachten über meinen „Gag“ aus vollem Herzen und zeigten die Contenance von echten Gentlemen!

Am nächsten Tag stand in der Presse: „Gerd Käfer genügt nicht einmal die irrwitzige Idee mit dem Tischlein-deck-dich – er muss sie auch noch dramatisch in Szene setzen!“

Ja, so ein Fest kann man nicht nachmachen. Dabei war das gar nicht so teuer. Die Tische und die Aufbauten hatte ich sowieso. Ein paar Tannenbäume für die Scheune, dazu die Girlanden, gelb karierte Tischdecken und auf jedem Tisch eine Vase mit Enzianen, ein paar Fässer Bier, Wasser und eine zünftige Brotzeit – das war's. Das hat viel weniger gekostet als manches Fest für 50 Leute. Das Größte an diesem Fest war wirklich die Überraschung! So was ist viel mehr wert als das teuerste Kaviar-Essen.

Käfer holt auch die Sternchen vom Himmel

EL: Lieber Gerd, du hast für Gunter Sachs, den berühmtesten deutschen Playboy aller Zeiten, Dutzende von Feste arrangiert. Auf deinen rauschenden Festen haben sicher unzählige Anbahnungen zu mehr oder weniger lang andauernden Abenteuern stattgefunden. Wie war das mit dir selbst? Du hast doch auf diesen Festen im permanenten Ausnahmezustand gelebt. War das ein bisschen so wie in dem Lied vom „Nowak“?

GK: Ich war nie ein Kind von Traurigkeit. Ich war heiß begehrt, wenn du das meinst. Und „Gisela“ war für mich mit meinen knapp zwanzig Jahren eine wirklich unglaubliche Erfahrung. Kein junger Mensch kann sich heute auch nur ansatzweise vorstellen, wie kleinkariert, bigott und sexuell verklemmt diese Zeit damals war – wenigstens nach

„Ich war nie ein Kind von Traurigkeit!“

außen. Da haben doch die meisten zum Schlafen das Licht ausgelöscht. Wenn sie vor dem Schlafen miteinander schlafen wollten. Als in den 50ern der Hildegard-Knef-Film „Die Sünderin“ in die Kinos kam und man für drei Sekunden aus 20 Meter Entfernung ihren Busen von der Seite sah, gab das einen Aufstand. Da haben diese „Keuschheitsextremisten“ die „Aktion Saubere Leinwand“ gegründet. – Bitte! – Und was haben wir heute? – Kaum steigen die Temperaturen über 2 Grad Minus, laufen die jungen Mädchen mit Hosen rum, die so knapp sind, dass du dich fragst: „Wann kommt demnächst das „extra tiefe Nabel-Dekolleté?!“

EL: Hast du denn da gelegentlich auch mal Anfragen bekommen wie: „Gerd, kannst du für uns ein tolles Fest organisieren, mit allem, was dazugehört. Wir wollen die Puppen tanzen lassen!“

GK: Ich habe immer das umfassendste Angebot abgegeben, das sich meine Kunden für eine Familienfeier, ein Fest oder eine Betriebsfeier gewünscht haben. Egal, was es kostet und egal, was der Leiter der Glaubenskongregation in Rom dazu gesagt hätte. Schließlich bin ich der Gourmet-Papst. Da muss ich doch dem Kunden mit meiner Kenntnis, mit meinen Beziehungen und mit meiner Fantasie auf die Sprünge helfen. Gelegentlich möchten meine Kunden richtig die „Engerl“ singen hören. Dann hole ich ihnen die Sterne vom Himmel herunter und lege sie ihnen zu Füßen, zumindest die Sternchen. Die dürfen dann auch „Halleluja“ singen und in himmlischer Unschuld nackt servieren. Und wenn der Busen in die Suppe hängt, sofern sie einen haben.

Vatertag auf „Schloss Lustheim“

Ich hatte mal einen Kunden, der kam zu mir und sagte: „Gerd, jetzt ist bald wieder Vatertag. Ich möchte da ein paar sehr gute Freunde – lauter brave Väter – auf einen Ausflug einladen. Lass dir was einfallen! Aber bitte nicht so was Langweiliges wie eine Kutschenfahrt mit Glöckchen durchs bayerische Voralpenland!“

Da mietete ich über eine Bekannte in der Nähe von Straßburg ein kleines Schloss. Das war frisch renoviert und hatte alles, was man für einen zünftigen Vatertag braucht – eine Riesenküche, eine große Terrasse, herrliche Doppelzimmer mit Bad – in ausreichender Anzahl, gerade recht für eine nette kleine Vatertagsgesellschaft. Fünfzehn Herren sollten an diesem exklusiven Ausflug teilnehmen. Die kamen aus ganz Deutschland, zuerst nach München, und von hier aus ging es mit dem Lear-Jet weiter nach Straßburg. In einem zweiten Lear-Jet reisten 20 Studentinnen an, die ich für diesen Ausflug angeheuert hatte. Das waren ganz tolle Frauen, gescheit. Und natürlich sahen diese Hasen verdammt gut aus. Das war Messlatte, sonst könnte man ja gleich mit der Schwiegermutter einen Ausflug in den Tierpark Hellabrunn veranstalten.

Nach ihrer Ankunft im Schloss wurden diese ausnehmend hübschen jungen Damen ganz züchtig in eine knöchellange Nonnentracht gesteckt. Ich verkleidete mich als Bruder Barnabas und in dieser Rolle dirigierte ich den ganzen „Vatertag“. Ich hielt auch eine kleine Rede, wie der selige Walter Sedlmayr alias Bruder Barnabas beim Starkbieranstich auf dem Nockherberg. Da habe ich diesen feinen Vatertagsgästen natürlich ganz schön die Leviten gelesen und ihnen „ex cathedra“ erklärt, wie sich brave Familienväter in einem Nonnenkloster aufzuführen haben. Nach dieser Predigt spielte ich den Mundschenk.

Und dann wurde das Essen serviert. Da schauten diese „Väter“ etwas verwundert auf die schwarz gewandeten Nonnen, von denen man nicht einmal die Fußknöchel sah. Aber das änderte sich zusehends. Mit den Studentinnen hatte ich nämlich schon in München abgesprochen, dass sie vor jedem Gang, den sie servierten, ein Kleidungsstück ablegen. Ich kann nur soviel sagen – es gab sieben Gänge! Ganz ehrlich, das Essen trat da schon ein bisserl in den Hintergrund. Obwohl ich in Straßburg die feinsten Delikatessen eingekauft und aus München drei Köche mitgebracht hatte. Dieses Vatertagsessen war wirklich ein Riesenknaller!

EL: Hattest du da auch wieder eine deiner Lieblingsbands dabei? Mit so aufreizenden Sambarhythmen wie zum Karneval in Rio?

GK: Nein, die Musik kam ausnahmsweise vom Band. Es sollten ja nicht zu viele Außenstehende in diese Veranstaltung eingeweiht werden. Was diese Vatertagsgesellschaft sich als Dessert genehmigt hat, das war mir ehrlich gesagt egal. Das stand ganz im Belieben der jungen Damen. Die wussten Bescheid, wie diese Fete ablaufen sollte. Die wären gar nicht mitgefahren, wenn sie vorher ein Keuschheitsgelübde abgelegt hätten. Aus diesem „Vatertag" ging sogar eine Ehe hervor, die bis heute Bestand hat.

Ich finde es sowieso mehr als absurd, wenn diese Tugendapostel immer so tun, als ob nur die Männer Spaß daran hätten, wenn es zur Sache geht. Ich habe da jedenfalls ganz andere Erfahrungen gemacht. Mir hat mal eine sehr abenteuerlustige junge Dame zum Abschluss eines sehr vergnüglichen Festes, bei dem es auch nicht nur um Feinkost ging, gesagt: „Mir geht es wie dem Westerwelle. Ich steh nur auf Männer!" So was kannst du natürlich einer Alice Schwarzer nicht verklickern!

Hasenjagd auf der Roseninsel

EL: Gerd, bei allem Respekt vor deiner grundsätzlichen Einstellung zum Dienen – bist du bei diesen Festen immer wie der perfekte Butler im „Haus am Eaton Place" mit weißen Handschuhen und im Smoking dezent an der Türe stehen geblieben?

GK: Ich habe nie Smoking getragen. So geht es schon mal los. Also, du kannst mich jetzt nicht auf diese Schiene locken, dass ich zum Zählappell antrete – wie Heiner Lauterbach in seinen Sex- und Sauf-Memoiren. Meine Freunde und ich haben zwar auch nix ausgelassen, aber „Fakten, Fakten, Fakten" bekommst du von mir nicht – und Namen schon gleich gar nicht! Wo leben wir denn? Doch nicht mehr im Kaiserreich, wo dich jeder Offizier mit Monokel im Auge fragen durfte: „Haben Sie gedient?“ Darauf kann ich nur sagen: „Ja, immer, Exzellenz, wenn Frau in Not am Mann war!“ Manchmal sind meine Freunde und ich auch ohne Not ins Manöver gezogen und erfolgreich heimgekehrt!

EL: Wer waren denn diese Freunde?

GK: Ich war zum Beispiel sehr eng befreundet mit einigen Münchner Fünf-Sterne-Hoteliers. Wir hatten einen ganz berühmten Stammtisch im „Nürnberger Bratwurstglöckl“, gleich hinter dem Dom. Als Vater Beck dort noch das Regiment führte. Da haben wir uns oft getroffen. Gelegentlich rief mich einer von diesen Spezln an und sagte: „Du Gerd, ich hab’ in meinem Hotel wieder eine neue Suite eröffnet. Magst nicht mal vorbeikommen und ausprobieren, wie man darin schläft!“ Dann habe ich mir eine fesche Katze besorgt und die Betten getestet. Anschließend habe ich meinen Testbericht über die Qualität der Matratzen abgeliefert. Dafür wurde ich gelegentlich im „Bratwurstglöckl“ unter großem Hallo zum Weißwurstessen eingeladen.

Einmal habe ich für diese Stammtischrunde ein wunderschönes Picknick organisiert. Am Starnberger See, an einem herrlichen Sommertag. Auf die Idee kamen wir durch ein Foto, das einer von den Hoteliers mitgebracht hat. Dem war für die Einrichtung einer Luxussuite die Kopie eines weltberühmten Gemäldes angeboten worden. „Frühstück im Freien“ von Edouard Manet. – Das musst du dir mal anschauen. Das ist wirklich sehr witzig. – Die zwei Herren auf dem Bild sind ganz vornehm angezogen, mit Gehrock, Schlips und steifem Kragen, und die beiden Damen sind splitternackt wie beim Zeichenkurs in der Kunstakademie. Gepicknickt haben sie offensichtlich auch schon. Wir haben natürlich gewitzelt, wie es nach diesem Frühstück weitergeht … und einer in der Runde kam auf die Idee: „Frühstück im Freien“ – wie von diesem Manet – das machen wir auch!

Dann hieß es: „Gerd, du bist hier der große Picknick-Regisseur. Du organisierst das!“ Dann stand noch die Frage im Raum, wo wir dieses „Frühstück im Freien“ inszenieren können, ohne dass gleich der Oberförster vorbeikommt und Anstoß nimmt.

Es durfte auch nicht zu weit weg sein, denn nach dem Frühstück mussten wir ja alle wieder an die Arbeit. Da habe ich vorgeschlagen: „Wisst ihr was, wir fahren auf die Roseninsel!“ Mit dem Auto sind wir in einer halben Stunde am Starnberger See. Von einem Picknick auf der Roseninsel waren meine verwöhnten Hotelier-Freunde sofort hellauf begeistert. Schon das Wort „Picknick“ klingt ja wie ein Versprecher. Da liegt Abenteuer in der Luft, mit einem kräftigen Schuss Erotik, und auch ein bisschen Angst vor den Naturgewalten. Da drohen Blitz und Donner, zumindest wenn die Ehefrau sich anschließend für die Nachspeise des Picknicks interessiert.

Das Schöne an der Roseninsel ist – die ist sehr überschaubar. Da kann sich niemand verlaufen, und man ist mit ein paar Ruderschlägen drüben. Ich habe also ein paar Kähne organisiert, hab die mit Essen und Trinken vollgeladen und dann sind wir auf diesen Kähnen rübergerudert. Meine Spezis haben natürlich gefragt: „Hei, Gerd, und wo san denn jetzt die Hasen?“ – Ich habe ganz unschuldig geantwortet: „Wieso Hasen? Ich denk, ihr wolltet frühstücken?“ Aber dann haben sie schon gesehen, dass ich Geschirr für fast zwanzig Leute eingepackt hatte. Und selbstverständlich ausreichend „Schampaninger“ wie Gerhard Polt immer sagt.

Als die sechs Herren nicht locker ließen, wann denn endlich die Hasen kommen, sagte ich ganz lakonisch: „Wenn ihr keine Hasen dabei habt, dann müsst ihr eben ausschwärmen und selbst auf Hasenjagd gehen!“ Irgendwie haben die schon geahnt, dass ich was vorbereitet hatte. Und so war es auch. Von der anderen Seite des Sees habe ich mit einem Elektroboot zehn junge Damen von meinem bewährten Studentenschnelldienst von der Uni München anbringen lassen. Wirklich irrsinnige Hasen! Aber weil man ja nicht davon ausgehen kann, dass alle zueinander passen, habe ich für eine gewisse Auswahl gesorgt, wenigstens was die Hasen anbelangte. Da herrschte ein gewisser „Hasen-Überschuss".

Diese Bunny-Truppe verstand sich auch ganz prächtig. Jedenfalls hörte man sie schon kichern als wir mit unseren Kähnen auf der Insel landeten. Dann ging die Hasenjagd los! Es hat dann schon ein bisschen gedauert, bis alle Hasen „eingefangen" waren, denn denen hatte ich gesagt, dass sie sich ruhig ein wenig verstecken sollen. Die haben wirklich herrlich mitgespielt. Es dauerte eine gute Stunde, bis die Herren der Schöpfung alle Hasen ausfindig gemacht hatten – wie beim Ostereiersuchen – „kalt", „lauwarm", „heiß", „ganz heiß". Dann stellten wir erst einmal „Das große Frühstück" von Manet nach – für das verschließbare Fotoalbum. Wir Herren hatten da noch ganz stilecht unsere Gehröcke an. Während die Hasen ihr Fell bereits abgelegt hatten. Das war wirklich eine irrsinnig witzige Veranstaltung.

In der damaligen Zeit habe ich sehr viel mit Studentinnen zusammengearbeitet und mit einigen von ihnen sehr fröhliche Stunden verbracht. Wenn du jetzt aber meinst, dass die vom „horizontalen Gewerbe" waren, liegst du vollkommen falsch. Die haben das aus lauter Sympathie zu mir gemacht. Außerdem war ich damals noch jung und schön. Und jeden Tag stand bei mir etwas in der Zeitung.

Was die „Hasenjagd" ganz allgemein angeht, sagt mein Freund, der Kabarettist Jörg Knör: „Frauen sind die einzige Jagdbeute, die auf ihre Jäger lauert!"

Ein nachtaktiver Krabbelkäfer

EL: Rolf Zehetbauer, der Designer und Oskar-Preisträger, der dich wohl genauer kennt, hat einmal über dich die Frage gestellt: „Kennen Sie jemand, der an sieben Telefonen gleichzeitig telefonieren kann und außerdem noch ein Gespräch mit einem wichtigen Kunden führen kann?" – Haben Sie schon mal jemand erlebt, der an einem Abend auf zehn Partys gleichzeitig erscheint oder kennen Sie einen, der in einer Minute 500 Sätze spricht?"

Gerd, jetzt musst du mir wirklich mal verraten, wie du das zeitlich alles in deinen Tagesablauf rein gebracht hast – den Laden umbauen, Hunderte von großen und kleinen Festen organisieren, nach Paris düsen und Käse einkaufen, in sämtlichen Münchner Theatern und in der Oper die Besucher mit Häppchen, Wein, Bier, Sekt, und Champagner versorgen. Auch wenn du für viele Aufgaben deine Leute hattest, das muss doch alles organisiert und kreativ „gehandelt" werden. Wie hast du das alles unter einen Hut gebracht?

GK: Also, Fisch, Meeresfrüchte und Käse hat mein Bruder eingekauft, und das andere war kein allzu großes Kunststück. Ich habe einfach wenig geschlafen. Wenn ich eine Party veranstaltet habe – und die war recht lustig – dann bin ich anschließend immer noch weggegangen, zum Tanzen oder zum Frühschoppen. Nach Hause bin ich jedenfalls ganz selten. Aus diesem Grund sind ehrlich gesagt, auch alle meine Ehen ziemlich in den Graben gegangen. Weil ich immer unterwegs war und natürlich eine Menge flotte Bienenköniginnen auf Hochzeitsflug kennen gelernt habe. Die waren immer ganz fasziniert von mir. Sie haben mich angehimmelt und abgebusselt. Einige haben mich sogar richtig geliebt – bis ich sie dann geheiratet habe. Dann waren sie sauer, weil sie in der Zwischenzeit ganz vergessen hatten, wie das war als sie mich kennen gelernt hatten.

Erst meine dritte Frau, Inge Käfer, hat sich an das Leben eines „nachtaktiven Krabbelkäfers" gewöhnt. Aber auch diese Ehe hat leider keine Ewigkeit gehalten. Trotzdem habe ich zu allen meinen ehemaligen Frauen einen guten Kontakt, sogar zu einigen ehemaligen „Zukünftigen". Die sagen alle, wenn sie mich sehen: „Gerd, so einen Mann wie dich kriegen wir nie wieder!" Es gibt entweder – auf Bairisch gesagt – so „lätscherte Hund", die sich nach dem Abendessen in ihren Filzpantinen vor den Fernseher setzen und sich am „Dschungelcamp" oder am Liebesleben von „Prinz Foffi und dem Aschenblödel" verlustieren, oder es gibt so flotte Käfer wie mich.

Schickimicki und die echte Prominenz

EL: Gerd, es gab einmal eine Riesen Balkenüberschrift in der Yellow Press **„Gerd Käfer, der Partykönig, der die Schickeria füttert!"**. München war die Hauptstadt des Schickimicki und du warst ihr Mittelpunkt. Wie sieht's denn mit der Schickeria heute aus?

GK: Tja, die 60er, 70er und 80er Jahre – das war wirklich eine geile Zeit. Dagegen ist München heute der reinste Schlafwagen. Was in der Beziehung heute in der „Weltstadt mit Herz" abgeht, kannst du nur unter der Überschrift abhaken: „Unser Dorf soll schöner werden!" Helmut Dietl hat diese grellbunte Zeit der Schickeria in seinem Filmklassiker „Kir Royal" wunderbar karikiert, aber irgendwie auch ganz richtig dargestellt. Diese so genannte Schickeria und ihren „Baby Schimmerlos" gibt es nicht mehr. Außerdem heißen diese Leute jetzt „Promis", und das ist ein Fulltime-Job. Wenn ich nämlich heute für ein Unternehmen eine Party veranstalten soll, dann sagt mir am Ende meiner Programmvorstellung die PR-Dame mit einem erwartungsvollen Unterton: „Herr Käfer, sehr schön! Aber – wir brauchen dringend noch ein paar Promis, sonst kommt niemand von der Presse!" Und dann wird erwartet, dass ich aus meinem Bekanntenkreis ein paar prominente Namen einlade.

Jetzt mal ehrlich, Erich, würdest du auf eine Party kommen, wenn ich dich anrufe und sage: „Bitte, lieber Erich, du bist so bekannt. Dich kennt jedes Kind vom Fernsehen. Komm doch zu der Party vom Kloschüsselhersteller

Kraxenbichler. Ich brauche dringend Prominenz, weil sonst nicht einmal ein Aushilfsredakteur von der Schülerzeitung der örtlichen Sonderschule kommt. Du kriegst auch 5000 Euro dafür!“ Das ist doch absolut krank. Ich kann das Wort „Promis“ schon nicht mehr hören.

Deshalb haben die „Promis“ von heute auch ein sehr kurzes Verfallsdatum. Wenn du dich beim European Song Contest mit Ach und Krach auf den 10. Platz vorgeträllert hast, bist du drei Wochen lang wahnsinnig prominent – und danach schaut sich kein Hotelpage mehr nach dir um – es sei denn, du hast ein Dekolleté bis zum Bauchnabel.

Eine Frau wie Elizabeth Taylor war Jahrzehnte lang prominent. Liz Taylor wurde mit jedem Film, den sie gedreht hat und mit jedem Lover, den sie abgelegt hat, noch schöner und noch prominenter. Wenn du mich nach den drei absoluten Traumfrauen des 20. Jahrhunderts fragen würdest – Liz Taylor steht an erster Stelle.

Ihr habe ich mal in Basel, wo sie zur Schmuckmesse war, auf einen verzweifelten Anruf der Hoteldirektion hin nachts mit Blaulicht ihre ganz spezielle Champagnermarke in die Suite gebracht. Da brauchte ich zu der Funkstreife nur sagen: „Ihr müsst mir helfen. Es ist für Liz Taylor!“ Dann fuhren wir los. Mit Blaulicht, mitten durch Basel. So prominent war die „Kleopatra“ von Hollywood.

Tausend rote Rosen

Die Schickeria von München, von Sylt, von St. Moritz und Kitzbühel und selbst die von Marbella war mir hundert Mal lieber als dieses ganze Promizeug, das heute über den Bildschirm gackert und sich durch die Gazetten schmuddelt.

Die Schickeria, die ich bedient, verehrt und verwöhnt habe, hatte da schon ein anderes Kaliber. Zur Münchner Schickeria gehörte Ex-Kaiserin Soraya. Ihr haben von Bogenhausen bis Marbella die Paparazzi aufgelauert, in der

Hoffnung, dass sie sie mit einem neuen Lover erwischen. Die riefen auch jeden zweiten Tag bei mir an, ob ich ihnen nicht einen Insider-Tipp geben könnte. Aber auf so eine Frage wird aus einem Käfer eine Auster, still vergnügt, aber total verschlossen!

Zur Schickeria gehörten damals selbstverständlich die Söhne und Töchter höchst erfolgreicher Unternehmer. Allen voran die Sachs-Brüder. Gunter Sachs war vielleicht die herausragendste Persönlichkeit in diesem so genannten „Schickimicki-Zirkus". In meinen Augen war Gunter Sachs nur noch vergleichbar mit Gianni Agnelli, der in seiner Jugend die europäische Hitliste der Playboys als die unumstrittene Nummer eins angeführt hatte und später über Jahrzehnte der heimliche König Italiens war.

Als Gunter Sachs sich unsterblich in Brigitte Bardot verliebt hatte, warf er über ihrem Grundstück in St. Tropez vom Hubschrauber aus tausend rote Rosen ab und schrieb ihr Liebesgedichte auf Französisch. Das ging durch alle Boulevardblätter, aber nicht, wenn so ein adoptierter Adeligenverschnitt sich im „Dschungelcamp" die Kakerlaken über das Gesicht laufen lässt oder auf der „Alm" in einen Zuber bieselt. Heute bist du schon prominent, wenn du dich bis zum Hals in Kuhscheiße einbuddeln lässt – Hauptsache das Fernsehen ist dabei. RTL lässt grüßen!

Die Schickeria hatte Stil. Die wären sich für solche Proletenveranstaltungen viel zu schade gewesen. Die Schickeria war gebildet – Promis sind meistens nur eingebildet!

Ein Playboy der Extraklasse

EL: Die Schickeria vom Zuschnitt eines Gentleman-Playboys wie Gunter Sachs hatte Intelligenz, Niveau und natürlich auch die notwendigen finanziellen Ressourcen, um sich ihre extravaganten Einfälle und Feste leisten zu können, oder? Veranstaltungen wie sie im Jagdhaus von Rechenau üblich waren, bezahlt man nicht mal eben aus der Portokasse.

GK: „Rechenau" war eines der billigsten Feste, die ich für die „Sachs-Brüder" je ausgerichtet habe. Geld war sowieso nicht das Thema. Die Schickeria vom Rang eines Gunter Sachs hatte Geld ohne Ende und sie hatte vor allem „Chique". Sachs ist heute ein Grandseigneur. Er hatte einen familiären Hintergrund, der außergewöhnlich war. Sein Großvater mütterlicherseits war immerhin der Sohn von Adam Opel, dem Gründer der Opel-Werken, und sein Großvater väterlicherseits war Geheimrat Ernst Sachs, der Erfinder des Fahrradfreilaufs und Mitgründer des Unternehmens Fichtel & Sachs.

Gunter Sachs hat eine Erziehung und eine Ausbildung genossen, die einem Allround-Genie wie Sir Peter Ustinov in nichts nachstand. Seine Eroberung von Brigitte Bardot und seine anschließende Ehe mit diesem Sexidol einer ganzen Männergeneration hat sein Image als „Super Mega Playboy" selbstverständlich raketenmäßig explodieren lassen.

Aber Gunter Sachs hatte wesentlich mehr auf dem Kasten. Sein beruflicher und persönlicher Lebensweg war bewegt und facettenreich: Er machte als Industrieller, als Sportsmann, Kunstsammler, Modemacher, Dokumentarfilmer, Fotograf und als Autor von sich reden. Er produzierte sechs Dokumentarfilme, darunter „Happening in White", ein Film, der 1970 mit dem ersten Preis des Internationalen Olympischen Komitees ausgezeichnet wurde. 1974 lud ihn die Photokina zu seiner ersten Fotoausstellung ein, inzwischen wurden seine Bilder in mehr als 30 internationalen Ausstellungen gezeigt.

Er ist ein glänzender Mathematiker. Er verfasste einen Bestseller, eine ausgesprochen spannend zu lesende Studie über die Gesetzmäßigkeiten der Astrologie. Nach dem Verkauf seines Unternehmens verschrieb er sich der Fotografie. Seine Fotos werden heute weltweit für Tausende von Euros gehandelt. Gunter Sachs erwarb sich einen außergewöhnlichen Ruf als Kunstsammler. Er sammelte Bilder von Andy Warhol als der noch ein totaler Nobody war.

Mit seiner Art zu leben hat Gunter Sachs die Gesellschaft provoziert und gleichzeitig positiv verändert. Vieles von dem, was heute selbstverständlich ist – dass man mehrere Male verheiratet ist, ständig wechselnde Partnerinnen hat, das war damals ja noch total verpönt. Darüber regten sich die braven Bürger so auf wie wenn heute der dänische Prinzgemahl verkündet, wie gut ihm Hundefleisch schmeckt.

Gerd Käfer im Zirkus Roncalli mit Mirja und Gunter Sachs.

Gunter Sachs war sein Image, das er bei den braven Bürgern hatte, völlig egal. Er hat schlicht und einfach getan, was ihm gepasst hat und geflirtet, mit wem er wollte. Gunter Sachs hat sich um niemand gekümmert, nicht um die Presse und schon gar nicht um das Gerede der Leute. Die Medien hat er nicht gesucht oder gar mit schwachsinnigen „Selbstinszenierungen" provoziert wie diese publicitygeilen „Möchtegern-Promis" von heute. Er hat sie als Begleiterscheinung einfach hingenommen.

Diesen edlen Promi-Status, den ein Gunter Sachs ganz selbstverständlich einnahm, kann man doch nicht mit einem David Beckham oder Michael Ballack vergleichen. In der Blütezeit der Schickeria gehörten Spitzensportler auch nicht automatisch dazu. Gerd Müller, der Bomber der Nation, hätte Deutschland in fünf Weltmeisterschaften bomben können, der wäre doch nicht auf eine Party von Gunter Sachs oder Johannes von Thurn und Taxis eingeladen worden. Fußballer verdienten gar nicht so viel Geld, um da mithalten zu können. Ein Spieler von FC Bayern oder Borussia Dortmund gehörte einfach nicht zur Schickeria. Selbst Franz Beckenbauer nicht. Damals war er auch noch nicht der „Kaiser", der in allen großen Fußballstadien der Welt Hof halten kann und um den sich gekrönte und regierende Häupter scharen, weil ein Foto mit ihm ihre Popularität immens erhöht. Und auch wenn Jürgen Klinsmann heute den Flieger nach Los Angeles benutzt wie andere Leute die S-Bahn zwischen Dortmund und Castrop-Rauxel und seine Beliebtheitsskala während der WM raketenmäßig nach oben geschnellt ist – er hätte damals kaum Zugang zur Schickeria gefunden. Schickeria spielte zu Zeiten von Gunter Sachs in einer völlig anderen Liga. Das muss man nicht bedauern, aber es ist eine Tatsache.

Die Liga der „Bezahl-Promis"

EL: Gerd, ist es denkbar, dass sich ein Gunter Sachs gegen Honorar hätte einladen lassen?

GK: Wenn du Gunter Sachs 50000 Mark geboten hättest, dass er zu deiner „Housewarming Party" in Essen-Bredeney kommt, hätte er wortlos den Hörer aufgelegt oder als höflicher Mensch, der er ist, vielleicht noch gesagt: „Ich glaube, Sie haben sich verwählt!" Damals hat ein prominenter Gast vom Rang und Stil eines Gunter Sachs, wenn man ihn zum Fest einer gemeinnützigen Stiftung eingeladen hat, in aller Regel vor dem Weggehen diskret einen Scheck über ein paar tausend Mark hinterlegt. Wenn du heute so genannte Promis einlädst, dann wollen die für ihren Auftritt selbstverständlich etwas bezahlt haben.

EL: Hat das nicht irgendwo auch seine Logik? – Wenn ein Klimaanlagenhersteller, den niemand beim Namen kennt, eine große Party schmeißt, dann interessiert das niemand. Wenn aber eine tolle Schauspielerin wie zum Beispiel Veronika Ferres dabei wäre, bekäme diese Veranstaltung auf einen Schlag einen völlig anderen Stellenwert. Das Honorar mag nicht gering sein, aber immer noch günstiger als eine Anzeige in der Zeitung oder ein Werbespot.

Da kommt die Presse, denn eine Veronika Ferres gibt Bilder für die Seite eins – und sie könnte ja von ihrem neuesten Dreh in Afrika erzählen. Oder wenigstens von ihrem Töchterchen. Also lauter Dinge, die die Leute brennend interessieren.

Warum glaubst du, dass der österreichische Bauunternehmer „Mörtel" Lugner, sich Prominenz in seine Loge auf dem Wiener Opernball einlädt? Dafür war sich früher sogar eine Sophia Loren nicht zu schade. Diese Einladungen von „Mörtel" wurden zu *dem* Gesprächsthema – schon Wochen vor dem Opernball.

GK: Heute reicht es bei Mörtel allerdings nur noch für irgendeinen schlecht gelaunten Busenstar, der seine vertraglich fest gebuchte Zeit bis Mitternacht absitzt. Dafür muss er 100000 Euro hinblättern.

EL: Ist es in München ist anders?

GK: Nein, überhaupt nicht? Wenn da ein Fünf-Sterne-Hotel eine Dachterrassenanlage mit Schwimmbad und Rundblick über die Türme der Stadt einweiht, dann kannst du Promis sehen soviel du willst. Wenn Cartier, IWC oder Mercedes heute einladen, kann man davon ausgehen, dass die Riege der anwesenden A-VIP's von der jeweiligen Marke gesponsert sind. Die Promis nehmen heutzutage sogar noch Geld dafür, dass sie ihr Champagnerglas meistbietend in die Abendsonne halten dürfen.

Wetten dass ... !"

EL: Gerd, bei Langenscheidt gibt es seit Jahrzehnten die Bestseller-Serie „Französisch, Englisch, Spanisch – in 30 Tagen – bis hin zu Japanisch und Kisuaheli. Alles in 30 Tagen. Sollte da nicht der Großverleger Dr. Florian Langenscheidt noch einen Bestseller auflegen mit dem Titel „So werde ich Promi in 30 Tagen". Mit Dieter Bohlen oder Heidi Klumm als Ratgeber-Autoren. An diesen beiden kommt bei dem Thema vermutlich kein Verleger vorbei.

GK: Viel interessanter fände ich, wenn mal jemand ein Buch schreiben würde, wie man dreißig Jahre lang als Unternehmer an der Spitze einer Branche bleibt.

EL: Gerd, dafür bist doch du das beste Beispiel. Noch dazu in einer Branche, in der einem täglich etwas Neues einfallen muss, wenn man nicht von seinen Konkurrenten überholt werden will. Was wäre da dein Kernsatz?

GK: Ganz einfach: „Ich will der Beste in meiner Branche werden!" Wer dieses Ziel ins Auge gefasst hat, braucht keine gut gemeinten Ratschläge. Der kann gar nicht anders.

EL: An wen, außer dir selbst ... und Liz Taylor ... denkst du, wenn von einer lebenslangen Karriere die Rede ist?

GK: Wir wollen ja nicht nur über schöne Frauen reden. Auch wenn das mein Lieblingsthema ist! Ich denke zum Beispiel an Thomas Gottschalk. Ich finde es großartig, was für eine Traum-Karriere er über Jahrzehnte aufgebaut hat. Ich bewundere grenzenlos, was er aus sich gemacht hat. Die meisten Menschen sehen Thomas Gottschalk heute als eine Art Institution und da entsteht schnell der Eindruck: „Ja, der Gottschalk, der hat Glück gehabt. Der ist ganz oben. Der zieht sich ein paar verrückte Klamotten an, lädt sich ein bisschen Prominenz ein – und schon kann er sich ein Schloss kaufen!" Aber niemand holt aus dem Stand dreizehn oder vierzehn Millionen Zuschauer vor die Fernsehschirme.

Dass Tommy seit seinem 16. Lebensjahr ohne Unterbrechung an dieser tollen Karriere gearbeitet hat, das sehen die wenigsten. Dann müssten sie sich nämlich von dieser einfältigen Vorstellung verabschieden, dass eine große Karriere das Ergebnis von Glück und Zufall ist. Das habe ich über mich ja auch immer wieder gehört. „Ja, der Käfer, der kann leicht reden. Dem fliegt alles nur so zu! Mir ist überhaupt nichts zugeflogen, auch wenn ich ein Käfer bin."

Gerd Käfer mit Thomas Gottschalk.

EL: Thomas ist wahnsinnig schlagfertig und manchmal ganz schön frech. Harald Schmidt hat nicht ohne Grund über ihn mal gesagt: „Thomas Gottschalk hat das Frechsein im Fernsehen erfunden!“

GK: Tommy weiß aber bei aller Frechheit sehr genau, wo die Grenzen liegen. Sein Humor kommt immer mit Stil. Großartig! Ich kenne Tommy seit der Zeit, als er noch freier Mitarbeiter beim Bayerischen Rundfunk war. Da moderierte er den Jugendsender B3 und nebenher jobbte er als Diskjockey. Als DJ war er sensationell gut. Ich habe ihn damals oft für meine Feste engagiert. Tommy brachte selbst in die steifste Veranstaltung eine fantastische Stimmung. Da war er unübertroffen. Dabei war er gerade mal Mitte zwanzig.

Thomas hat mit seiner Intelligenz und Schlagfertigkeit eine Menge Geld verdient. Wunderbar! Darüber kann ich mich nur freuen. Dabei ist er nie größenwahnsinnig und arrogant geworden. Thomas Gottschalk hat auch nie über seine Verhältnisse gelebt. Das finde ich wirklich bewundernswert. Und die Sendung „Wetten dass ...?“, die er von Frank Elstner übernommen hat, die kann Tommy noch betreuen, wenn er so alt ist wie Johannes Heesters heute.

EL: Lieber Gerd, zu „Wetten, dass ....“ hätte ich da noch eine abschließende Frage: Was würdest du Thomas Gottschalk als Saalwette vorschlagen, wenn er dich demnächst in seine Sendung einlädt?

GK: Ich wette, dass ich innerhalb von einer Stunde 100 Ober im Smoking in die Halle bringe, jeder mit einem Glas Lanson auf einem Silbertablett – und jeweils in Begleitung eines süßen Käfers!

EL: Habe ich dich richtig verstanden – 100 Ober, 100 süße Käfer und 100 Gläser Champagner?

GK: Ja, stimmt! So eine Wette hat doch Tommy noch nie erlebt! Und ich sage dir – ich würde sie gewinnen!

Der Sonnenkönig des Pop

GK: Erich, du hast mich nach langen und erfolgreichen Karrieren gefragt – da kenne ich jemanden, dessen Karriere ist so unbeschreiblich erfolgreich – und die reißt bis heute nicht ab. Auf den könnte ich fast neidisch sein. Der hat noch schönere Beinamen bekommen als ich – Udo Jürgens. „Sonnenkönig des Pop" nannte ihn eine Zeitung kürzlich. Ihn bewundere ich wirklich grenzenlos! Das sage ich ganz selten. Dafür kenne ich einfach zu viele außergewöhnliche Menschen.

EL: Kennst du Udo Jürgens persönlich?

GK: Ja, ziemlich gut sogar! Mit Udo Jürgens zusammen und mit Frank Forster – das war auch ein Sänger, hatte ich während meiner Zeit bei „Gisela" in Bogenhausen eine Wohnung. Heute läuft so ein Junggesellenappartement ja unter der Bezeichnung WG. Eine WG war zu der Zeit der Bürgerschreck in Reinkultur. In eine WG haben die braven Bürger in ihrer Fantasie alles reininterpretiert, was sie selber auch gerne gehabt hätten, aber nicht kriegen konnten, weil sie sich nicht getraut haben. Das sind die idealen Schwiegersöhne, die nach zwanzig Jahren Ehe mit derselben Frau verzweifelt überlegen: „Da war doch noch was – zwischen fünf und sieben!"

EL: Wie meinst du das?

GK: Du kennst doch den Witz, wie solche Schwiegersöhne zählen: Eins, zwei, drei, vier, fünf, pfui!!!, sieben! – Wir waren damals alle noch jung und hübsch. Wir hatten noch keine Falten – und waren überhaupt nichts wert. Bis auf Udo vielleicht. Dem liefen die jungen Verehrerinnen damals schon in Scharen nach – das hätte leicht für mehr als drei Junggesellen-WGs gereicht. Und damals haben uns die Frauen noch viel mehr interessiert als unsere Karrieren. Also, in unserer WG war dank Udo immer was los – zwischen fünf und sieben. Dabei war ich damals noch ziemlich schüchtern, obwohl ich meine erste Ehe schon hinter mir hatte.

EL: Hast du noch Kontakt zu Udo Jürgens?

GK: Ja, klar. Früher haben wir alle paar Wochen miteinander telefoniert. Udo war oft bei mir in Kitzbühel. Gelegentlich kam er auch zum Essen in mein Lokal in die Prinzregentenstraße. Dieser Kontakt hat seit dem vergangenen Winter leider ein wenig nachgelassen. Aber das ist ja kein Wunder – Udo ist wieder auf Tournee. Im Januar 2006 hat Udo in Köln seine 20. Tournee gestartet. Mit 71 Jahren – das musst du dir mal vorstellen! Das ist wie in seinem Song „Mit 66 Jahren fängt das Leben erst richtig an!“ Das fand mancher Opa sehr unpassend. Udo hat überhaupt eine ganze Menge Lieder geschrieben, die vielen Leuten nicht gefallen haben. Das gehört wahrscheinlich zu seinem großen Erfolg.

EL: Wie ordnest du Udo Jürgens musikalisch ein?

GK: Udo ist für meine Begriffe überhaupt nicht einzuordnen. Thomas Gottschalk nannte ihn einmal das „Feigenblatt der deutschen Unterhaltungsmusik“. Wahrscheinlich, weil er die meisten Songs auf Deutsch singt. Das ist schon sehr ungewöhnlich. Udo erzählt Geschichten. Die sind witzig und frech und gehen einfach ins Ohr. Deshalb sind viele seiner Lieder so populär geworden. Das sind echte musikalische Leckerbissen. „… aber bitte mit Sahne!“ – Mit diesem Song nimmt Udo die Leute aufs Korn, die nur noch das Schlemmen im Kopf haben.

Sie treffen sich täglich um Viertel nach drei, ohoho,
(oh yeah!)
am Stammtisch im Eck, in der Konditorei, ohoho,
(oh yeah!)
und blasen zum Sturm auf das Küchenbuffet,
auf Schwarzwälder Kirsch und auf Sahne-Baisers,
auf Früchteeis, Ananas, Kirsch und Banane,
ABER BITTE MIT SAHNE!
… (Aber bitte mit Sahne!)

Für diese Songs haben ihn seine Fans geliebt. Deshalb hat Udo Fans in jedem Alter.

EL: Hast du für Udo Jürgens auch große Feste organisiert?

GK: Nein, für so etwas hat Udo kein Geld ausgegeben. Das verstehe ich auch. Wenn du beinahe jede Woche irgendwo auf einer Bühne stehst und von Tausenden Fans umjubelt wirst, lädst du dir nicht am Wochenende einen Haufen Leute in deine Villa ein.

Bei Udo war die Situation eher umgekehrt – ich bin gerne in seine Konzerte gegangen. Die letzte Begegnung ist noch gar nicht so lange her. Da habe ich für einen der weltbesten Schweizer Schönheitschirurgen, für Dr. Christoph Wolfensberger, in Zürich eine Hauseinweihung veranstaltet. Dr. Wolfensberger ist ein Ass auf seinem Gebiet. Der macht alles – „Brustvergrößerung, -verkleinerung, Schönheitsoperationen aller Art. Besonders berühmt ist er für seine „sanfte Renovation". Der verfügt über ein umfassendes Verjüngungsprogramm. Von „Easy-Peel über Eyeliner bis Vinolift – bei dem kannst du dich komplett runderneuern lassen. Phänomenal!

Dr. Wolfensberger und seine Frau, die auch Schönheitschirurgin ist, hatten sich zur Hauseinweihung von mir eine Schwarz-Weiß-Party ausrichten lassen. Das war ein Riesen Fest, total in Schwarz-Weiß. Da war Udo als Ehrengast eingeladen. Der sieht ja Schwarz-Weiß einfach umwerfend aus. Und er hat auch gesungen, alle seine großen Evergreens. Auch meinen Lieblingssong „... aber bitte mit Sahne!". Für mich ist dieser Song „das Tüpfelchen auf dem i" – Das gehört bei mir zum Dienen ... wie das Sahnehäubchen auf den Zwetschgendatschi.

Udo wurde an diesem Abend wie immer sehr bewundert, dabei hatte er nicht einmal seinen berühmten Glasflügel dabei. Alle waren hingerissen von seinen tollen Songs, von seiner fantastischen Ausstrahlung, die Frauen vor allem. Auch ich war begeistert von seinem wunderbar jugendlichen Aussehen und sagte zu ihm: „Hallo, Udo, du siehst ja blendend aus. Glückwunsch!

Mit einem „Lift“ ins Silicon Valley

EL: Gerd, wie beurteilst du denn generell die boomende Schönheitschirurgie?

GK: Wenn sich jemand einen guten Schönheitschirurgen wie Dr. Christoph Wolfensberger in Zürich oder Dr. Gerhard Sattler in seiner Rosenparkklinik in Darmstadt leisten kann, finde ich das gut. Ich würde das sofort machen lassen, wenn ich so einen „Truthahnhals“ hätte, dass er über den Hemdkragen hängt. Ich würde mir sogar den Po liften lassen – wenn es nötig wäre.

Ich halte es für normal, dass ein Mensch in den Spiegel schauen möchte, ohne dass er vor sich selber erschrickt. Schließlich lassen wir uns ja auch die Zahnlücken ersetzen und verstecken sie nicht mehr hinter einem Fächer – wie die Damen der feinen Gesellschaft noch vor hundert Jahren. Von George Washington habe ich mal gelesen, dass der sich in fortgeschrittenem Alter ein Gebiss aus Walrosszähnen hat anfertigen lassen. Daran siehst du, dass die Menschen schon immer eitel waren. Und heute haben wir ganz andere Möglichkeiten. Es gibt an der menschlichen Anatomie buchstäblich keine Stelle mehr, an der du dich nicht optisch verbessern lassen kannst. Man muss ja nicht so weit gehen wie „Cher“. Die ist mittlerweile ein reines Kunstprodukt. Da kann eine normal gewachsene Frau gar nicht mehr mithalten.

Diese ganze plastische Chirurgie spielt heute auch eine riesen Rolle in einer Beziehung. Ich habe zum Beispiel vor nicht allzu langer Zeit eine junge Frau an einen guten Schönheitschirurgen vermittelt. Die hatte überproportional dicke Schenkel – und einen „Reithosenspeck“ wie ein Kavallerieoffizier kurz vor der Pensionierung. Das hat ihren „Lebensabschnittpartner“ jedes Mal gewaltig runtergefahren. Irgendwann fragte sie mich, ob ich ihr nicht einen guten Chirurgen vermitteln kann. Dieser Dame konnte ich mit einer ausgezeichneten Adresse helfen. Jetzt sind sie beide zufrieden. Was willst du mehr?

Heute ist das alles möglich – vergrößern, verkleinern, ganz wie es beliebt. Da verreist eine Frau, und wenn sie nach vier Wochen von der „Costa del plastico“ wiederkommt, flüstert sie dir ins Ohr: „Hallo, mein Schatz, hier fass mal an!“ Und dann ist ihr Busen so straff und knackig wie bei einer Achtzehnjährigen – und doppelt so groß. Das reinste Silicon Valley!

Leute, Leute, Leute – und Käfer immer mittendrin

EL: Lieber Gerd, dein Aufstieg zum Gourmet-Papst und Tafeldecker der Nation wurde in einmaliger Weise von den Medien begleitet und auch gefördert. Was würdest du einem jungen Unternehmer für den Umgang mit den Medien raten?

GK: Da muss ich vorausschicken, dass es in meinen „Gründerjahren“ in der Hauptsache nur die Zeitung gab. Viele Deutsche hatten nicht mal einen Fernseher. Wichtige Ereignisse wie das „Wunder von Bern“, die Fußballweltmeisterschaft 1954 oder die Hochzeit der englischen Königin hat man sich bei Freunden angeschaut, die schon so ein Wunderding besaßen. Wegen „Deutschland sucht den Superstar“ hätte sich bestimmt niemand einen Fernseher zugelegt.

Für den Umgang mit der Boulevard-Presse musst du eines wissen: Klatschreporter haben ein einziges, unstillbares Bedürfnis – jeden Tag – sie brauchen etwas zum Schreiben. Du musst ihnen gute und authentische Storys liefern. Einem Klatschreporter kannst du alles erzählen, was dich bewegt, was dein Unternehmen bewegt und was die Leser interessieren könnte. Aber – den Klatschreportern gegenüber musst du immer ganz ehrlich sein und sie mit offenen Armen empfangen. Der Boulevardpresse darfst du auch nie böse sein, wenn sie dich gelegentlich in die Pfanne haut. Hauptsache, sie schreibt über dich. Erst wenn die Presse dich links liegen lässt, geht es dir schlecht.

Ich hatte immer ein hervorragendes Verhältnis zur Presse. Auch wenn sie hie und da einen Verriss eines Festes von mir gelandet hat. Das war mir egal. Im Gegenteil! Das war mir sogar sehr recht. Wenn du nämlich von der Presse immer nur gelobt wirst, ist das ganz schlecht. Dann glauben die Leser mit der Zeit, dass du mit den Journalisten unter einer Decke steckst. Es ist wichtig, dass du ganz gegensätzliche Schlagzeilen bekommst – einmal positiv, einmal negativ. Und gelegentlich ganz toll. Dann bist du wirklich „in" – wie Boris Becker. Mal ist er der „Held der Nation", dann ist er „Bum-Bum"-Becker oder das „Bobbele". Dann wieder gibt es nichts Interessanteres als den Seelenzustand nach seiner Scheidung. Zum Glück für die Presse kam zwischendurch die Affäre in der „Besenkammer", aber Boris ist seit seinem ersten Wimbledon-Sieg 1985 im Visier der Medien. Mit „Aktienkursen" rauf und runter, aber immer dabei.

Sylt im Jetset-Fieber

GK: Das schaffst du nur, wenn du zur Presse einen Riesenkontakt hast. Über Partys, die ich auf Sylt veranstaltete, wurde Wochen vorher und Wochen nachher berichtet. Was es da zu essen gab, darüber wusste die Presse natürlich nur Bescheid, wenn ich ihr die notwendigen Informationen zukommen ließ. Meine Feste auf Sylt waren immer ein riesiges Medienereignis, natürlich nicht nur wegen des Essens. Was die Prominenz anbelangt, konnte man fast die Listen des vergangenen Jahres abschreiben. Da standen dann quer durch die bundesdeutsche Yellow Press Berichte wie:

Sylt – *Sylt muss in seinen Annalen eine Stelle mehr mit Rotstift verzeichnen. Das prominentenverwöhnte Eiland erlebte wieder einmal einen eklatanten Auftrieb an Jetset und internationaler Gesellschaft. Die exklusive Society feierte das traditionelle Champagnerfest in Kampen. Gastgeber waren Frédéric Graf Chandon de Brialles, Chef des Hauses Moët & Chandon, und sein Deutschland-Repräsentant Henri Francois-Poncet. Es wurde die bislang heißeste Party der Saison mit 400 geladenen Gästen. – Aus allen Richtungen der Windrose kam angereist, ob im Privatjet oder im Ferrari, was Rang und Namen hat, um sich in Cliff's Herberge an dem üppigen Büffet, das rund um den Swimmingpool aufgebaut war, gütlich zu tun.*

Die lukullischen Köstlichkeiten – sechs Lastwagenladungen wurden eigens von Münchens Feinkost-Käfer angeliefert. 40 Mann Personal dazu. In Süd-Nord-Richtung quer durch Deutschland transportierte man eine Unmenge an feinsten Delikatessen, darunter 2000 Riesen-Langustinen, zehn Lämmer, 150 Enten, Grillspezialitäten, drei Zentner Walderdbeeren und Himbeeren, 400 Maiskolben und Kleinigkeiten erlesener Güte von 40 Liter Fruchteis bis 600 Portionen Pflaumenkuchen…

Dann folgten die üblichen „Wer mit wem"-Geschichten!

Das größte Strandfest aller Zeiten

EL: Der berühmteste „Klatschkolumnist" der gesamten deutschen Boulevardpresse war aber doch „Hunter". Wie würdest du Hannes Obermaier beschreiben. Was war seine Funktion in der Gesellschaft?

GK: Obermaier war einer der besten Gesellschaftskolumnisten, die es je gegeben hat. Hannes hat immer sauber und fair geschrieben.

EL: Was heißt „sauber geschrieben"?

GK: Hannes Obermaier war immer sehr korrekt. Er hat auch den Klatsch sauber recherchiert, hat nie zweideutige Anspielungen gemacht und hat die Leute auch nie so verrissen wie eine Reihe seiner Nachfolger. Obermaier erledigte seine ganze Arbeit von der Bar des *Bayerischen Hofes* aus. Da saß er und schrieb und telefonierte mit ganz Europa – von Monaco bis Stockholm und von Kitzbühel bis nach Ibiza. Hannes Obermaier war auch in ganz Europa berühmt und angesehen.

EL: War Obermaier alias „Hunter" sozusagen der Erfinder der Klatschkolumnen?

GK: Hierzulande ja! „Hunter" war „Baby Schimmerlos". Er hat die Schickeria praktisch mitbestimmt. Hannes Obermaier hat jeden, den er mochte, in diese Schickeria hineingeschrieben. Wer dagegen in seiner „Leute"-Kolumne nicht vorkam, den gab es gar nicht!

EL: Wie war dein Verhältnis zu Hannes Obermaier?

GK: Das war wirklich außergewöhnlich gut. Wir schätzten uns persönlich – nicht nur, weil ich ihm durch meine Partys, Feste und Feiern Munition für seine Klatschkolumne lieferte und er dann über „Käfer" berichtete. Ihm verdankte ich einen großen Teil meiner Popularität und Bekanntheit.

Hannes Obermaier, dem Doyen aller deutschen Klatschkolumnisten, richtete ich zu seinem 50. Geburtstag ein Fest aus – das war wirklich einmalig. 650 Gäste aus der ganzen Bundesrepublik reisten nach Terracina. Gunter Sachs kam, sein Bruder Ernst Wilhelm kam, Friedrich Karl Flick kam. Alles was Rang und Namen hatte, von Alt-Playboy James Graser bis Busenwuder Barbara Valentin war auf diesem Fest vertreten. Für diese Geburtstagsparty baute ich am Strand von Terracina ein Büffet auf, mit allen Schikanen.

Wie bei einem „Captain's Dinner" auf der Queen Mary! Ganze Landschaften aus Meeresfrüchten, feinstem Braten und bunten Gemüsen. Der größte Knaller war, dass wir am Strand einen riesigen Schwertfisch gegrillt haben – wie einen Ochsen am Spieß auf dem Oktoberfest.

Selbst diese verwöhnten Herrschaften standen erstmal mit großer Verwunderung vor diesem Schauspiel und zückten ihre Minox wie 007 in „Goldfinger" ehe sie an der Tafel zugriffen. Überall hatte ich Sandkojen bauen lassen. An die hundert Sonnenschirme steckten im Sand. Weil am Abend vom Meer her selbst im Sommer eine frische Brise weht, habe ich auch Zelte für 650 Leute aufgestellt. Das war vermutlich eines der größten Strandfeste aller Zeiten. Diese „Geburtstagstafel" erstreckte sich mit allem Drum und Dran über eineinhalb Kilometer.

EL: Hast du dieses Geburtstagsfest auf deine Kosten veranstaltet?

GK: Nein, auch wenn ich allen Grund hatte, Hannes Obermaier dankbar zu sein – das hätte meine Mittel wirklich stark überschritten. Für dieses Fest organisierte ich ein paar Sponsoren. Gut, auch ich habe einiges dazugetan. Insgesamt waren wir zu dritt, die dieses Fest sponserten – Friedrich Karl Flick, Ernst Wilhelm Sachs und ich!

EL: Bist du da mit deiner ganzen Küche runter? Das sind doch von München über 1000 Kilometer?

GK: Ja, alles! Geschirr, Tische, Stühle, die Küche, fünf Bars, jede Menge Fackeln, die Zelte, zwei Musikkapellen, die *Mariachis* und die *Los Paraguayos* – wirklich alles. Der reinste „Auszug aus Ägypten". Nur die Liegestühle habe ich in Terracina besorgt. Das war eine Stimmung – unwiederholbar! Die Feier begann, als die Sonne über dem Monte Circeo unterging und war noch nicht zu Ende als sie am Monte Jove wieder aufging.

Ein Weltkongress im Café Luitpold

EL: Gerd, ich weiß ja, dass du Feiern am liebsten für andere Menschen organisierst, aber hast du nicht auch manchmal ein Fest organisiert – einfach zum Spaß, für dich und deinen riesigen Bekanntenkreis?

GK: Ja klar! Ich war so besessen vom Feste feiern, dass ich auch privat für meine Freunde und Bekannten Feste organisierte. Vor allem im Fasching. Da veranstaltete ich jedes Jahr eine Riesengaudi. Damals war Fasching noch etwas ganz anderes als heute. Viel origineller, fast wie ein Schwabinger Künstlerfest um die Jahrhundertwende. Da herrschte eine ausgelassene Stimmung – unbeschreiblich! Da brauchte keiner einen Lachsack zur Aufheiterung mitzubringen!

Einmal organisierte ich für hundertfünfzig Freunde und Bekannte eine Faschingsgaudi – die könnte man als Vorlage für einen Kinofilm nehmen. „Charlie's Tante" ist dagegen die reinste Beerdigungsnummer. Diese Inszenierung fing schon am Spätnachmittag an. Ich hatte das ganze Foyer des Nationaltheaters, wo ich ja die Gastronomie betrieb, als „Maske" so umfunktioniert, dass diese hundertfünfzig feschen Männer alle gleichzeitig geschminkt und verkleidet werden konnten. Das war schon ein sehr feuchtfröhlicher Einstieg in den Münchner Fasching.

Da wurden hundertfünfzig Herren aus den besten Münchner Kreisen von den Kostüm- und Maskenbildnerinnen des weltberühmten Nationaltheaters mit allen notwendigen Rundungen und falschen Wimpern als Frauen verkleidet und entsprechend geschminkt. Anschließend marschierten wir ins *Café Luitpold* rüber. Dem Inhaber, Herrn Buchner, einem sehr, steifen, förmlichen und distinguierten Menschen, hatte ich am Telefon gesagt, dass ich hundertfünfzig amerikanische Frauenrechtlerinnen zu Gast habe, die in München gerade zum „Weltkongress für Gleichberechtigung und Rechte der Frau" sind und unbedingt in seinem vornehmen Etablissement ein Glas roten Sekt aus dem Kaffeekännchen trinken möchten. Vielleicht wäre es auch angebracht, ein paar Häppchen vorbereiten zu lassen. Die Rechnung dafür sollte er diskret an mich als Veranstalter schicken.

Normalerweise hatte das Café Luitpold um diese Zeit schon geschlossen. Als wir ankamen, hundertfünfzig aufgetakelte Damen, in grellbunten langen Kleidern, mit riesigen bunten Hüten – wie beim Pferderennen in Ascot – und auf hohen Stöckelschuhen, traf diesen armen Herrn Buchner fast der Schlag. Die Herren sahen ehrlich gesagt eher aus als wären sie von der Damenriege aus dem „Leierkasten". Diese „Herren Damen" spielten ihre Rolle auch richtig gut durch. Sie sprachen alle mit hoher Stimme einen grässlichen amerikanischen Akzent und gingen zum Pinkeln auf die Damentoilette. Nach jedem Schluck zogen sie ihre Handspiegel und Lippenstifte aus den Handtäschchen, um sich nachzuschminken. Allerdings kam es wahrscheinlich auch Herrn Buchner ein wenig verdächtig vor, dass einige statt des Handspiegels immer häufiger einen Flachmann herauszogen und den ungeniert an die roten Lippen setzten.

Pretty Woman

Eine dieser „Pretty Women" war Rudolf Moshammer. Der Gründer des „Carnaval de Venise" in Münchens „Promi-Boulevard" Maximilianstraße beherrschte das Schminken und Pudern ganz vorzüglich. Damals war er auch noch sehr schlank und hatte nicht so einen Riesen Bauch wie später, wo ihm sein flinker Schneider alle paar Monate die Hosen weiter machen musste. Dass er schwul war, wusste damals von uns keiner. Da war dieses Thema auch noch kein Thema. Außer Rudolf Moshammer ging das auch niemand was an.

Ich finde es ja sehr gut, dass sich heute niemand mehr wegen seiner Homosexualität verstecken muss, aber die Welt ist deshalb nicht bunter geworden, eher das Gegenteil. Und so bunte Vögel wie Rudolf Moshammer sterben leider aus. Schade, dass es in München heute niemanden mehr gibt von seinem Kaliber. Auch München wird immer stärker von den Spaßbremsen im KVR dominiert. Dagegen war Peter Gauweiler zu seiner Zeit als Leiter dieser „Regulierungsbehörde" der reinste Faschingsprinz!

Als Musik für unseren „Weltkongress" hatte ich die *Los Paraguayos* engagiert. Stell dir vor – im plüschig-vornehmen Café Luitpold tanzen hundertfünfzig „amerikanische Frauenrechtlerinnen" Samba, dass die Wände wackeln. Wir hatten eine Mordsgaudi, das kann man nicht beschreiben. Keine der „Herren Damen" beherrschte es sich beim Tanze führen zu lassen. Die trampelten sich bei jedem Schritt auf ihre Stöckelschuhe – das sah aus wie in der ersten Stunde Tanzkurs. Ein ganz steiles Paar imitierte mit einer langen Rose zwischen den Zähnen den Millionärs-Samba aus „Some like it hot!" Einer von diesen beiden fing an, den reservierten Herrn Buchner anzuhimmeln und zum Tanzen aufzufordern, in breitestem Texanisch. Als sie ihn umarmte und ihm einen dicken Kuss auf seine blasse Wange drückte, lief er rot an wie eine Cocktailtomate und lehnte dankend ab. Da prustete die ganze Crew los: „Nobody is perfect!"

Allmählich bekam da auch der soignierte Herr Buchner den richtigen Durchblick und merkte, dass sein Lokal den Rahmen für eine riesen Faschingsfete abgab. Die richtigen Damen trafen wir erst später. In einem anderen Lokal – und das ist auch eine andere Geschichte!

Einzug in den „Carnaval de Venise"

EL: Gerd, lass uns einen Augenblick über Rudolf Moshammer sprechen, der auf das spätere Zusammentreffen mit den

Damen vielleicht gar nicht so erpicht war. „Mosi“ war ja in den letzten Jahren seines Lebens einer der bekanntesten Münchner. Kann man sagen, dass Moshammer zur Schickeria gehörte oder dass er sogar ihr Mittelpunkt war?

GK: Das kann man ja nie so genau sagen, wer eigentlich zur Schickeria gehört und wer nicht. Aber nachdem Rudolf Moshammer auf so tragische Weise ums Leben gekommen war, hieß es in den Nachrufen: Eine der schillerndsten Figuren der ‚Münchener Schickeria‘ hat uns für immer verlassen. – Aber Erich, hast du denn nicht bei den Beerdigungsfeierlichkeiten für „Mosi“ auch die Trauerrede auf ihn gehalten, in der Allerheiligen Hofkirche?

EL: Das ist richtig. Ja, in dieser Rede habe ich schon auch erwähnt, wie schillernd unser „Mosi“ war. Ein wirklich sympathischer, liebenswürdiger bunter Vogel mit seinen Seidenjacketts, den grellen Krawatten und Einstecktüchlein! Aber ich habe in meinem Nachruf vor allem über sein soziales Engagement gesprochen, über die Weihnachtsfeste für bedürftige Münchner, wo er als Engel auftrat, der die Gaben verteilt, über sein Engagement für die „BISS-Verkäufer, und dass er den armen Obdachlosen unter den Isarbrücken immer heiße Pizza gebracht hat. Ich glaube, er hatte selber eine wahnsinnige Angst, wieder arm zu werden – wie er es in seiner Jugend gewesen war.

GK: Trotzdem und vielleicht gerade deshalb liebte „Mosi“ seine Rolle in der Münchner Schickeria. Da gehörte er dazu wie der süße Senf zur Weißwurst. Dabei war er im Vergleich zu einem FKF oder Gunter Sachs natürlich ein armer Schlucker. Auch wenn vor seinem vornehmen Laden in der Maximiliansstraße täglich die Touristen aus ganz Deutschland stehen blieben und andächtig in die Schaufenster blickten: „Guck, mal, dat ist der Laden von dem berühmten „Mosi“!

Seinen Anfang als „Modezar“ habe ich mit inszeniert. Rudolf Moshammer war ursprünglich Verkäufer in einem Herren-Bekleidungsgeschäft in der Nähe der Oper. Dort habe ich gelegentlich eingekauft. Dadurch lernten wir uns kennen und eines Tages kam er auf mich zu und sagte: „Gerd, ich habe jemanden gefunden, der besitzt einige Häuser in der Maximiliansstraße – der überlässt mir einen Laden. Kannst du mir die Einweihungsfeier organisieren?“ Von irgendwelchen Leuten, die ich nicht kannte, hatte Rudolf Moshammer eine größere Summe geliehen bekommen, damit er dort seinen „Carnaval de Venise“ eröffnen konnte.

Der Gourmet-Papst mit dem Modezaren Rudolf Moshammer.

Weil ich schon immer gerne unternehmungslustige junge Leute unterstützt habe, machte ich ihm das Angebot: „Rudolf, ich organisiere für dich die Eröffnungsfeier! Du zahlst die Hälfte und ich schenke dir den Rest – zum Einstand!“. Als großen Gag für diese „Laden-Einweihung“ ließ ich von der Hauptpost weg bis zu seinem Laden in der Maximiliansstrasse auf dem Gehweg einen roten Teppich legen. Das waren gut 150 Meter. Das allein war schon ein Schrei! Einen roten Teppich bekamen sonst nur Staatsgäste, königliche Hoheiten und allenfalls noch internationale Filmstars.

Für Rudolf Moshammer und seine Mama Else Moshammer, die ihm knapp bis zur Hüfte reichte, mietete ich eine Kutsche, die von vier Schimmeln gezogen wurde. Diese Kutsche ließ ich wunderschön mit Blumen dekorieren. Ich besaß damals einen Rolls Royce Baujahr 1927. Damit fuhr ich hinter der Kutsche her, selbstverständlich mit Chauffeursmütze. Bei mir im Rolls Royce saß das Ehepaar Stieler. Konsul Stieler und seine Gattin waren damals eines der attraktivsten Paare, die man zu einer solchen Veranstaltung einladen konnte. Sie gehörten zur Münchner High Society und waren dadurch auf jedem Fest von Bedeutung automatisch gebucht. Das Ehepaar Stieler war eine äußerst elegante Erscheinung. Nicht von ungefähr hatte sie den Spitznamen „Diamanten-Wally", denn sie schwärmte für edlen Schmuck und trug selbst zum kleinsten Stehempfang nicht weniger als zehn Karat. Herr Konsul hingegen schwärmte eher für Rudolf Moshammer.

Vor dem „Carnavale de Venise" hatte ich Platten mit warmen und kalten Snacks aufgebaut, „fingerfood", und dazu jede Menge Champagner. Eine angemessene Verköstigung für einen angehenden „Modezaren" und seine Gäste! „Mosi" hat mir für diese kleine Aufmerksamkeit immerhin 12 Fliegen mit Käferdesign anfertigen lassen. Die besitze ich heute noch.

Die Werbeidee mit Biss

In den ersten Wochen nach seinem Einzug hat sich „Mosi" auch selbst etwas einfallen lassen, um noch mehr Aufmerksamkeit auf sich zu ziehen. Das ging zwar durch die ganze Presse, aber leider auch ziemlich in die Hose. Der junge, gertenschlanke Moshammer spazierte hoch erhobenen Hauptes mehrmals täglich die Maximiliansstraße rauf und runter, mit Mama am Arm und einem schwarzen Panther an der Strass besetzten Leine – das ging so lange gut, bis sich der Panther in das Hinterteil einer Dame verliebte und sie dort ein wenig reinzwickte. Dann musste „Mosi“ auf Anordnung des KVR seinen Panther von der Leine nehmen und gegen einen Yorkshireterrier austauschen.

Was für Rudolf Moshammer aber sicher noch wichtiger war als der festliche Käfer-Einzug, der wie gewohnt das Interesse der gesamten Boulevard-Presse auf sich zog, war mein großer Kunden- und Bekanntenkreis. Von denen schickte ich viele zu ihm, nicht nur aus München. Ich kannte überall in Deutschland Leute, die viel Geld hatten und die gelegentlich mal einen neuen Anzug brauchten. Dabei hatte ich immer den Eindruck, dass „Mosi“ gar kein Schneider war, dass er nur gute Schneider an der Hand hatte. Seine Anzüge waren aber so teuer, dass er schon allein mit dem Preis die Aufmerksamkeit auf sich zog. Moshammer war teurer als die berühmten Schneider in der Saville Row in London, und dort sind immerhin die Maße der männlichen Royals und des gesamten britischen Hoch- und Geldadels hinterlegt. Einmal schrieb sogar der berühmte Food-Spezialist Wolfram Siebeck einen langen Artikel in der ZEIT über eine Anzuganprobe bei Moshammer. Den Schluss dieser „Momentaufnahme“ bildete der Hinweis, dass die Recherche für diesen Artikel ihn, bzw. die Redaktion an die 5000 D-Mark gekostet habe – für einen echten „Mosi“ Dreiteiler. „Mosi“ hatte es also geschafft bekannt zu werden, weit über München hinaus, in der ganzen Bundesrepublik.

Ich habe Rudolf Moshammer wirklich gerne gemocht, auch wenn er nach der Eröffnungsfeier nie mehr ein Fest von mir arrangieren ließ. Mosi war sehr knickrig. Am liebsten war es ihm, wenn er eingeladen wurde. Aber er war einfach ein Original, und davon hat es in München noch nie viele gegeben. Das einzige, was mich an ihm unheimlich gestört hat, war – er hat sich nicht gerne gewaschen. Mosi hat sich immer nur einparfümiert. Stinkfein angezogen, aber nie gewaschen! Er hatte eine tief sitzende Abneigung gegen

Wasser. Geradezu eine Wasserallergie – wie Ludwig XIV. Der hat sich auch nie gewaschen, sondern immer nur eingepudert. Deshalb gab es in seinem Schloss in Versailles mit seinen 1400 Zimmern auch kein einziges Bad.

Rudolf Moshammer, im feinsten Zwirn, parfümiert und frisch gepudert – vielleicht wollte er damit den Sonnenkönig nachahmen. Diese Marotte passte zu seiner prächtig aufgefönten und toupee-unterlegten Haartolle, die er dem Märchenkönig Ludwig II. abgeschaut hatte. Ja, „Modezar Mosi mit seiner Daisy im Arm" war wirklich ein bunter Vogel und als solcher selbstverständlich Teil der Schickeria. Wo er auftrat gab es Blitzlichtgewitter ohne Ende. Sein Tod war das Finale im immerwährenden „Carnaval de Venise". Man kann sogar sagen, dass mit ihm die Epoche der „Münchner Schickeria" endgültig zu Ende ging. Überlebt hat ihn nur seine Daisy. Die kannst du dir mittlerweile aus Nymphenburger Porzellan in drei verschiedenen Größen auf dein Kaminsims stellen. Ich glaube, das beantwortet deine Frage hinreichend, wer zur Münchner Schickeria gehörte. Bei Mosi auf dem Arm bekam sogar ein Yorkshireterrier mit Schleifchen in der gut gefönten Stirnfrisur die höchsten Weihen gesellschaftlicher Anerkennung.

Ein Käfer auf „Noagerl-Tour"

Karneval ist etwas Feines, besonders in Venedig. Fasching in München dagegen ist gelegentlich derb, manchmal auch „gschert" und nicht ganz stubenrein, aber immer sehr lustig. Mit dem Karneval in Köln oder in Mainz ist der Münchner Fasching nicht zu vergleichen. Für den Fasching in München haben sich meine Freunde und ich so viel Blödsinn einfallen lassen, dafür bekämen wir heute sicher den Karl-Valentin-Orden.

Was wir damals im Fasching alles veranstalteten, glaubt einem heute niemand. Einmal verkleidete ich mich zusammen mit einem Spezi von unserem Hotelier-Stammtisch im Fasching bis zur Unkenntlichkeit als Landstreicher. Dann pilgerten wir durch sämtliche Münchner „Traditionsgaststätten“ von unseren „Wirte-Spezln“ und tranken zum Schein die „Noagerl“ der Gäste aus. Gelegentlich nahmen wir eine Brez’n aus einem Brotkorb, auch bei Edi Reinbold im Franziskaner. Er hat uns tatsächlich nicht erkannt. Er schickte nur schnell einen Kellner, dass der uns freundlich aber bestimmt wieder „hinausgeleitet“. Aber wie du ja weißt – der „Franziskaner“ hat eine ganze Reihe von Aus- und Eingängen. Wir kamen immer wieder zurück, bis ein mitleidiger Gast jedem ein Freibier spendierte.

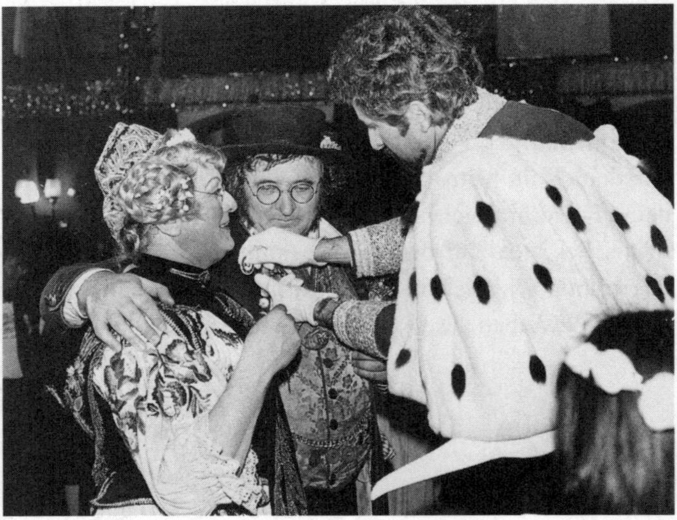

Gerd Käfer und Richard Süßmaier –
ein bäuerliches Brautpaar wird geadelt.

Das feuerrote Spielmobil

Einmal habe ich für einen Faschingszug einen Doppeldecker-Omnibus organisiert. Einen richtig schönen, feuerroten Doppeldeckerbus aus London. Diesen Bus hatte ich als besondere Attraktion für meine Feste gekauft. Die meisten Leute kannten solche Busse nur aus dem Fernsehen oder aus den Reiseprospekten. Deshalb war dieser Bus bei einem Faschingszug allein schon eine Attraktion. Aber ich hatte ihn als „das erste fahrbare Münchner Puff“ dekoriert. Da hing vorne ein großes Schild dran: „1. fahrbares Eros-Center der heimlichen Hauptstadt“. Darunter stand: „Ein flotter Käfer kommt ins Haus! Anruf genügt!“ Den Männern am Straßenrand haben wir gesagt: „Wenn Sie bei sich zu Hause keinen Damenbesuch empfangen dürfen, dann stellen wir Ihnen gerne unseren Bus vor die Tür, mit Personal und Vollausstattung!“ Meine Freunde und ich waren für diese Gaudi alle als „Schnallen“ kostümiert und geschminkt, wieder von dem bewährten Team im Nationaltheater.

Wir hatten allerdings eines nicht bedacht, dass der Fasching in dem betreffenden Jahr sehr früh war. Draußen war es eiskalt, und in einem Doppeldecker-Bus gibt es keine Toilette, wie man weiß. Bei so einer Faschingsgaudi saufen natürlich alle wie die Wilden, nach dem Motto „Heut' ist mein Leberwurschttag – heut' ist mir meine Leber wurscht!“. Das wurde mit der Zeit ein Problem. Aber wir haben das auf eine sehr geniale Weise gelöst. Wir alle hatten hohe Stiefel an, wie sich das für die einschlägige Berufskleidung gehört. Das war unser Glück.

Das glaubt wirklich niemand, wenn ich sage, wer da alles beteiligt war – lauter hoch angesehene Münchner Geschäftsleute – Hansi Müller von Müller-Brot, Oskar Schunck, ein ganz berühmter Versicherungsvertreter mit einer riesigen Agentur in München. „Burschi“ Heiden, der vornehme Juwelier aus dem Bayerischen Hof, bei dem alles einkaufte, was Rang und Namen und die entsprechende Kohle hatte. Willy Hoffmann, der Präsident des FC Bayern war selbstverständlich dabei, der angesehene Architekt Wiedemann – ein ganzer feuerroter Doppeldecker-Bus mit Münchens bester und feinster Gesellschaft.

Kissenschlacht in einer Filmarena

Diese Herren bildeten auch den harten Kern bei der Geburtstagsfeier zu meinem Fünfzigsten in den Torggelstuben, gleich neben dem Hofbräuhaus. Da kamen Freunde aus ganz Deutschland dazu, aus Stuttgart, aus Düsseldorf, Wiesbaden, von überall her.

Der berühmte Münchner „Wies'n-Wirt“ des Armbrustschützen-Zeltes Richard Süßmeier hielt die Geburtstagsrede. Seinen Spitznamen „Napoleon“ hat er redlich verdient. Nicht nur, weil er auch nur 1,53 groß ist – mit Hut – und sich im Fasching einmal als dieser große Feldherr verkleidet hatte. Bekannt war er für seine witzigen und frechen Reden und auch für seine komischen Inszenierungen. Er hat Jahre später einmal bei einer Pressevorschau zum Oktoberfest vor dem damaligen Kreisverwaltungsreferenten Dr. Peter Gauweiler zur großen Verwunderung aller anwesenden Journalisten und Fotografen seinen weithin bekannten Schankkellner „Biwi“ das Wunder demonstrieren lassen, wie man ein ganz normales Wies'nhendl in drei Portionshälften tranchiert. Ich hab das zum Spaß auch mal probiert. Aber mir ist das nie gelungen.

Die große Überraschung bei meinem Geburtstag war aber nicht das dreigeteilte Hendl von Richard Süßmeier. Diese Überraschung kam von meinem langjährigen Kaviar-Lieferanten. Er hatte eigens für meinen Geburtstag aus Paris 50 Dosen Kaviar à 1,8 Kilogramm kommen lassen. Die wurden nach der Rede von Süßmeier auf einem herrlich dekorierten Wagen hereingefahren. Auf diesem Wagen war ein ganzer Eissockel aufgebaut. Weil das als Gag für mich offenbar nicht genug war, sprühte zwischen den Dosen ein kleines Feuerwerk hervor. Dann wurde dieser Kaviar „dosenweise!“ an meine Geburtstagsgäste verteilt.

Ich selbst hatte mir für meinen Geburtstag aber auch etwas Besonderes einfallen lassen. In allerletzter Minute hatte ich den Filmarchitekten Rolf Zehetbauer beauftragt, die

Festsäle, die ich damals betreute, in eine fünfstöckige Arena zu verwandeln. Zehetbauer hatte ein paar Jahre zuvor schon den Ausbau der Käfer Markthallen im „Hertie" am Hauptbahnhof als Architekt geleitet. Solche „Dekorationsarbeiten" waren für Zehetbauer ein Leichtes. Für seine grandiose Ausstattung des berühmten Buchheim-Films „Das Boot" hatte er sogar einen Oskar bekommen.

In dieser römischen Kampfarena, wo im Zuschauerraum nur noch meine Traum-„Kleopatra" Liz Taylor fehlte, fand dann zu den Klängen der Big-Band von Chris Barber die größte Kissenschlacht aller Zeiten statt. Ich hatte auf den fünf Stockwerken für 300 Gäste an die zweitausend Kissen verteilen lassen. Mit denen konnten die Herren auf die Damen werfen, mit denen sie tanzen wollten. Aber es gab selbstverständlich auch Damenwahl. In der Beziehung war ich schon immer für Gleichberechtigung!

Zu dem Zeitpunkt hatten mein Freund Franz Josef Strauß und seine damalige rechte Hand Dr. Peter Gauweiler diese Geburtstagsparty wegen der leidenschaftlichen Kissenschlacht bereits fluchtartig verlassen. Für solche Späße war er wirklich nicht zu haben, unser guter Landesvater. Schon wegen der Fotografen. Wenn ihn da einer fotografiert hätte, wie er gerade unter einem Kissen wegtaucht und das wäre dann noch mit einer entsprechenden Unterschrift im Stern oder in seinem „Lieblingsblatt" Spiegel veröffentlicht worden, dann hätte es leicht sein können, dass er mir diese Gaudi stark verübelt und mit erhobenem Zeigefinger auf meinen Bayerischen Verdienstorden deutet.

Vier Jahrzehnte Zirkuszauber

EL: Gerd, wenn man durch die Bilder deines Lebens blättert, taucht der Gourmet-Papst immer wieder als Clown auf. Hat dir der Ausnahmezustand als Europas größtem Partygänger nicht ausgereicht?

GK: Ja, ich verwandle nicht nur Lagerhallen in orientalische Paläste, ich verkleide mich auch selbst sehr gerne. Das ist wahrscheinlich ein Gen, das in München herumschwirrt, denn wer hier richtig Fasching feiert, setzt sich nicht nur wie im Kölner Karneval eine Mütze auf, sondern verkleidet sich bis zur Unkenntlichkeit. Am liebsten schlüpfe ich in die Rolle des Clowns, und da ich seit vielen Jahren mit Bernhard Paul, dem Gründer des Circus Roncalli befreundet bin, hatte ich auch immer wieder Gelegenheit, mir diesen Herzenswunsch zu erfüllen. Ich durfte ihn sogar gelegentlich in seiner Clownsrolle vertreten, wenn er verhindert war. Am liebsten bin ich natürlich mit ihm zusammen aufgetreten, auch in seinen großen Dinner-Shows, die wir im Zirkus Roncalli veranstalteten.

Lange bevor ich mit Bernhard Paul und seinem Circus Roncalli in Kontakt kam, hatte ich einen engen Kontakt mit dem weltberühmten Münchner Zirkus Krone. Seit sich 1959 zum ersten Mal der Vorhang hob für „Stars in der Ma-

Zwei Clowns aus Leidenschaft – Gerd Käfer mit Circus Roncalli-Gründer Bernhard Paul.

nege" mache ich das Catering für diese Wohltätigkeitsveranstaltung, die ursprünglich Geld sammeln sollte für „die Rückführung der Münchner Evakuierten, sprich der Verfolgten des NS-Regimes, die nach 1933 aus der Stadt fliehen mussten.

„Stars in der Manege" war von Anfang an die ungewöhnlichste Zirkusvorführung, die man sich denken kann. Da standen nicht die Top-Artisten im Mittelpunkt, sondern Prominente aus allen Bereichen der Gesellschaft. Bei der ersten Vorführung marschierte der legendäre Oberbürgermeister Münchens Thomas Wimmer mit einem Geparden an der Leine in die Manege. Ich weiß nicht mehr, in welchem Jahr es war, aber ich sehe es deutlich vor mir wie Hans-Dietrich Genscher einer Dame sehr gentleman-like sein Jackett lieh, bevor er ihr dicke Eisenketten anlegte. Horst Buchholz führte Christl Sembach-Krones ganzen Stolz vor – ihre traumhaft schönen Andalusier, Pferde, die an Eleganz kaum zu überbieten sind. Und Romy Schneider teilte sich den tosenden Applaus gerne mit den Robben, die unter ihrem Kommando Bälle und Puppen jonglierten. Der FC Bayern Torwart und Nationalkeeper Sepp Maier schwebte in einem Fesselballon in die Manege.

Stefanie Hertel und Stefan Mross zerdepperten unter Riesenapplaus Geschirr, mit dem sie eigentlich jonglieren sollten. Helge Schneider machte kleine Katzen froh, Lisa Fitz lehrte große Tiger das Fürchten und Marianne Sägebrecht führte große Kunststücke mit Elefanten vor. 1989 konnte man Günter Jauch als Tigerdompteur schreiend in die Manege hopsen sehen – aber nicht, weil er Angst vor den Raubkatzen hatte, sondern weil sein Schneider eine Nadel in seinem Galakostüm vergessen hatte.

Erich, wo sonst kann man so etwas erleben? Und das sind nur ein paar Erinnerungen aus vier Jahrzehnten „Stars in der Manege". Von Heinz Rühmann bis Gustl Bayrhammer, von Alfred Biolek bis Horst Tappert, von Rudi Carrell bis Ottfried Fischer, von Petra Schürmann, Desirée Nosbusch bis Verona Feldbusch-Pooth trat bei „Stars in der Manege" alles an Prominenz auf, was man sonst nur in der „Bunten" sieht – und das kostenlos und für einen guten Zweck.

Das Publikum war jedenfalls von Anfang an begeistert. Wo sonst hätte man Stars wie Marianne Koch, den „Schwarzen Blitz aus Kitz", den Kitzbüheler Ski-Weltmeister Toni Sailer, oder das Mädchen vom Immenhof Heidi Brühl so hautnah erleben können. Abgesehen davon gab es unglaublich komische Nummern. Zur Hoch-Zeit der Beatles, die ja die Haarmode der männlichen Jugend mit ihren Pilzköpfen revolutioniert hatten, bekamen die Elefanten Beatles-Perücken übergestülpt, zupften dazu gekonnt auf überdimensionalen Gitarren und wackelten mit ihren breiten Hüften. Yeah, Yeah!

Zwei Kochkünstler unter sich – Alfred Biolek mit Gerd Käfer.

Heute versammelt sich die halbe Nation vor dem Fernseher, wenn die „Stars in der Manege" am 2. Weihnachtsfeiertag im Fernsehen übertragen werden. Trotz der Inflation an Super-Stars, die wir auf allen Kanälen erleben! 2,5 Millionen Euro haben diese Veranstaltungen mittlerweile eingebracht. Ein Großteil davon ging an die Stiftung des Herausgebers der Abendzeitung Werner Friedmann. Seit 1998 fließen zwei Drittel der Eintrittsgelder in die Stiftung „Ein Herz für kranke Kinder". Insgesamt 300000 Euro sind seither allein dafür zusammengekommen.

Da kann man sich wirklich fragen, was mehr bewegt – der graue Alltag oder die Zirkus-Zauberwelt des Unwirklichen.

Gerd Käfer – Ausgezeichnet!

EL: Gerd, kann man sagen – deine Wirklichkeit war das Unwirkliche? – Für die Medien warst du jedenfalls der Jetset-Verköstiger, der Gaumen-Verzauberer, Europas Tafeldecker Nr. 1, Regierungsamtlicher Haupt-Gourmet und Bayerischer Hoflieferant. Jedes Stadttheater hätte dich als „Kreativ-Team" engagieren können. Ein Kardinal hat dich feierlich zum „Gourmet-Papst" ernannt. In deinen Büroräumen in der Münchner Lamontstraße hängen überall zwischen den zahl-

Der Gourmet-Papst mit einigen von Deutschlands bekanntesten Köchen – Eckart Witzigmann, Andreas Geitl (Paulaner am Nockherberg), Alfons Schubeck und Heinz Winkler.

losen Fotos mit den Prominenten und ihren Dankschreiben Auszeichnungen der weltweit angesehensten Feinschmeckerclubs – von der Chaîne des Rotisseurs bis zu den exklusivsten Clubs der Cuisiniers. Für deine „Erfindung“ des Party-Service hast du unzählige Auszeichnungen bekommen ...

GK: ... ja, das Bundesverdienstkreuz Erster Klasse, den Bayerischen Verdienstorden, die Medaille „München leuchtet“ und den Goldenen Zuckerhut, die höchste Auszeichnung in unserer Branche.

Ministerpräsident Franz Josef Strauß und Gerd Käfer mit Bayerischem Verdienstorden.

EL: Welche dieser Auszeichnungen ist dir die wichtigste? Welche freut dich am meisten?

GK: Ach weißt du, Erich, das ist schwer zu sagen. Natürlich ist es schön und auch sehr ehrenvoll, wenn man das Bundesverdienstkreuz verliehen bekommt. Der Bayerische Verdienstorden freut mich ganz besonders, weil ich den noch von Franz Josef Strauß persönlich umgehängt bekam. Eine Auszeichnung, die mir wirklich sehr am Herzen liegt, habe ich leider nie gekriegt – den Bambi.

EL: Aber Gerd, du bist doch kein Filmstar und auch keine Pop-Ikone. Könntest du denn überhaupt einen Bambi bekommen?

GK: Klar, Karl Lagerfeld hat ihn zum Beispiel für seine Arbeit als Modedesigner bekommen, sogar zwei Mal! Warum soll da nicht auch ein Party-Designer das Goldene Reh bekommen.

EL: Warum ist dir gerade der Bambi so wichtig?

GK: Ich habe über 40 Bambi-Verleihungen arrangiert und dabei neben der gesamten deutschen Prominenz die schönsten Frauen der Welt erlebt – Weltstars wie Audry Hepburn, Cathérine Deneuve, Sophia Loren und Gina Lollobrigida. Dann Whitney Houston, Sandra Bullock, Nastasja Kinski, Jennifer Lopez und Kylie Minogue. Aber auch die Reihe der männlichen Stars kann sich sehen lassen – Alain Delon, Sean Connery, Michael Douglas, Harrison Ford, Larry Hagman, Ben Kingsley, Gregory Peck, Omar Sharif, Bud Spencer und Tom Hanks. Allein wenn du diese Namen liest, werden Dutzende der besten Filme lebendig, die jemals gedreht wurden. Ein herausragendes Erlebnis war auch die Bambi-Verleihung an die Box-Legende Muhammad Ali. Aber auch Andrew Lloyd Webber, Elton John und Michael Jackson haben sich mein Käfer-Büffet schmecken lassen. Ja, sogar Politprominenz wie Boris Jelzin und Anwar el Sadat bin ich bei diesen Preisverleihungen begegnet.

All die anderen Auszeichnungen, die ich schon bekommen habe, waren selbstverständlich auch sehr schön – vor allem weil sie immer mit ganz tollen Begegnungen verbunden waren. Aber das „Goldene Reh‘ würde ich mir schon sehr gerne auf meinen Schreibtisch stellen. Naja, vielleicht klappt es ja noch!

Abgesehen von irgendwelchen Preisen und Auszeichnungen freut mich am meisten, dass es den „Feinkost-Käfer“ immer noch gibt und dass er nach wie vor die Nummer eins in Deutschland ist. Mein Michael macht das nun seit vielen Jahren ganz toll. Das muss ich schon sagen, auch wenn wir nicht immer einer Meinung sind. Vielleicht hängt das ja auch mit der Zeit zusammen, die heute ganz anders ist als damals, wo ich den Laden aufgebaut habe. Also, wenn es mich tatsächlich einmal nicht mehr geben sollte, dann gibt es doch immer noch den „Feinkost-Käfer".

Meine letzte Party

EL: Lieber Gerd, wer dich kennt, kann sich nur wünschen, dass du noch viele Feste feiern und vor allem selber veranstalten wirst. Was ist der größte Wunsch, den du an dein Leben stellst?

GK: Ich wäre am liebsten noch einmal jung. Aber das heißt nicht, dass ich dann ein ganz anderes Leben führen möchte – was sich ja im Rückblick viele Menschen wünschen. Nein, das meiste würde ich genauso wieder machen. Na ja, ein paar Dinge würde ich vielleicht besser machen. Aber im Stil bliebe alles gleich. Abgesehen davon würde das gar nicht gehen, das Leben, das ich geführt habe, noch einmal zu leben. Die heutige Zeit ist völlig anders. Ich habe die Chancen genutzt, die sich mir in meiner Lebenszeit geboten haben. Das ist vielleicht die wichtigste Botschaft, die ich jungen Menschen mitgeben kann – Carpe diem – Nütze den Tag und tue genau das, was deiner Persönlichkeit am besten entspricht.

Trotzdem wäre ich gerne noch einmal jung, weil ich einfach miterleben möchte, wie sich alles entwickelt. Es kommt so vieles auf uns zu, was noch vor wenigen Jahren unvorstellbar schien. Ständig gibt es neue Computer, neue Fernseher, die Entwicklung der Autos ist so rasant, dass man gar nicht mehr mitkommt. Meine Angst ist, dass ich diese tollen Entwicklungen nicht mehr erleben kann.

EL: Jetzt mal eine sehr ernste Frage, die man gar nicht jedem Menschen stellen darf – hast du Angst vor dem Tod?

GK: Ja, vor dem Tod habe ich große Angst. Da bin ich

schon richtig traurig, wenn ich daran denke. Ich bin jetzt fast 74. Und ich lebe doch so gern.

EL: Sicher wäre es wunderbar, wenn man dem Tod so wie im „Brandner Kaspar“ mit einem kräftigen „Kerschgeist“ noch ein paar Jahre abluchsen könnte. Aber das ist halt leider nur ein schönes Bühnenmärchen. Und irgendwann kommt er doch, der „Boandlkramer“. Hast du dir schon überlegt, wie dieser unausweichliche Abschied einmal vonstattengehen soll?

GK: Weißt du, Erich, ich bin schon hinter so vielen Särgen von Menschen hergegangen, die ich viele Jahre lang mit großer Freude bedient habe, mit denen ich sehr gut befreundet war und die sich vom Tod haben überraschen lassen. Das möchte ich für mich nicht. Ich habe mir für meinen irdischen Abschied etwas ganz Besonderes ausgedacht: Ich bereite dem Tod und mir ein großes Fest – das größte Fest, das ich je für mich persönlich veranstaltet habe. Dazu möchte ich tausend Leute einladen, meine Freunde, meine Frauen und alle, die mich geliebt haben. Und selbstverständlich auch die Presse. Es soll ja richtig bunt darüber berichtet werden.

Ja, ich finde, wer ein so spannendes, erfolgreiches und außergewöhnliches Leben geführt hat wie ich, der muss sich von dieser Welt auch gebührend verabschieden. Wer weiß, wann man wiederkommt? Und das möchte ich alles vorher genau festlegen und regeln, damit da keine Pannen passieren. Das bin ich meinem Ruf als Feier-Perfektionist schuldig.

Mein Abschied soll auf dem Ostfriedhof stattfinden. Das ist ein schöner Friedhof mit einer sehr repräsentativen Aussegnungshalle. Wer da keinen Platz findet, kann sich die Feierlichkeiten auf einer großen Leinwand ansehen. Ob ich da vor der Aussegnungshalle ein großes Zelt aufstellen darf, muss ich noch klären. Nach einer kurzen Ansprache des Pfarrers sollen sich die Trauergäste eines meiner Lieblingsstücke anhören – den Gefangenenchor aus Verdis „Nabuco“

– „Teure Heimat, wann seh' ich dich wieder?" Das würde sehr gut passen. Und dann möchte ich mich per Tonband aus dem Sarg heraus mit klarer Stimme von allen meinen Freundinnen und Freunden und von dieser wunderschönen Welt verabschieden. Ich habe mir schon einiges überlegt, was ich da sagen werde. Vor allem, dass man jeden Tag, jede Stunde seines Lebens nützen und genießen soll solange man auf dieser schönen Erde herumlaufen darf.

Auf dem Weg zum Grab muss eine Jazzband Blues spielen, wie in New Orleans, wenn ein allseits beliebter Mensch auf seinem letzten Gang begleitet wird. Die Dekoration des Grabes entwerfe ich selber, denn das Durcheinander an Farben und Schleifen, das man gewöhnlich dort vorfindet, mag ich überhaupt nicht. Das stört mein ästhetisches Empfinden. Nach einer kleinen Fürbitte für mein Seelenheil soll einer meiner Freunde eine Rede halten. – Da habe ich an dich gedacht, Erich, weil ich bei dir weiß, dass ich diese Rede nicht auch noch selber schreiben muss. Und nach dieser monatelangen Arbeit an unserem Buch kennst du mein Leben ohnehin am besten.

Wie das in Bayern so üblich ist und wie es sich für einen „Feinkost-Käfer" gehört, sind dann alle herzlich zu einem Festmahl auf dem Nockherberg eingeladen. Da könnt ihr mich ruhig noch a bisserl derblecken – wie beim Starkbieranstich! Das Fest-Bankett werde ich noch selber zusammenstellen. Da gibt es ein Büffet mit allem, was kulinarisch meine größten Erfolge waren. Die Festgäste bekommen übrigens die erste Einladung zu einer Beerdigung, der eine Speisekarte beiliegt. Servieren dürfen nur die schönsten Frauen, die man in München und Umgebung finden kann – in wunderschönen schwarzen Servierdirndln – mit Aussicht.

Erich, glaub' mir – das wird ein Fest, von dem man in München noch in hundert Jahren sagt: „Der lässt sich königlich beerdigen – mit Firstclass Service vom ‚Feinkost-Käfer'!"

„Käfers“ Traum: eine Traumhochzeit

EL: Lieber Gerd, du stehst so mitten im Leben und siehst so blendend aus, dass wir alle, die dich kennen, nur wünschen können, dass du noch lange, lange Zeit hast, um an der Planung deines letzten Festes zu feilen.

Wie du weißt, ist mein Lebensthema die Motivation – Wünsche, Träume und Ziele und wie man sie verwirklicht. Von Martin Luther King stammt dieser wunderbare Satz: „I have a dream!“ Wie ist das bei dir? Hast du nach deinen Traumerfolgen überhaupt noch Träume?

GK: Ich habe sogar einen ganz riesigen Traum! – Eine Traumhochzeit! – Ich habe so viele große Hochzeiten ausgerichtet – die Hochzeit des Sohnes von Gunter Sachs in Schloss Schleißheim; die Hochzeit des jungen Fürstenberg in Donaueschingen im Schloss meines alten Freundes Joki von Fürstenberg. Das waren die größten bisher. Mein ganzer Party-Service hat mit einer Hochzeit begonnen. Die Hochzeiten haben mir immer Glück gebracht – wenn ich sie für andere veranstaltet habe. Viele von diesen Hochzeiten haben auch lange gehalten. Ich musste ganz oft mein großes „Käfer-Hochzeitsversprechen“ einlösen.

EL: Was hast du da versprochen? Normalerweise versprechen doch du nur die Brautleute was – bis dass der Tod euch scheidet ....

GK: Nein, ich bin ja schließlich ein praktischer Mensch. Mein Versprechen muss man einlösen, so lange man lebt. Ich verspreche dem Brautpaar, das sich von mir die Hochzeit ausrichten lässt, dass ich, wenn sie nach zehn Jahren immer noch beisammen sind, für sie dann wieder ein Fest veranstalte und dafür bekommen sie eine echte „Käfer-Überraschung“ Eine bessere Wertanlage, als mit „Käfer“ zu heiraten, gibt es ja gar nicht.

In manchen Monaten habe ich zwei oder drei Hochzeiten ausgerichtet. Da kommt im Lauf der Jahre ganz schön was zusammen. Aber wenn ich es genau betrachte

– mir fehlt noch „der krönende Abschluss“ – die unübertroffene Traumhochzeit. Eine Hochzeit, über die sämtliche Medien der Welt berichten und wo die halbe Welt vor dem Fernseher sitzt. Da steht in der nächsten Zeit nur eine an – die Hochzeit von Fürst Albert II. von Monaco. Das wäre mein großer Traum. Da möchte ich Regie führen. Das wird die Hochzeit des Jahrhunderts. Gerd Käfer – „Hochzeitslader des Fürsten von Monaco“! Das wär's. Das ist ein Titel, der mir noch abgeht!

EL: Und wie stellst du dir die Feier vor?

GK: Eine bessere „Location“ als Monaco ist gar nicht vorstellbar. So eine Kulisse kann man nicht einmal in Hollywood nachbauen. San Remo, die Hauptstadt der Blumen-Riviera, ist nur einen Katzensprung entfernt. Da kannst du doch ganz Monaco in ein einziges Blumenmeer verwandeln. Den Hafen würde ich in eine schwimmende Plattform verwandeln und dort eine riesige Leinwand aufziehen. Da kann ganz Monaco die Hochzeitsfeierlichkeiten mitverfolgen. Auf diesem Amphitheater sind alle echten Monegassen zu einem riesigen Hochzeitsmahl eingeladen. Ein Festbankett von Käfer für 30000 Menschen – das hat es noch nicht gegeben, selbst in Monaco nicht. Und mein Käfer-Hochzeitsversprechen würde ich natürlich auch gerne einlösen!

Grimaldi Five Star Emotional Dinner

EL: Hast du dir denn schon Gedanken über das Hochzeitsmahl für Albert gemacht?

GK: Das sehe ich bereits in allen Einzelheiten vor mir, aber die verrate ich jetzt natürlich noch nicht. Nur so viel – die Vorspeise kommt in den Farben von Monaco. Die Hauptspeise wird in die Kochbücher eingehen als … à la Monaco. Ein Gericht wird eine Hommage an die Braut und ein kleiner Gruß aus meinem neuen Kochbuch, an dem ich gerade arbeite, ist selbstverständlich auch dabei!

Am Abend gibt es dann ein Feuerwerk, dass sich bis in Nizza die Menschen verwundert die Augen reiben. Tja, ein paar Monate für die Planung dieser Hochzeit würde ich schon brauchen – auch wenn ich als „Regisseur du Fête“ schon eine ganze Menge Überraschungen parat habe.

EL: Glaubst du, dass Fürst Albert für diese Feier einen Deutschen engagieren würde?

GK: Wieso? Ich komme doch auch aus Monaco! – Monaco di Baviera“ – das passt wunderbar.

EL: Gerd, du hast Alberts Eltern schon bedient, als Fürst Rainier noch nicht auf dem Thron saß und Grace Kelly noch in Hollywood residierte. Kennst du Albert persönlich?

GK: Ja! Ich bin dem Fürsten schon begegnet, da saß er beim Zirkusfestival und sah mit leuchtenden Kinderaugen den Clowns in der Manege zu. Später habe ich ihn auf einer Reihe von Veranstaltungen in Monaco getroffen. Seine Schwester Caroline und ihren Mann Ernst August von Hannover kenne ich allerdings besser. Die habe ich schon häufig bedient. Ernst August ist übrigens ein ausgesprochen sympathischer Mensch – ganz im Gegensatz zu dem, was man immer in der Klatschpresse über ihn liest. Und dass er ganz schön clever ist, sieht man schon daran, dass er nach Monaco gegangen ist.

Das Fürstentum ist nämlich wieder unglaublich im Kommen, seit Albert die Regierungsgeschäfte führt. Von wegen Operettenstaat mit Spielcasino und Autorennen – Monaco wird *das* Finanzzentrum Europas. Wer Fürst Albert II. kennt, kann höchstens bedauern, dass er mit seinen Fähigkeiten und Visionen nur das kleine Monaco regiert. Er ist wirklich ein toller Mann, ganz wie sein Urgroßvater Albert I., von dem er seinen Namen hat. Der ließ bereits im 19. Jahrhundert das erste Ozeanografische Museum bauen und holte Wissenschaftler aus der ganzen Welt zur Meeresforschung nach Monaco. Albert I. war ein ausgesprochen weiser und vorausschauender Regent. Er hat sogar ein Internationales Institut für Frieden gegründet – in

Monaco. Albert I. war zu seiner Zeit hoch geachtet – und sein Urenkel steigt da ganz in seine Fußstapfen.

Albert schaut in die Zukunft, und mit ihm die ganze Wirtschaft in Monaco. Nach meiner Einschätzung verkörpert er genau die richtige Mischung, die einen modernen Manager ausmacht – klug, dynamisch, engagiert und sehr liebenswürdig. Er hat große Ambitionen für sein kleines Fürstentum. Dabei ist Albert ein sehr emotionaler Mensch. Deshalb lieben ihn seine Monegassen – jetzt schon!

Albert ist auch ein begeisterter Sportler. Er ist schon ein paar Mal bei der Rallye Paris-Dakar mitgefahren, und bei den Olympischen Spielen ist er auch angetreten, als Pilot im Viererbob. Außerdem ist Albert II. das erste amtierende Staatsoberhaupt, das am Nordpol war. Dort hat er sich nicht einfach hinfliegen lassen und ist über dem Nordpol gekreist wie Bush nach der Hochwasserkatastrophe über New Orleans. Albert war vier Tage im Hundeschlitten unterwegs.

Feinkost Käfer – die Formel 1 für Monaco

EL: Jetzt muss ich dich schon fragen: Warum ziehst du nicht nach Monte Carlo? Monaco ist doch auch ohne Hochzeit ein Traum. Was dort wirklich noch fehlt, ist ein Feinkost-Käfer.

GK: Da hast du Recht. In Monte Carlo fehlt schon lange die Käfer-Filiale. Ich weiß gar nicht, wo die Monegassen ihren Kaviar besorgen. Ich glaube, fast, die müssen den aus Paris einfliegen lassen.

Wenn ich noch jünger wäre, würde ich dort eine große Niederlassung aufmachen. Ich fühle mich in Monte Carlo unglaublich wohl – fast wie in meinem Restaurant in der Prinzregentenstraße. Dreißigtausend Einwohner, über hundert Banken, fast fünftausend Unternehmen und das auf einem Fleck, der nicht einmal halb so groß ist wie in München das Olympiagelände. Dort kannst du zu Fuß durch die ganze Stadt gehen. Etwas Besseres lässt sich für einen Party-Service gar nicht wünschen. Stell dir vor – ein paar größere Feste und schon würde ich alle Monegassen persönlich kennen. Und die wirklich wichtigen Menschen triffst du sowieso alle auf einer Party – jedenfalls, wenn ich sie veranstalte.

EL: Gerd, alle Welt spricht heute von den Golfstaaten – von künstlichen Inseln vor der Küste von Dubai, vom ersten Unterwasser-Hotel und vom einzigen 7-Sterne-Hotel der Welt. Kann Monaco da überhaupt mithalten?

GK: Ist ja ganz schön, das *Bursh al Arab* und was die Ölscheichs sonst noch alles aus dem Wüstenboden stampfen. Aber diesem Landstrich fehlt einfach das, was uns „alten Europäern" immer noch wichtig ist – die Geschichte und Kultur. Ich darf das eigentlich nicht laut sagen, weil mein Sohn die Formel 1 in Bahrain kulinarisch betreut – aber zur Formel 1 fahre ich persönlich lieber nach Monaco. Das ist unübertroffen! Wer dieses Rennen mitten durch die engen Straßen von Monte Carlo mal erlebt hat, der findet jeden High Speed Track langweilig!

Alles Käfer – oder was?

GK: Wenn dir Monaco wirklich einmal zu klein wird, dann brauchst du an der Côte d'Azur bloß die Route Napoleon rauf und runter fahren – Nizza, Cannes, St. Tropez – einzigartig. Dazu Antibes mit seinem Picasso-Museum, St. Paul de Vence, St. Raphael, dann mein Geheimtipp Théoule sur Mer. Das liebt auch Michael Schumacher. Nicht zu vergessen Grasse. Das kennst du sicher. Dort werden die besten Parfums der Welt hergestellt.

In Grasse bin ich jetzt häufig. Ich starte eine ganz neue Serie von Parfum. Was völlig Neues, etwas das „Feinkost- und Party-Service" ergänzt und viel mit Lebensstil zu tun hat. Diesem Parfüm geben wir den wunderbaren Namen

„La fête" – das Fest. Das passt doch zu mir! Oder? Darunter steht in meinem Schriftzug „Gerd Käfer". Wenn das mal auf dem Markt ist, dann drücken täglich ein paar tausend hübsche Frauen auf das Köpfchen dieses wunderschönen Parfümflakons, ziehen den Duft durch die Nase und sagen „Hmmm, Gerd Käfer – La fête! – Was für ein Fest! – Die stehen im Bad, vor dem Spiegel und denken an mich! Und dann riechen die auch noch alle so gut! – Das hat nicht einmal Franz Beckenbauer geschafft. Den kannst du nur anrufen, auf dem Handy oder sein Erdinger Weißbier trinken. Das ist ja fast schon ordinär im Vergleich zu „La fête".

EL: Wirst du denn jetzt auch ein Werbestar wie der Franz?

GK: Nein, sicher nicht. Es gibt zwar überall Käfer, auch flotte Käfer, und das sogar an Orten, wo noch nicht einmal der Franz war. Aber so berühmt wie der Franz werde ich nicht mehr. Höchstens, wenn ich meinen Traum mit der Hochzeit in Monaco verwirkliche.

EL: Was machst du, wenn dein Duft „La fête" mal auf dem Markt ist?

GK: Ich hab' dir ja gesagt, dass ich nicht zum Golf spielen geboren bin. Ich veranstalte nach wie vor meine Feste. Ich halte Kontakt zu meinen alten Kunden. Gerade hatte ich eine Hochzeit, die in der Alten Münze in München gefeiert wurde. Da heiratete ein guter alter Bekannter von mir die große Liebe seines Lebens. Jeder Gast bekam eine Münze mit dem Hochzeitsdatum. – Was mir ganz besonders viel Spaß macht, sind die kleinen Kochkurse, die ich in meinen Wohnungen in München und in Wiesbaden veranstalte. Da kommen ganz exklusive Gäste zum Kochen. Dafür dekoriere ich eigenhändig. Schließlich müssen ja die Farben zusammenstimmen. In München und in Wiesbaden habe ich eine riesige Küche. Da können zehn Leute gleichzeitig kochen. Das macht viel Spaß. Ministerpräsident Roland Koch war auch schon da. Er macht seinem Namen wirklich alle Ehre. Spaghetti mit einer besonderen Zitronensoße hat er gekocht. Die schmeckte allen vorzüglich. Als Roland Koch bei mir war, habe ich natürlich auch meine Mitternachtsnummer mit dem „Happy Birthday“ abgezogen. Jetzt bin ich mit allen per „du“.

Feuerwerke

EL: Gerd, du lebst nach wie vor in einem wahren Feuerwerk an Ideen. Du vertrittst Kombucha, produzierst exklusive Schokolade, entwirfst Gläser für Rastal und, und, und ... Wie bringst du das alles unter einen Hut – neben den Partys?

MBT – Massai Bare Feet – Gerd Käfer muss zwar nicht barfuß gehen, aber er genießt die Schuhe, die dem Barfußgang der Massaikrieger nachempfunden sind.

GK: Ich bin immer auf Achse und hänge ständig am Telefon. Natürlich kann ich nicht alles selber machen, aber für viele Dinge habe ich die richtigen Leute. Die besten in ihrer Branche. Einen Feuerwerker, zum Beispiel. Das ist ein irrsinnig guter Mann – ein Künstler, ein hochkünstlerischer Illusionist. Mit ihm habe ich noch ganz große Pläne, wie du dir denken kannst.

Letztes Jahr habe ich ihn für ein Fest in Kitzbühel von Werner Baldessarini engagiert. Da hat er ein kleines Meisterstück abgeliefert. Ein Feuerwerk vom Boden aus, das kann jeder. Aber ich hatte mir etwas sehr Ungewöhnliches vorgestellt – ich wollte ein Feuerwerk aus einem Fesselballon heraus. Das war nicht ganz einfach. Schließlich darf man sich ja nicht selbst abschießen. Aber mein Mann aus Dresden hat das fantastisch hingekriegt. Er schwebte im Dunkeln mit Feuerwerk über den Sonnbergstuben ein. Ein grandioser Eindruck! Davon war sogar Werner Baldessarini beeindruckt.

EL: Gerd, allmählich bekomme ich den Eindruck, dass es einfacher ist, dich zu fragen, wen du nicht kennst. Ob du Karl Lagerfeld auch persönlich kennst, brauche ich da wohl nicht zu fragen.

Mode meets Feinkost – Werner Baldessarini und Gerd Käfer.

GK: Klar kenne ich „Karl den Großen" von einer ganzen Reihe von Einladungen in Paris. Und Werner Baldessarini kenne ich noch aus der Zeit als er Verkäufer bei dem exklusiven Herrenausstatter Wagenheimer in München war. Dort hat er er sich bis zum Chefeinkäufer hochgearbeitet und ist dann zu Hugo Boss gegangen. Als Chefdesigner. Einige Jahre war er sogar Vorstandsvorsitzender –

mit einem sensationellen Erfolg. Ihm verdankt Hugo Boss seinen weltweiten Bekanntheitsgrad. Baldessarini gehört zu den führenden Modemachern in der Welt. Unter seiner Leitung hat Hugo Boss die Milliarden-Umsatz-Grenze überschritten. Trotzdem ist er in seinen persönlichen Ansprüchen bescheiden geblieben – sehr zur Verwunderung von Karl Lagerfeld, der als Sohn des Hamburger „Glücksklee"-Kondensmilch-Herstellers schon als Kind auf ganz großem Fuß lebte.

Baldessarini hat mir da eine herrliche Geschichte erzählt, als wir das Fest in Kitzbühel planten. Er hatte sich mit Lagerfeld in Paris getroffen. Gegen Ende dieses Gesprächs sah Baldessarini immer häufiger auf seine Uhr, bis ihn Karl Lagerfeld fragte: „Sagen Sie mal, Herr Baldessarini, was ist denn mit heute mit Ihnen los? Warum sind sie denn so nervös?" Baldessarini antwortete ihm: „Ich muss dringend zum Flughafen. Ich darf meine Maschine nicht verpassen. Meine Leute warten auf mich!" Da fragte ihn Karl Lagerfeld ganz entgeistert mit seiner hohen Stimme: „Igitt, Igitt! Herr Baldessarini, Sie fliegen Linie? So ein erfolgreicher Modeschöpfer – und keinen eigenen Jet? – Das konnte „Karl der Große" einfach nicht fassen.

Gelegentlich schaut auch der „Kaiser" bei Baldessarini vorbei!

Käfer mit Glückskäfer-Sturzhelm.

Vorläufiges Ende eines Zwiegesprächs

EL: Lieber Gerd, wir haben in vielen, vielen Gesprächen und über viele Buchseiten dein Leben, deine Kreativität, deine Vorstellung vom Dienen und vor allem deine Erfolgsgeschichte beim Aufbau des Käfer-Party-Service beleuchtet. Ohne Frage könntest du noch für viele weitere Bücher Anekdoten aus fünfzig Jahren Feste feiern liefern. Wo es für mich und für unsere Leser aber noch viele weiße Flecken auf der Landkarte deines Lebens gibt, sind die Menschen, die dir nahe standen, die dich auf diesem unglaublich bunten Lebensweg über mehr oder weniger lange Strecken begleiteten. Ich denke an deine Frauen, an deinen Sohn Michael, der während der Fußballweltmeisterschaft im Rampenlicht stand, an deinen Bruder, der beim Aufbau von Feinkost-Käfer einen wichtigen Platz einnahm und natürlich an Uschi Ackermann, mit der du heute dein Leben teilst.

Ich glaube, wenn das Bild deines Lebens für uns Außenstehende wirklich rund werden soll, musst du da noch ein paar Geschichten nachlegen.

GK: Lieber Erich, du bist es von deinen Fernsehsendungen her gewöhnt, die unterschiedlichsten Menschen zu einem Thema zu befragen. Ich bin ohnehin überrascht, wie lange du dich schon mit meinem Leben beschäftigst. Deshalb habe ich einen ganz anderen Vorschlag: du interviewst sie alle selbst. Das gibt mir die Möglichkeit, statt immer nur zurückzuschauen, die nächsten Feste zu planen, die Marke Käfer voranzutreiben und du bekommst ganz neue Einsichten, die ich dir sowieso nicht liefern kann.

EL: Ja, das ist ein sehr guter Vorschlag! Das mache ich gerne.

Die grosse Käfer-Familie

Regatta um Platz eins

Interview mit Michael Käfer

EL: Lieber Michael, du hast 1988 von deinem Vater das Unternehmen Feinkost-Käfer, das er so großartig aufgebaut hat, übernommen. Obwohl du von deinem Wesen her ein ganz anderer Typ bist, hast du sogar einige seiner Titel geerbt. In der Presse wirst du deshalb bis heute als der „Zeremonienmeister der Schickeria" bezeichnet. Wie war das – als Sohn in die Fußstapfen eines so großen Vorbilds zu treten? Man hört ja immer wieder, dass ihr beide gelegentlich sehr konträre Positionen einnehmt.

MK: Das war schon eine ziemlich komplizierte Zeit in unserem gegenseitigen Verhältnis! Wie bei jedem Generationenwechsel prallten da sehr unterschiedliche Vorstellungen aufeinander. Als erstes habe ich nach meinem BWL-Studium das P1 übernommen. Schon 1984. – Das hatte mein Vater aus einer Laune heraus gepachtet. Und dann wusste er nichts Rechtes damit anzufangen.

EL: Das sieht dein Vater ein wenig anders. Wie er mir erzählte, hat er das P1 damals von dem legendären Alekos für 400 000 DM gekauft und mit dem Bayerischen Staat einen langjährigen Pachtvertrag abgeschlossen. Ursprünglich wollte er einen exklusiven Nachtclub daraus machen. Dann kamst du von deinem BWL-Studium aus den USA zurück und er schenkte dir das P1 als Start in die „Käfer-Gastronomie".

Was wären die Opern-Festspiele ohne ein Käfer-Büffet? – Festliche Tafel mit Michael Käfer im Nationaltheater in München.

MK: Das ist seine Interpretation. Trotzdem glaube ich, dass er ganz froh war, dass er mir das P1 übertragen konnte. Das P1 war nicht mehr das Offizierscasino der Amerikaner. Es hatte sich in einen Musikschuppen für ausgeflippte Punks und abenteuerlustige Söhne und Töchter der High Society verwandelt – eine irre Mischung. Das war natürlich überhaupt nicht der Stil meines Vaters. Das passte nicht in seine Welt. Es war nicht fein und auch nicht Bohème. Ich dagegen fand das P1 wahnsinnig aufregend. Das P1 in eine richtig fetzige Disco zu verwandeln, war schon eine tolle Spielwiese für einen jungen Mann Mitte Zwanzig. Hier verkehrten die schönsten Fotomodelle, die größten Fußball-Idole und die berühmtesten Popstars. Prince und Freddy Mercury feierten Partys. Mick Jagger kam ziemlich häufig, weil ihm die Münchner Mädels so gut gefielen. Gloria von Thurn und Taxis in ihrer wilden Zeit war ein regelmäßiger Gast und sie löste auch gerne den Discjockey ab.

Im P1 herrschte einfach eine unglaubliche Stimmung, und dafür wurden wir 1993 von der schottischen Whisky-Firma J&B als beste Diskothek Europas gekürt und das „Observer-Magazine“ zählte das P1 sogar unter die zehn besten Diskos der Welt. Diesem Anspruch will ich bis heute gerecht werden.

In den ersten Jahren hatte ich allerdings gelegentlich Einfälle, die zu ganz krassem Ärger mit meinem Vater führten. Einige meiner Partys gingen mit ziemlich negativen Schlagzeilen durch den Blätterwald. Ich denke da nur an die „Penner-Party“, wo sich alle Gäste als Penner verkleideten, und an eine Geburtstagsparty für Tina Turner, die der Boss von Mama-Concert Marcel Avram veranstaltete. Für diese Party, hatte ich mit dem Farbkopierer ein paar hundert 500-Mark-Scheine mit dem Konterfei des Geburtstagskindes hergestellt und die als Partygag an die Gäste verteilt. Irgend so ein Spaßvogel kam auf die glorreiche Idee, einen dieser Fünfhunderter in einem Geschäft auf den Tresen zu legen. Das führte zu ganz unvorstellbaren Verwicklungen. Sogar die Staatsanwaltschaft schaltete sich ein und in einer Boulevardzeitung gab es die Balkenüberschrift: „Muss Michael Käfer wegen Geldfälschung in den Knast?“ Da hing der Haussegen bei den Käfers ganz schön schief! Das war wirklich nicht so lustig, wie es sich heute anhört!

Party-Service im Stil der neuen Zeit

Auch als ich 1988 die Geschäftsleitung des ganzen „Feinkost-Käfer-Imperiums“ übernahm, musste ich mich mit einem Stil und einer Lebenserfahrung auseinandersetzen, die sich über Jahrzehnte entwickelt hatten. Ich wollte meine eigenen Vorstellungen umsetzen. Das war auch notwendig. Manche Konzepte, die für die Gründerjahre der Wirtschaftswunderzeit genau richtig waren, passten einfach nicht mehr in die Zeit. Die Welt veränderte sich in einem rasenden Tempo. Sie wurde vor allem immer kleiner. Der Ferne Osten war plötzlich gar nicht mehr so fern. Thailand, Indonesien, Japan – da konnte man nonstop hinfliegen. Die Malediven waren ein Urlaubsziel wie in den 50ern der Gardasee. Das hatte selbstverständlich auch kulinarisch seine Auswirkungen.

EL: Aber hat nicht dein Vater schon in den 60er und 70er Jahren exotische Partys veranstaltet! Er ließ doch bereits zu den Olympischen Spielen 1972 chinesische und japanische Köche einfliegen. Wok und Sushi waren damals nicht einmal dem Namen nach bekannt. Wo ist der Unterschied zu heute, wenn du etwas Ähnliches machst?

MK: Wenn mein Vater eine „chinesische Party" veranstaltete, konnte er einen Wok aufstellen und darin eine bayerische Ente mit ein paar Sojasprossen braten. Und die Leute waren begeistert, weil kaum einer von ihnen jemals in Asien war. Wenn ich ein chinesisches Essen veranstalte, dann brauche ich nicht nur die originalen Zutaten. Ich brauche vor allem einen chinesischen Koch, der eine perfekte Mandarin-Küche beherrscht – und dazu noch all die anderen regionalen Küchen Chinas.

Andererseits ist es heute gar nicht mehr so spannend, wenn wir unseren Kunden Bärenkrebs aus dem Pazifik anbieten. Die Bärenkrebse finden sie zwar nach wie vor toll, aber die reißen unsere verwöhnten Kenner nicht mehr vom Sitz. Womit wir heute wirklich punkten können, sind heimische Gerichte in perfekter Qualität. Allen voran unsere ausländischen Gäste! Gerade sie wollen Spezialitäten aus der deutschen Küche und die besteht Gott sei dank nicht nur aus Schweinsbraten oder Eisbein. Auch Deutschland hat großartige regionale Küchen. Die muss ein „Feinkost-Käfer" heute pflegen – und das tun wir auch! Neben Peking-Ente, Bärenkrebsen und Sushi.

Dienen bis zur Perfektion

EL: Michael, ich glaube, dein Vater ist trotz aller Unterschiede der Zeit und sicher auch eurer beiden Persönlichkeiten, bis heute sehr wichtig für dich! Ich habe aber das Gefühl, dass ihr euch manchmal ziemlich schwer tut miteinander.

MK: Ich liebe und schätze meinen Vater – sicher mehr als er vielleicht ahnt. Er gehört zu den wichtigsten Personen meines Lebens. In vielen Dingen ist er mein großes Vorbild. Er ist der Mensch, der das Unternehmen „Feinkost-Käfer" extrem geprägt hat. Im Aufbau und in der Entwicklung des Party-Service war er der Mann der ersten Stunde. In der Zeit nach dem Krieg hat er die Idee des Party-Service zu seiner Vision für Deutschland, ja für Europa gemacht hat. Es gab niemanden außer ihm, der mit einem solchen Fleiß, mit so viel Kreativität und mit einer solchen Besessenheit am steten Ausbau dieser Idee gearbeitet hat.

EL: Michael, dein Vater ist eine große Persönlichkeit. Welche Voraussetzungen waren deiner Einschätzung nach besonders wichtig, dass er diesen grandiosen Aufstieg vom Tante-Emma-Laden zu *dem* „Feinkost-Käfer-Imperium" geschafft hat?

MK: Deutschland war nach dem totalen Absturz wieder zu Geld gekommen, und vor allem die Menschen, die diesen wirtschaftlichen Aufstieg mit einer unglaublichen Zielgerichtetheit erkämpft hatten, gönnten sich einen enormen Luxus – auch in Bezug auf Essen und Feiern. In dieser irren Zeit des Wirtschaftswunders hat mein Vater mit unserem Party-Service einfach eine riesige Marktlücke entdeckt und damit in der Gastronomie ein ganz neues Segment der Dienstleistung geschaffen.

Dabei war eine Grundeinstellung meines Vaters ganz besonders wichtig. Wenn es um die Leistung für unsere Käfer-Kunden ging, gab es für ihn immer nur einen Maßstab: „Ich will und muss der Beste sein!". Für diese Einstellung bewundere ich ihn. Noch mehr natürlich dafür, dass er diese Vision für sich auch tatsächlich verwirklicht hat.

Was ich an ihm noch bewundere, ist, dass er immer ganz genau weiß, wie groß der Abstand zu den Kunden sein muss – besonders zu denen der obersten Schicht. Dabei ist mein Vater sehr typisch für eine bestimmte „Münchner Gesellschaft", vielleicht sogar für die deutsche Gesellschaft, die in den 50er, 60er und 70er Jahren entstanden war.

EL: Hat er damit nicht auch die typische „Münchner Bussi- und Schickimicki-Gesellschaft" geschaffen?

MK: Das glaube ich nicht – er hat sie genial bedient! Und er hat sich in dieser Gesellschaft sehr wohl gefühlt – angefangen bei Leuten wie „Charlie" Heckel, dem damaligen Präsidenten des TSV 1860 oder – Willy O. Hoffmann, dem berühmten „Champagner-Willy" und ehemaligen Präsidenten des FC Bayern. Das waren erfolgreiche Unternehmer, die alles daran setzten, dass sie auch eine entsprechende gesellschaftliche Stellung einnahmen. Das war schon sehr „Münchnerisch".

EL: Wie würdest du diese beiden charakterisieren – war das das berühmte „Laptop und Lederhose"?

MK: Nein, die wussten sicher nicht, was ein Laptop ist. Das war eher „Reiberdatschi und Kaviar". Aber im Boom der New Economy, die Deutschland seit einigen Jahren verzeichnen kann, gibt es diesen Typ Unternehmer nicht mehr. Man isst zwar auch heute noch das Teuerste vom Teueren, aber ganz diskret. Da steht dann nicht am nächsten Tag in der „Leute-Kolumne" der Abendzeitung, wie viel Pfund Kaviar für ein Fest bei einem Schwabinger Filmindustriellen aufgefahren wurde und wie viel davon sein Jack Russel gefressen hat, oder wie viel Gramm weiße Trüffel die Hauptdarstellerin der neuesten „Society Soap" gewöhnlich in ihre Spaghetti raspelt. – Nein, diese „Champagner-Willys" gibt es nicht mehr. Die sind im wahrsten Sinn des Wortes ausgestorben.

Abstand und Nähe – neu vermessen

EL: Michael, du hast Franz Josef Strauß regelmäßig bei euch im Käfer-„Tabakstüberl“ erlebt. Da gab es eine enge Freundschaft zwischen ihm und deinem Vater. Ministerpräsident Strauß hatte sozusagen bei „Käfer“ sein zweites Besprechungszimmer. Wäre das heute noch möglich? Unser geschätzter Ministerpräsident Dr. Edmund Stoiber mit seiner Mannschaft bei „Käfer“ als regelmäßiger Stammgast zum Dämmerschoppen?

MK: Ausgeschlossen! Das ist einfach nicht mehr vorstellbar. Edmund Stoiber ist zwar auch ein „Käfer-Fan“ und er kommt gerne mit seiner Familie in unser Restaurant. Bei uns speist Bundeskanzlerin Angela Merkel, wenn sie zur Sicherheitskonferenz nach München kommt, aber da herrscht doch sehr viel mehr Distanz und Etikette.

EL: Ist der Umgang mit den Spitzen des Staates und mit den Auftraggebern allgemein dadurch nicht sehr viel unpersönlicher geworden?

MK: Nein! Anders. – Außerdem hat mein Vater auch gegenüber Franz Josef Strauß immer die nötige Distanz gewahrt. Er hat ihm jeden Wunsch von den Augen abgelesen und dabei war er sich seiner Rolle als „Diener“ immer bewusst.

Gastronomie und vor allem Party-Service sind nach wie vor ein extrem persönliches Geschäft. Aber nicht mehr so auf eine Person bezogen, wie das zu Zeiten meines Vaters der Fall war. Der Geschäftsführer, der Chef des Restaurants, der Ober, die Bedienung vor Ort – das sind die „Identifikationsfiguren“. Das gesamte Team ist für die „Marke Feinkost-Käfer“ extrem wichtig – und da gehören für mich alle dazu, auch die Verkäuferinnen und Verkäufer im Laden. Das waren sie aber immer schon, denn auch mein Vater war ja nicht immer anwesend.

EL: Klar! Michael, dein Vater hat versucht, auf jeder Party persönlich anwesend zu sein. Wie siehst du das?

MK: Für meinen Vater war jede „Käfer-Party" eine ganz persönliche Angelegenheit. Für ihn war das Wichtigste überhaupt, dass die Gäste auf seinen Partys glücklich waren. Wenn alles perfekt lief, gab ihm das unglaublich viel Auftrieb und positive Rückmeldung. Nach einem geglückten Fest fühlte er sich wahnsinnig glücklich – das war seine „Käfer-Party-Glücksdroge". Mein Vater braucht diese Party-Atmosphäre wie der Fisch das Wasser. Das ist meinem Vater wichtiger als alles andere. Wichtiger oft als Geld zu verdienen.

EL: Zeitenweise auch wichtiger als die Familie?

MK: Das sowieso, und nicht nur zeitenweise – immer! Mein Vater brauchte einfach diese Anerkennung durch seine Kunden. Wenn ihm jemand wie Gunter Sachs sagte, dass er der Beste und Ideenreichste ist, dann war er total happy! Das war für ihn schöner als Weihnachten, Ostern und Pfingsten zusammen. Diese Freude strahlte er aber auch zurück auf die Menschen, die er bediente. Ich glaube, es war diese Mischung aus Nähe, Herzlichkeit, Perfektion und Distanz, durch die er es geschafft hat, ein höchst anerkanntes Mitglied dieser neuen deutschen Gesellschaftsschicht zu sein. Dennoch blieb er ganz bewusst immer auf der Seite des Dienens, sozusagen „hinter dem Büffet".

High Society und Promis

MK: Auch wenn diese so genannte „Münchner Bussigesellschaft" mit ihm gefeiert hat, wusste er immer ganz genau: „Ich bin der „Diener", der dafür zu sorgen hat, dass alles perfekt läuft. Er hat in dem Sinn nie „mitgefeiert". Diese Haltung kam aber nicht daher, dass er unterwürfig gewesen wäre. Sie kam vielmehr aus seinem tief verwurzelten Perfektionismus. Mitfeiern hätte bedeutet: „Ich bin nicht hundertprozentig für meine Gäste präsent."

Ihm war wichtig, dass um Mitternacht die besten Spiegeleier auf den Tisch kamen und dass auch in den frühen Morgenstunden laufend das benützte Geschirr abgeräumt wurde. Er hat sich um jede Kleinigkeit persönlich gekümmert. Da durfte selbst nach der größten Fete nicht irgendwo im Park noch eine zerknüllte Papierserviette herumliegen.

EL: Wie ist das bei dir? Kannst du denn auf den Festen, die „Käfer" heute ausrichtet, noch persönlich anwesend sein? Ist das bei den Dimensionen, die Käfer unter deiner Leitung in den letzten Jahren erreicht hat, überhaupt noch möglich?

MK: „Feinkost-Käfer" führt heute mit seinem Party-Service etwa 1500 Veranstaltungen im Jahr durch – nicht gerechnet die FIFA-Fußballweltmeisterschaft, bei der wir an 12 Austragungsorten in ganz Deutschland zusammengerechnet an die 180000 Gäste aus der ganzen Welt bedienten. Obwohl mir da ein Hubschrauber zur Verfügung stand, war es nicht möglich, an all den VIP-Veranstaltungen persönlich anwesend zu sein. Viele Veranstaltungen fanden gleichzeitig statt. Da war es wichtig, dass ich mich mit meinem Team um die Logistik kümmerte. Allen Gästen persönlich die Hand zu schütteln oder ihnen gar einen Teller zu servieren oder Wein nachzuschenken, das war völlig ausgeschlossen. Unser Party-Geschäft hat sich insgesamt so ausgeweitet – von München über Berlin, wo wir die Gastronomie im Reichstag innehaben, nach Nizza und bis nach Bahrain – da ist persönliche Anwesenheit undenkbar.

Wie organisiert man einen Mega-Event?

EL: Bitte, Michael, erklär mir mal, wie man innerhalb von vier Wochen 180000 Gäste aus der ganzen Welt zur Fußball WM bewirtet?

MK: Das war schon eine gigantische logistische Aufgabe. Daran habe ich mit meinem Team viele Monate Tag und Nacht gearbeitet. Für diese 180000 Gäste mussten erstmal 5 Millionen Porzellanteller, mehr als 2 Millionen Besteckteile, eineinhalb Millionen Gläser und 150000 Stoffservietten besorgt werden. Da waren die 600 Pfannen, mit denen wir unseren Fundus aufstocken mussten, wirklich ein Klacks.

Die einzelnen Veranstaltungen zu betreuen, war im Grunde ganz einfach. Das waren verteilt auf zwölf Städte 60 Veranstaltungen mit jeweils 3000 Gästen – und diese Größenordnungen sind für unseren Party-Service normaler Alltag. So eine Veranstaltung unterteilen wir ganz normal in Partys zu je 250 Gästen. Dafür brauchen wir das Küchenpersonal, einen Oberkellner, und so weiter. Und dann muss man das einfach hochrechnen.

Der Sprung in eine neue Liga

EL: Kann man sagen, dass diese Fußball WM für den Party-Service und Caterer Käfer einen ähnlichen Sprung in eine neue Dimension darstellt wie seinerzeit bei deinem Vater der Welt-Juristentag in Schloss Schleißheim?

MK: Da bin ich mir ganz sicher. Schließlich haben wir uns bei der WM ein Know-how erarbeitet, das weltweit kein anderer Caterer vorweisen kann. Damit sind wir die erste Adresse für die nächste Fußballweltmeisterschaft in Südafrika und für die Olympischen Spiele in Peking. Dass Käfer den dortigen Gästen auch eine perfekte Pekingente anbieten kann, haben wir, glaube ich, zur Genüge bewiesen.

EL: Michael, Feinkost-Käfer – der größte Caterer Europas, der bei einem Fest 10000, 15000 und auch 20000 Gäste betreut – wo bleibt da das Fest für zwei? Hat Käfer überhaupt noch Interesse an solchen Kleinstveranstaltungen?

MK: Und ob! „Feste für zwei“ sind sogar ungeheuer wichtig für unser Haus! Die perfekte Logistik für eine Riesenveranstaltung wie die WM ist das eine – aber – auf diesen „Festen für zwei“ lernt unser Personal immer wieder ins kleinste Detail zu gehen. Bei einem Fest für zwei oder auch für zwanzig Personen ist es extrem wichtig, dass jeder Teller richtig steht, dass jede Gabel richtig liegt und dass auf keinem der Weingläser ein Spülrand oder Fingerabdrücke zu sehen sind. Bei einer so kleinen Tafel müssen die Kerzenleuchter vom Design hundertprozentig zum Geschirr pas-

Perfektion ist alles! – fehlen nur noch die Gäste.

sen und die Farbe der Kerzen muss mit dem Gesamtdekor übereinstimmen. Diese so genannten Kleinigkeiten können wir an diesen kleinen Veranstaltungen lernen.

Wenn wir es schaffen, dass unser Personal bei einem Fest mit tausend Personen die gleiche Detailbesessenheit an den Tag legt, dann wissen wir: „Wir sind einfach den entscheidenden Tick besser als unsere Mitbewerber!" Dieses Streben nach Perfektion ist unsere tägliche Richtschnur. Meine Hauptaufgabe ist es, diese Einstellung in den Köpfen aller Beteiligten täglich neu zu verankern. Ich will die Menschen, die bei uns arbeiten, davon überzeugen, dass sie stolz sein können auf ihr Dienen.

EL: Das klingt jetzt ganz nach deinem Vater.

MK: Klar, da bin ich meinem Vater sehr ähnlich. Wir investieren in unserem Haus viel in den Berufsstand des Dienstleisters. Unsere Kellner und Ober, alle unsere Servicekräfte haben einen Standard, der ihresgleichen sucht.

Nimm zum Beispiel eine Käseverkäuferin von uns. Sie weiß Bescheid über fünfhundert Käsesorten. Sie kann dir genau erzählen, wo die Ziege gegrast hat, aus deren Milch ein St. Maure de Touraine Aléosse hergestellt wird und warum dieser Rohmilchkäse während des Reifungsprozesses von blauem Schimmel überzogen wird. Dann lässt sie dich ein Stück probieren, damit du auch weißt, wie unnachahmlich dieser Ziegenmilchkäse von der Loire schmeckt. Außerdem wird sie dir das richtige Brot dazu empfehlen, eines, das diesen cremigen Käse mit seinem nussigen Geschmack ganz besonders gut zur Geltung bringt. Diese Verkäuferin hat so viel Ahnung von den Produkten, die sie vertritt, dazu so viel Passion und Liebe, dass ich ihren Stellenwert gleichsetze mit einem Computerspezialisten.

Perfektion – die Chance für Deutschland

MK: In diesem umfassenden Wissen und in der Perfektion des Service sehe ich auch eine Riesenchance für Deutschland. Wir wachsen gerade im Servicebereich in der Auseinandersetzung mit unseren Mitbewerbern.

EL: Hat Käfer überhaupt ernst zu nehmende Mitbewerber?

MK: O ja. Gerade in diesem Punkt hat sich die Situation total verändert. Heute stehen wir in Konkurrenz zu zwei großen und starken Mitbewerbern. Aber was noch viel extremer ist als in den 60er und 70er Jahren, das sind die vielen kleinen starken Mitbewerber. Heute gibt es überall Hotels, die auf lokaler Basis Catering anbieten. Und es gibt tatsächlich auch den viel zitierten Metzger, der in seiner Region oft ein beachtliches Angebot im Bereich Party-Service vorlegen kann, auch wenn er in dem Sinn keine Feste ausrichtet, sondern nur die Wurstplatten liefert. Das alles gab es zu der Zeit nicht, als mein Vater das Geschäft aufgebaut hat. So gesehen hat er diesen Geschäftszweig tatsächlich erfunden. Das war sein ureigenstes Thema.

Party-Service mit Theaterbetrieb

EL: Worin besteht der Unterschied zwischen Gerd Käfer und Michael Käfer.

MK: Mein Vater hat seine Feste noch als Gesamtprojekt geplant, von Anfang an. Und er hat sie bis ins Letzte durchgeführt. Er hat das alles in genialer Weise völlig aus sich heraus kreiert. Er hat auf einer Party wirklich alles gemacht – von der Planung der Speisenfolge über die Dekoration bis zu den Hotels, die er für die anreisenden Gäste gebucht hat. Alles! Er hat auch noch den Taxiservice organisiert, der die Gäste abgeholt und nach dem Essen in die Hotels zurückgebracht hat.

Heute delegieren wir das an Event-Agenturen. Käfer kümmert sich nur noch um den Teil, der mit unserem ursprünglichen Geschäft zu tun hat, mit dem Essen und Trinken. Diese Agenturen gab es noch gar nicht als mein Vater anfing. Mein Vater war seine eigene Ein-Mann-Event-Agentur. Wenn Not am Mann war, legte er die Schöpfkelle beiseite und trat mit einem selbstverfassten Sketch auf.

Für diesen Allround-Service baute er am Stadtrand von München ein riesiges Servicezentrum auf. Dort sammelte er im Lauf der Zeit Tausende von Tischen und Stühlen. Besteck und Geschirr war in solchen Mengen vorhanden, dass er damit aus dem Stand jede Großveranstaltung aufs Parkett zaubern konnte. Wir hatten einen riesigen Fundus an eigenen Zelten. Für seine Vision des total unabhängigen Alleinveranstalters richtete er sogar eigene Werkstätten ein – mit Schreinern, Schlossern, Elektrikern und Dekorateuren. Ja, wir hatten sogar eine eigene Autowerkstatt mit einem Kfz-Meister und vier Mitarbeitern für den eigenen Fuhrpark von sage und schreibe 70 Lastwagen. Nicht gerechnet all die anderen Fahrzeuge, die das Käfer-Logo durch ganz Europa transportierten. Käfer war zu der Zeit fast mehr ein Handwerksbetrieb als ein Party-Service. Wir waren ausstaffiert wie ein Opernhaus oder ein Landestheater. Das einzige was noch gefehlt hat, war eine eigene Druckerei für die Speisekarten.

Mit Kreativität und spitzer Feder

Mein größter Fehler, den ich nach der Übernahme der Geschäftsleitung gemacht habe, war, dass ich diesen Zweig zunächst noch kräftig ausgebaut habe. Ich habe für mehrere Millionen Euro ein riesiges Logistikzentrum mit Dekorationswerkstätten, Geschirrverleih und eigener Malerei gebaut. Nachdem alles fertig war, musste ich einsehen, dass das betriebswirtschaftlich nicht mehr der heutigen Zeit entsprach. Party-Service ist nämlich im Wesentlichen ein Saisongeschäft. Das läuft sechs Monate im Jahr sehr gut, die anderen sechs Monate flackert es eher auf Sparflamme. Wenn ich aber das ganze Jahr hindurch diese Ressourcen vorhalte, dann nagt das am Betriebskapital.

Als mir das klar wurde, habe ich alles „out-gesorced". Das war natürlich zunächst ein großes Streitthema mit meinem Vater, denn er hing verständlicherweise mit Leib und Seele an seiner Idee, dass „Käfer" in allen Bereichen unabhängig sein muss. Auch mir selbst fiel das schwer. Aber wenn man das mit spitzer Feder nachrechnet, kann man zu keinem anderen Schluss kommen. Außerdem war das zunehmende Auslandsgeschäft sowieso nicht mehr allein von München aus zu „handlen".

Der Käfer am Golf

EL: Dein Vater hat Dinge initiiert, die zu seiner Zeit für andere undenkbar waren – Direkteinkauf in den Hallen von Paris. Das ist heute eine Selbstverständlichkeit. Auch dass jeden Tag zwei Mal ein Flugzeug frische Meeresfrüchte aus Thailand bringt. Wie hat sich das Geschäft des Party-Service durch die Globalisierung insgesamt verändert?

MK: Das hat sich zum einen dadurch verändert, dass wir noch stärker Veranstaltungen im Ausland betreuen. Wir haben heute z.B. eine Niederlassung in Bahrain. Die wurde 2004 eröffnet. Dort betreuen wir mit acht Mitarbeitern alle Rennereignisse der Formel-1-Strecke.

EL: Formel 1 in Bahrain – da findet doch nicht jede Woche ein Rennen statt? Rentiert es sich denn, da mit einer kompletten Käfer-Crew das ganze Jahr über anwesend zu sein?

MK: Diese Strecke wird an die zehn bis zwölf Mal im Jahr benutzt. Wir müssten also praktisch jeden Monat eine

Mannschaft runterschicken, denn da kommen dann schon 5000 bis 6000 Leute, die wir zu betreuen haben. Aber es gibt in Bahrain und Umgebung viele reiche Geschäftsleute, für die wir beinahe täglich kleinere Partys ausrichten. Außerdem arbeiten wir auch für das Königshaus. Und wir bedienen von Bahrain aus die ganze Golfregion, auch Dubai und Quatar.

Käfer-Service an der Formel-1-Rennstrecke in Bahrain.

EL: Wie sieht das „Käfer-Geschäft" im Hinblick auf den europäischen Markt aus? Italien, Frankreich, Spanien, Portugal? –

MK: Wir haben eines festgestellt, nämlich dass ganz im Gegensatz zum Ruf der deutschen Dienstleistung im Inland, deutsche Dienstleister gerade im Ausland ganz besonders hoch angesehen sind.

Charme oder Präzision?

MK: Mag sein, dass die deutsche Dienstleistung nicht den Charme aufweist, der den Südländern angeboren ist. Aber was wir können, ist punktgenau organisieren. Bei unserem Party-Service ist zwei Stunden vor Beginn alles an seinem Ort, jede Gabel, jedes Glas, jede Serviette. Da braucht nur noch jemand durchzugehen, um das zur Sicherheit noch einmal zu checken. Ob jeder Stuhl richtig steht und jeder Tisch perfekt dekoriert ist. Da ist ausreichend Nachschub, an Essen und Trinken, an Besteck und Geschirr da, auch wenn das Fest einmal länger dauert als ursprünglich geplant. Dass zum Beispiel auf einem Fest mit dreitausend Menschen jedem Gast der Wein mit der richtigen Temperatur eingeschenkt wird und dass nicht die Hälfte der Gäste die Suppe erst bekommt, wenn sie schon kalt ist. Auf uns kann sich der Gastgeber wirklich blind verlassen. Das wissen Unternehmen, die mit Käfer eine Veranstaltung planen.

Bei unseren örtlichen Mitbewerbern im Ausland kann es da schon vorkommen, dass die noch eine halbe Stunde vor Festbeginn mit den Tischen und Stühlen durch die Gegend jonglieren und beteuern, dass sie es schon noch rechtzeitig schaffen. Das kostet einen Gastgeber eine Menge Nerven. In all diesen Servicedingen sind wir einfach stärker.

Lehrlingszeit am Fuße der Bavaria

EL: Michael, wie hast du dieses Geschäft, das dein Vater bis heute meisterlich vorlebt, selbst gelernt?

MK: Sicherlich dadurch, dass ich meinem Vater wahnsinnig viel abgeschaut habe. Für mich war Dienstleistung von Jugend an ein wichtiges Thema. Das klingt jetzt fürchterlich abstrakt, das war es aber nicht. Im Gegenteil, in einem Alter, in dem andere Buben davon träumen, Lokomotivführer zu werden, durfte ich in unserer Konditorei Tortenböden bestreichen, Schlagsahne rühren und Windbeutel damit füllen. Als ich größer war, half ich mit Zelte aufzubauen. Mit zwölf Jahren engagierte mich Uschi Glas als „Kellner". Da durfte ich bei Kinderfesten in ihrer Boutique Limonade und belegte Brötchen servieren.

Mein Vater war aber nicht nur ein großes Vorbild, er war auch eine ganz, ganz positive Herausforderung. Ich wollte ihm unter allen Umständen beweisen, dass ich das auch kann. Vor allem, als ich dann schon ein bisschen älter war.

Ich denke besonders an ein Herzstück unseres Geschäfts, an das Oktoberfest. Die „Wies'n" war für meinen Vater die wichtigste Zeit im ganzen Jahr. Es war ein unschätzbarer Glücksfall, dass er da den Zuschlag für ein Zelt bekommen hat. Auch wenn er auf eine Fläche gehen musste, zu Füßen der Bavaria, wo zu der Zeit tote Hose war. Die großen Festzelte waren samt und sonders am anderen Ende der Wies'n. Da stand das Riesenrad. Ansonsten gab es nur kleine Buden, und den Vogel-Jakob konnte man pfeifen hören. Diese schwierigen Startbedingungen hat mein Vater aber als Ansporn genommen und mit der Käfer-Schänke ganz neue Impulse gesetzt. Obwohl ihm die Wies'n persönlich so wichtig war, hat er mich bereits im dritten „Wies'n-Jahr" mit dem Aufbau der Käfer-Schänke betraut. Ich war gerade sechzehn Jahre alt. Da habe ich zusammen mit den Handwerkern die Küchenherde aufgebaut, selber mit angeschlossen und dann sechzehn Tage lang von früh bis spät auf der Wies'n gewerkelt, wo Not am Mann war. Ich durfte in der „Käfer-Schänke" in einem Alter die Leitung übernehmen, wo andere gerade mit ihrem Servierkurs fertig sind. Eine bessere Lehre kann man gar nicht angeboten bekommen. Wegen meiner Ausbildung in den USA musste ich ein Jahr aussetzen. Trotzdem bin ich 2006 zum 32. Mal auf der Wies'n. So viel zum Klischee „von Beruf Sohn", von dem sich manche Journalisten partout nicht verabschieden wollen.

Wachstum global

EL: Wenn man so wie ich, über Jahrzehnte das Wachsen von Käfer mitverfolgt hat, dann stellt sich die Frage: Wo ist überhaupt noch Wachstum mit den Qualitätsmaßstäben von Käfer möglich? Was für Pläne hast du für die nächsten drei, fünf oder gar zehn Jahre.

MK: Das Großartige ist, und das habe ich ausschließlich meinem Vater zu verdanken, dass Käfer heute einen Bekanntheitsgrad hat, der auf ganz Deutschland gerechnet weit über 60 Prozent liegt. Im Süden der Republik sind es sogar weit über 70 Prozent. Käfer steht in ganz Europa für hochwertige Feinkost und auch für Party-Service. Dass nach der WM 180000 VIPs in ihre Länder zurückfuhren und ihnen Käfer nicht nur ein Begriff ist, sondern hoffentlich auch Teil ihrer guten Erinnerungen an diesen Mega-Event, das hat sehr viel mit dem zu tun, was mein Vater aufgebaut hat. Das gibt uns heute die Chance, nicht nur verstärkt ins Ausland zu gehen. Wir können auf diesem Bekanntheitsgrad ganz neue Geschäftsfelder aufbauen.

EL: Umgekehrt ist dein Vater– vielleicht ohne es dir zu sagen – wahnsinnig stolz darauf, wie du das Unternehmen so erfolgreich in die Globalität weiterführst.

MK: Ja, das WM-Jahr mit seinen gigantischen Ausmaßen an Partys und Festveranstaltungen ist das erfolgreichste, das das Feinkost-Käfer-Imperium seit ihrer Gründung im Jahr 1930 hingelegt hat.

EL: Dein Vater sieht allerdings ein Problem, das nun sehr in deine Privatsphäre geht. Er sagt, es wäre höchste Zeit, dass die nächste Käfer-Generation das Licht der Welt erblickt. Er wünscht sich sehnlichst einen Enkel, der später einmal von dir das Unternehmen Feinkost-Käfer übernimmt. Darf ich an diesem Punkt mal neugierig fragen, wie du über dieses Problem denkst?

MK: Darauf gibt es eine ganz einfache Antwort: Ich hoffe sehr, dass wir in der nächsten Zeit Kinder bekommen.

Aber ein genauso wichtiger Punkt ist die weitere Expansion des Unternehmens – insbesondere der Ausbau des Managements weltweit.

Haute cuisine für den Alltag

Strategisch betrachtet stehe ich heute an einem Punkt wie Karl Lagerfeld vor zwei Jahren. Der Edel-Modemacher der Haute Couture hat für H&M eine wahnsinnig spannende Kollektion entworfen. Diese Idee stammte von einem Management- und Marketingprofi, der das gesteigerte Qualitätsbewusstsein breiter Massen richtig eingeschätzt hat.

Die Lagerfeld-Kollektion war in null Komma nix ausverkauft. – Warum? – Es gibt einfach viele Menschen, die hart arbeiten, die gutes Geld verdienen, die ein tolles Auto fahren, die eine oder mehrere Eigentumswohnungen besitzen und die dann in ihren Ansprüchen an Kleidung, an Essen und Trinken und vor allem an den Service einfach über dem Durchschnitt liegen. Darin sehe ich auch unseren großen Wachstumsmarkt, und zwar global! Diesem Kundenkreis will ich „haute cuisine“ und Käfer-Spitzenprodukte für ihren Alltag liefern. Die kann ich natürlich nicht zum Nulltarif täglich selber vorbeibringen.

Deshalb ist die Frage zu beantworten: „Wo kann ich neue Geschäftszweige aufbauen, die nicht mehr so persönlich geführt werden müssen wie das Restaurant in der Prinzregentenstraße oder die Geburtstagsparty beim Fürsten Fürstenberg. Ich denke über die Erweiterung der Flughafengastronomie nach. Auch das Lizenzgeschäft, das ich vor vielen Jahren eingeführt habe, läuft sehr gut. Wir verkaufen mittlerweile Produkte mit dem Käfer-Logo auch in Japan. Insgesamt denken meine Mitarbeiter und ich über Bereiche aus unserem Geschäft nach, die man vervielfältigen kann. Zum Beispiel die Deli-Märkte. Das ist ein neues Konzept, das wir vom factory outlet in der Mode abgeguckt haben. In den Deli-Märkten verkaufen wir hochwertige Delikatessen zu angemessenen Preisen.

EL: Wie verträgt sich so eine Deli-Ladenkette mit dem einzigartigen „Feinkost-Käfer“, den dein Vater aufgebaut hat?

MK: Genauso wie wir für das Stammhaus täglich auf der Suche nach dem außergewöhnlichsten Fisch sind, dem schmackhaftesten Käse und dem besten Lamm, das auf den Salzweiden der Camargue herangewachsen ist, bieten wir auch in den Deli-Märkten nur beste Qualität an. Meine Vision ist es, dass Käfer der beste Delikatessenladen Europas wird. Das sind wir noch nicht, aber das ist unser Ziel.

EL: Schaust du da gelegentlich zur Information bei Harrod's vorbei?

MK: Selbstverständlich schaue ich bei Harrod's vorbei, wenn ich in London bin. Weil dieser Feinkosttempel einfach immer wieder eine ganz besondere Augenweide ist. Eine Sehenswürdigkeit wie die Westminster Abbey oder der Buckingham Palace. Aber mit Harrod's vergleichen wir uns nicht. Harrod's ist der Luxusdampfer. Harrod's ist die Queen Mary, das größte Passagierschiff der sieben Weltmeere. Käfer ist dagegen eine der schönsten Privatyachten, die es im Mittelmeer gibt. Mit diesem Käfer-Schiff will ich die Regatta gewinnen. Und die werde ich gewinnen. In dieser edlen Kategorie will ich die Nummer eins werden!

Den Grund dafür hat mein Vater gelegt. Das in seinem Dienstleistungsgedanken weiterzuführen und entsprechend den Anforderungen der Zeit zu vergrößern, ist eine wahnsinnig tolle Lebensaufgabe. Etwas Schöneres kann ich mir gar nicht vorstellen.

Es begann in der Schwabinger Feinkostboutique

Interview mit Hilde Käfer

EL: Frau Käfer, Sie waren Gerd Käfers zweite Frau und haben in seinem Leben eine nicht unwichtige Rolle gespielt. Sie haben ihn in einer ganz schwierigen Phase seines Lebens mit großem Engagement unterstützt – und Sie sind die Mutter von Michael Käfer, der heute das Unternehmen Feinkost-Käfer mit großem Erfolg leitet. Wie haben Sie Gerd Käfer kennen gelernt?

Michael Käfer mit seiner Mutter Hilde.

HK: Ich war die Freundin seiner ersten Frau und sah, wie schwer es für ihn war, nach der wenig überraschenden Trennung allein über die Runden zu kommen. Seine Mutter hatte ihn rausgeschmissen, weil er diese Frau geheiratet hatte. Da hat er seine Schwabinger Feinkostboutique gegründet und dort habe ich ihm geholfen. Auch wenn meine Freundin zu mir sagte: „Du wirst doch nicht so blöd sein und dich da reinstellen! Das hat doch keine Zukunft!" – Da habe ich nur geantwortet: „Wenn dein Mann Hilfe braucht, dann helfe ich ihm. Das ist für mich ganz selbstverständlich!" Damals war Gerd wirklich ein echter Schatz, sehr liebenswürdig, sehr zuvorkommend. Er sah auch sehr gut aus. Ich habe aus der Zeit noch ein Foto, da sieht er aus wie James Dean. Und das passte, denn auch wir lebten „Jenseits von Eden".

Ich stand den ganzen Tag an der Kasse dieser kleinen Feinkostboutique, denn ich war nicht aus der Branche und konnte ihm im Geschäft nicht allzu viel helfen. Allerdings machte ich mir Sorgen, denn schon in dieser kleinen Boutique hat Gerd immer sehr großzügig eingekauft. Weil wir mit dem Laden allein keine Chance hatten über die Runden zu kommen, eröffnete Gerd nebenan noch eine kleine Bar. Dort habe ich mich nach Ladenschluss um die Gäste gekümmert. Da saßen der junge Friedrich Karl Flick, Gunter Sachs, der junge Fritz Deckel, und Peter Haff, der damals mit der Ex-Kaiserin Soraya liiert war. Und wenn ich mich recht erinnere war auch Bob Arnold, der ARRI-Erbe mit dabei. Das war eine richtig kleine verschworene Gemeinde. Die saßen bei uns auf den Bananenkisten, tranken Bier, Whisky und Mixgetränke, die sich Gerd hatte einfallen lassen. Und jede Menge Champagner. Das nötige Kleingeld dazu hatten sie ja. Dazu aßen sie gegrillte Hendl. Sehr viel mehr gab es nicht. Im Grunde war das kein Lokal, sondern eine bessere Würstlbude. Aber für die Prominenz eine Art Geheimtipp. Das hing wahrscheinlich auch mit dem Namen Käfer zusammen, der durch die Gastronomie im Prinzregententheater bekannt war.

EL: Frau Käfer, was war das Besondere an Gerd Käfer, dass er diese Menschen wie ein Magnet angezogen hat?

HK: Gerd hatte schon damals eine ganz besondere Beziehung zu diesen reichen und prominenten jungen Leuten. Er hatte sich schon ein bisschen deren Lebensart angewöhnt, aber er blieb immer ihr Diener.

EL: Warum musste Gerd diesen Laden dann trotzdem schließen?

HK: Wie ich schon sagte: Gerd hat immer auf großem Fuß gedacht, geplant und entsprechend eingekauft. Nach einiger Zeit konnte er seine Lieferanten nicht mehr bezahlen. Es kamen immer mehr Zahlungsbefehle. Gerd hat das aber nicht irgendwie tragisch genommen. Er meinte nur: „Jetzt kann ich bald mein ganzes Büro damit tapezieren!" Und eines Tages musste er den Laden verkaufen. Dann ging Gerd zur „Gisela".

EL: Wie haben Sie diese Zeit überstanden?

HK: Gerd und ich hatten wirklich kein Geld. Zeitweise haben wir bei meinen Eltern gewohnt. Die hatten einen Holz- und Kohlenhandel. Das war damals noch ein sehr gutes Geschäft. Aber Gerd war immer großzügig, auch wenn er keinen Pfennig Geld hatte. Als wir heirateten, besorgte er für jeden Gast einen Blumenstrauß und überreichte den, als die Gäste eintrafen. Da war er wirklich unglaublich liebenswürdig.

Dann habe ich den Kontakt zu Gerds Vater wieder hergestellt und in die Wege geleitet, dass Gerd wieder im Geschäft seiner Eltern mitarbeiten konnte. Der Vater war auch ganz froh darüber. Die Mutter war allerdings dagegen, und auch sein Bruder Helmut war zunächst nicht wahnsinnig begeistert. Denn Helmut hatte sein Studium aufgegeben, um den Feinkostladen voranzutreiben. Irgendwie haben sich die beiden aber dann doch arrangiert.

Als bei Gerd und Helmut der Gedanke aufkam, in der Prinzregentenstraße ein Lokal aufzumachen, war ich total dagegen. Ich wollte nicht schon wieder ein Lokal, das dann verkauft werden muss. Aber da zählte meine Meinung schon nicht mehr. Da war unsere Beziehung leider schon am Auslaufen. Aber dennoch – durch Michael blieb der Kontakt zur Familie erhalten, und meine Schwiegermutter hat unseren Michael sehr geliebt.

Ice Follies und kein Ende

Interview mit Inge Käfer

EL: Liebe Frau Käfer, nachdem es mit den Ehen und sonstigen Beziehungen von Gerd Käfer ja ziemlich durcheinander geht, kam ich irgendwann zu der Überzeugung, dass dieses Buch nicht fertig geschrieben werden kann, ohne dass seine Ehefrauen zu Wort kommen.

IK: Ja – da war 35 Jahre lang ich, aber dazwischen kamen viele andere Beziehungen.

EL: Wenn man Gerd von seinen unendlich vielen Partys erzählen hört, dann war er im Grunde ständig in Champagnerlaune. Auf den Festen ist er natürlich vielen schönen Frauen begegnet …

IK: … und viele von denen haben ihn richtig angehimmelt.

EL: Da gibt es Uschi Ackermann. – Haben Sie von dieser Beziehung gewusst?

IK: Ich habe es nur bei der Sängerin gemerkt, mit der er wohl längere Zeit ein Verhältnis hatte. Deren Namen weiß ich aber nicht mehr. Da müssen Sie Gerd fragen. Die war ab einem bestimmten Zeitpunkt bei jeder Party dabei. Von dieser Geschichte habe ich aber erst viel später erfahren, als sie praktisch schon wieder zu Ende war. Was er so noch nebenbei am Laufen hatte – ich weiß es nicht. Ehrlich gesagt, ich kann mir auch gar nicht vorstellen, dass da viel gewesen ist, denn auf den Festen hat er unermüdlich gearbeitet und wenn er nach Hause kam, mitten in der Nacht oder am frühen Morgen, dann schlief er vor Erschöpfung nach fünf Minuten auf dem Stuhl ein.

EL: Es gibt ja noch Christian Käfer, seinen jüngeren Sohn. Wann haben Sie von dessen Existenz erfahren?

IK: Gerd hielt sich da ganz bedeckt. Trotzdem habe ich es sehr bald erfahren. Aber persönlich begegnet bin ich Christian erst sehr viel später.

EL: Mit Uschi Ackermann ist er auch schon lange in einer harmonischen Beziehung beisammen.

IK: Das ist etwas, was ich ein wenig anders sehe. Wir hatten Silberne Hochzeit. Wir haben meinen 50. Geburtstag gefeiert. Das war vor 12 Jahren. Da waren wir noch wirklich als Ehepaar eng beisammen. Ich glaube, dass diese Geschichte erst richtig losging, als Gerd in Wiesbaden zusammen mit Roland Kuffler die Spielbank übernommen hat. Das ist immer dasselbe – wenn Männer in einer anderen Stadt ein Geschäft aufmachen. Dann haben sie die besten Ausreden. Dann können sie sagen: „Ich komme nicht nach Hause, weil ich hier noch so viel zu erledigen habe!“ Dann kam Gerd oft über das Wochenende nicht nach Hause, und dann war mir klar, wo der Hase im Pfeffer liegt. Und Gerd ist ja ein großartiger Märchenerzähler.

EL: Aber Gerd schwärmt nach wie vor von Ihnen, und insofern ist das ja auch eine tolle Geschichte, dass die große Käfer-Familie bei allen Differenzen immer noch um den „Feinkost-Käfer“ kreist. Jeder ist ein Teil davon und engagiert sich. Der Name Käfer wird nach wie vor von allen mitgetragen.

Was ich wirklich erstaunlich finde, ist: Sie, Hilde Käfer, Frau Pappberger, also die Mutter von Christian, Uschi Ackermann – alle sprechen von Gerd in den höchsten Tönen. Die Menschen, die ihn begleitet haben, haben ihm immer wieder Kraft gegeben. Das ist bis heute so. Irgendwie ist Gerd ein Mensch, dem man nicht böse sein kann.

Inge Käfer mit Gerd Käfer in der Käfer-Schänke auf dem Münchner Oktoberfest.

IK: Das ist richtig. Ich bin ihm auch heute noch nicht böse. Er ist einfach im besten Sinne des Wortes ein Verrückter. Was er im Grunde seines Wesens überhaupt nicht verkraftet, ist, dass er nicht mehr im Geschäft ist. Dass er sein geliebtes Büro in der Prinzregentenstraße verlassen musste, das hat ihm schon sehr wehgetan. Gerd hat keine Hobbys. Sein einziger Lebensinhalt sind seine Partys. Das war sein Leben. Seit ich ihn kenne, solange wir beisammen waren, ging er am Spätnachmittag weg, organisierte ein Fest, manchmal auch zwei oder drei, und kam dann irgendwann spät in der Nacht zurück oder auch am frühen Morgen.

EL: Wie haben Sie Gerd kennen gelernt?

IK: Ich bin eine gebürtige Münchnerin. Und ich war eine erfolgreiche Eisläuferin. Ich bin mit Manfred Schnelldorfer gelaufen. Lange Zeit war ich immer Zweite bei den deutschen Meisterschaften – hinter Ina Bauer, die ja heute noch ein Begriff ist. Bis ich dann aufhörte, weil mich dieser zweite Platz irgendwann so genervt hat, dass ich auf Wettkämpfe keine Lust mehr hatte. Dann ging ich nach Chicago zu den Ice Follies. Das ist eine Truppe, die in Amerika so bekannt ist wie „Holiday on Ice“. Mit denen tourte ich durch ganz Amerika. Sechs Jahre lang. Bis mir die Reiserei zu viel wurde. Dann ging ich zu der Eis-Show des Hilton Hotels in Chicago.

Bei dieser Revue war ich drei Jahre. Als ich 1968 Urlaub hatte, fuhr ich nach Hause. In München rief mich eines Tages meine Agentin an und sagte, dass mich der Käfer Party-Service für einen Auftritt engagieren möchte. Der richtete für einen Herrn Burkhardt eine Hochzeit aus. Herr Burkhardt war Generalbevollmächtigter beim Flick-Konzern. Dessen Tochter war eine begeisterte Eisläuferin und als die heiratete, wünschte sie sich eine Eisrevue. Da wurde also mitten im Sommer im Park einer Villa in Grünwald eine riesige Eisfläche angelegt. – Das Unmögliche möglich machen und mitten im Sommer in einem Park eine Eisfläche anlegen – das war so ganz nach dem Geschmack von Gerd. Jeder andere hätte gesagt: „Das geht nicht!“ Auf dieser Eisfläche habe ich dann meine Revue getanzt. Dabei habe ich Gerd kennen gelernt.

EL: Wie kam es dann zu der Beziehung mit Gerd.

IK: Gerd hatte bei diesem Auftritt ein Auge auf mich geworfen. Noch vor dem Brautpaar kam er strahlend auf mich zu: „Sie waren wunderbar!“ In solchen Komplimenten ist er wirklich ein großer Meister. Am nächsten Tag klopfte es an der Tür meines Hotelzimmers und ein Riesen Blumenstrauß wurde abgegeben. Offensichtlich hatte Gerd sich über meine Agentin meine Hoteladresse besorgt. Da lag ein Brief dabei, in dem noch einmal dick unterstrichen stand: „Sie waren wunderbar! Wann können wir uns sehen?“

Tja, und allmählich entwickelte sich eine sehr enge Beziehung. Als ich nach Chicago zurückging, rief Gerd mich jeden Tag an. Das war damals noch sehr ungewöhnlich, weil diese Gespräche nach Übersee alle noch per Hand vermittelt werden mussten und sehr teuer waren. Das Verrückteste aber war, dass Gerd zu der Zeit viel mit einem Geschäftsfreund unterwegs war, der das erste Autotelefon in München besaß. Von dem aus rief mich Gerd täglich in Chicago an. Das war dann richtig teuer. Aber für Gerd spielt Geld keine Rolle, wenn er sich etwas in den Kopf gesetzt hat.

EL: Wie sehen Sie die Zeit mit Gerd im Rückblick?

IK: Der Anfang unserer Ehe war nicht einfach. Die Flitterwochen waren schnell vorbei und ich musste voll ins Geschäft einsteigen, vieles lernen, was mir bis dahin völlig fremd gewesen war. Zunächst hatte ich von seinem Geschäft keine Ahnung, als wir aber verheiratet waren, habe ich mich richtig in die Arbeit reingehängt. Kaum hatte ich mich ein wenig eingearbeitet, fing das Geschäft mit der Wies'n an. Wir werkelten wie die Wahnsinnigen. Ich stand den ganzen Tag an der Essensausgabe. Gerd versuchte verzweifelt den Überblick über den Service zu behalten, gleichzeitig wichtige Gäste zu begrüßen und den Nachschub zu organisieren. Am Abend waren wir so erschöpft, dass wir uns beim Abrechnen immer wieder verzählten. Am Ende leerten wir die ganze Kasse einfach in eine Plastiktüte und brachten sie am nächsten Tag zur Bank.

Allmählich wuchs ich in diese Herausforderungen bei Käfer hinein. Wenn dagegen heute eine junge Frau in diesem Geschäft von Anfang mitmachen soll, ist die bei der jetzigen Größe total überfordert. Das ist auch das Problem von Michael. Eine junge Frau, die so einen Betrieb nicht kennt, kriegt den Schreck ihres Lebens, wenn sie da mit einsteigen soll.

EL: Frau Käfer, wo war ihr Platz im Feinkost-Käfer, wenn nicht gerade Oktoberfest war?

IK: Im normalen Betrieb habe ich die kleineren Partys betreut, Gerd die großen. Aber mein fester Platz war die Theatergastronomie, im Nationaltheater.

EL: Dann haben Sie sicher im Jahr 1965 auch den Besuch von Königin Elisabeth II. miterlebt?

IK: Ja, das ist mir unvergesslich. Dieser Besuch war so ungeheuer wichtig für das Nachkriegsdeutschland. Entsprechend groß war bei allen das Lampenfieber. Und dann passierte es – eine unserer langjährigen Bedienungen war so aufgeregt, dass sie mit einem vollen Tablett unmittelbar vor der Königin ausrutschte und der Länge nach hinfiel. Das war allen natürlich unheimlich peinlich, aber die Königin begleitete diesen kleinen Zwischenfall mit einem sehr sympathischen, feinen Schmunzeln.

Empfang für Königin Elizabeth II. im Nationaltheater.

EL: Wie hat der ständige Umgang mit der Prominenz Ihr Leben verändert?

IK: Überhaupt nicht. Ich bin ein sehr bodenständiger Mensch. Ich weiß, was ich kann und ich weiß, wo ich hingehöre. Warum sollte mich das verändern, wenn mir ein König, ein Fürst oder ein berühmter Schauspieler die Hand gibt? – Selbstverständlich ist es interessant, diesen Menschen zu begegnen. Aber verändert hat mich das nicht.

Die beeindruckendste Begegnung hatte ich, als ich eines Abends im Käfer-Lokal saß und Liz Taylor und Richard Burton kamen die Treppe herauf. So etwas hatte ich in meinem Leben noch nicht gesehen. Liz Taylor – in einem bodenlangen Zobelcape! Einer Frau geht da natürlich sofort durch den Kopf, was so ein Pelz kosten kann. Aber das Teil überstieg meine Fantasie. Richard Burton schritt neben Liz Taylor her – wie bei einer Filmaufnahme. Ein toller Eindruck. Ich begrüßte die beiden, führte sie an einen Tisch und kümmerte mich natürlich um den bestmöglichen Service. Ich kann nur bestätigen – Liz Taylor war eine der schönsten Frauen des Jahrhunderts. Von ihrer ganzen Ausstrahlung – einfach außergewöhnlich, eine wahre Königin! Meine Weinempfehlung zum Essen wurde allerdings nicht angenommen, denn Richard Burton trank ausschließlich Whisky.

EL: An welche besonderen Käfer-Feste erinnern Sie sich?

IK: Einmal erlebte ich Brigitte Bardot auf einer Jagdparty mit ungefähr achtzig Gästen bei Gunter Sachs in der Rechenau. Da waren die beiden schon verheiratet. Es wurde gegrillt. Dann gab es ein Riesenfeuerwerk. Brigitte Bardot war sehr zurückhaltend. Ja, fast ein wenig zurückweisend, denn der Rummel, der auf diesem Fest um sie gemacht wurde, passte ihr offensichtlich überhaupt nicht. Da hatte ich schon den Eindruck, dass diese Beziehung nicht allzu lange halten würde, denn Gunter Sachs lebte sehr stark in dieser Atmosphäre der Jagdpartys und der außergewöhnlichen Feste.

Ein besonderes Erlebnis war für mich auch die Einladung, die der deutsche Außenminister Hans Dietrich Genscher in Hinterbrühl im Isartal für den amerikanischen Außenminister Henry Kissinger gegeben hat. Das war eine seltsame Diskrepanz zwischen der lockeren, ja fast familiären Atmosphäre im Gasthaus Hinterbrühl und den festungsartigen Sicherheitsmaßnahmen draußen. Weltpolitik in einer bayerischen Idylle – das war schon ein sehr eigenartiges Gefühl!

EL: Inwieweit ist der Erfolg von Gerd Käfer auch Ihr Erfolg?

IK: So kann man das überhaupt nicht sehen. – Gerd hat die wesentlichen Entwicklungen von Feinkost-Käfer ganz alleine bestimmt. Gelegentlich habe ich versucht, seine überschäumende Fantasie ein wenig zu bremsen. Aber das kam nicht gut an.

EL: Was ist Gerd in Ihren Augen für ein Mensch?

IK: Gerd ist charmant, liebenswürdig, kreativ, begeisterungsfähig und er kann andere Menschen für sich und seine Ideen begeistern. Das war auch seine große Stärke im Umgang mit unseren Mitarbeitern. Andererseits ist er unruhig und hektisch! Er ist ein Spinner, und er kann sich über winzige Kleinigkeiten so maßlos aufregen kann, dass man meint, die Welt geht unter. Aber im nächsten Augenblick dreht er sich um und der ganze Ärger ist für ihn vorbei. Aber kein Mensch kann Gerd dann lange böse sein.

Vor allem aber ist Gerd der absolute Umbau-Weltmeister. Wenn er nichts hat, was er umbauen kann, dann fühlt er sich nicht wohl. Das sorgte auch ständig für Schwierigkeiten mit seiner Mutter. Die hielt immer zu Helmut, denn Gerd war in ihren Augen viel zu verschwenderisch. Dass Gerd ständig umgebaut hat, das war ihr als waschechter Schwäbin ein Dorn im Auge.

EL: Andererseits war das für die Kunden toll. Man ging praktisch nie in denselben Laden. Alle sechs Wochen sah der Laden in irgendeiner Weise anders aus. Das hat auch viel der Anziehungskraft von Käfer ausgemacht. Und Gerd war ständig am Gucken, wo er noch etwas verbessern könnte.

IK: Ja, bis heute kann keiner von uns Käfers durch den Laden gehen, ohne dass er Dinge bemerkt, die man noch verbessern könnte.

EL: Das geht Gerd und seinem Bruder Helmut aber ganz genauso. Das ist ganz interessant – Sie sprechen immer noch in der Uns-Form! Ist Käfer immer noch so sehr Teil Ihres Lebens?

IK: Ich glaube, das ist die Stärke aller Käfers, dass sie

Münchens schönste Tiefgarage!
Wenn es schon nichts zum Umbauen gibt, kann man doch wenigstens die Tiefgarage ausmalen!

großen Wert auf das kleinste Detail legen und jeder auf seinem Gebiet ein absoluter Perfektionist ist.

EL: Wie hat sich das Käfer-Imperium verändert, seid Gerd nicht mehr die Leitung hat?

IK: Man merkt, dass Michael ein großer Rechner ist. Er kann z.B. die Bankleute mit Fakten überzeugen. Das konnte Gerd eher nicht. Er schaffte das mit seiner Begeisterung und Überzeugungskraft. Das zählte lange Zeit nicht, schon gar nicht bei Banken, aber ich glaube, das ist wieder im Kommen.

EL: Im Grunde wären die beiden ja das ideale Gespann – Michael der Rechner und Groß-Logistiker und Gerd das kreative und kommunikative Verkaufsgenie!

IK: Ja, Herr Lejeune, das wäre ein Traum!

Der schlaue Käfer im Hintergrund

EL: Gerd, von meinem eigenen Unternehmen, das ich 1976 begonnen und im Lauf von zwei Jahrzehnten an die Börse gebracht habe, weiß ich, dass so ein Erfolg zwar ganz stark von einer Person initiiert wird, dass dazu aber – neben vielen engagierten Mitarbeitern auch noch einige herausragende Menschen gehören. Wie war das beim Aufbau des Käfer-Feinkostimperiums?

GK: Du hast völlig Recht, diesen Aufstieg verdankt Käfer nicht nur mir. Ich habe ja noch einen Bruder Helmut. Der hat zu diesem Aufstieg sehr viel beigetragen. Seine hervorragenden Kenntnisse im Einkauf waren mit entscheidend für diesen Aufstieg. Er hat eine Warenkenntnis, die es kein zweites Mal gibt – weltweit! Er brauchte einen Fisch nur anzusehen und wusste genau, wo er herkommt und vor wie vielen Stunden er gefangen wurde. Das war eine der Stärken der Firma Käfer. Helmut war der Spezialist für die schwarzen Körner des Meeres. Ein Blick auf einen Löffel Kaviar, und Helmut konnte dir alles über Qualität und Herkunft sagen. Er kannte an der Größe und dem Aussehen sofort, ob es ein Ossietra, ein Sevruga oder ein Beluga ist. Die Kaviar-Selektionen Royal Black und Imperial waren ihm einfach geläufig.

Was ganz wichtig war, ist die Tatsache, dass mein Bruder von seiner ganzen Lebenseinstellung her ein halber Franzose ist. Paris ist die Stadt, in der er sich wohler fühlt als in München. Er hat den Einkauf in den Pariser Hallen abgewickelt. Er ist aber auch weltweit herumgereist und hat von diesen Reisen Waren mitgebracht und Einkaufsmöglichkeiten erschlossen, die es sonst nirgends gab. Er hatte eine unglaubliche Nase für Spezialitäten, die bei unseren Kunden ankommen würden.

Anfang der 60er Jahre kam er regelmäßig aus Paris zurück mit Dutzenden von Käsesorten, die damals in Deutschland noch kein Mensch kannte. Dann saßen wir halbe Nächte zusammen und probierten französischen Käse – und Wein natürlich auch.

EL: Dein Bruder Helmut hat offensichtlich eine ganz wichtige Rolle beim Aufbau von Feinkost-Käfer gespielt. Man kennt aber nur Gerd Käfer. Woher kommt das?

GK: Mein Bruder Helmut wollte von sich aus immer im Hintergrund bleiben. Ihm lag der Umgang mit den Gästen und vor allem mit der Presse überhaupt nicht.

EL: Trotzdem würde ich gerne genauer wissen, was er alles für Käfer getan hat.

GK: Erich, ich schlage vor, du fragst ihn selbst!

Interview mit Helmut Käfer

EL: Herr Käfer, Sie waren immer die graue Eminenz. Sie standen nie so im Rampenlicht wie Gerd. Was war Ihre Position in der Erfolgsgeschichte von Feinkost Käfer?

HK: Ich bin der einzige lebende Einkäufer, der noch in den alten Pariser Hallen eingekauft hat. Das war zu der Zeit unglaublich schwierig. Ich flog mit dem Flugzeug hin, kaufte ein, ließ ein paar Kisten Seeteufel, ein paar Kisten Gemüse und ein paar Kisten frische Feigen einladen und flog dann wieder zurück. Das war 1957. Da wussten die Menschen in Deutschland kaum, wie Feigen aussehen. Dieser Einkauf war ungeheuer schwierig. Für jede Kiste brauchte man eigene Export- und Importdokumente. Ein endloser Papierkrieg. Das kann man sich in Zeiten der EU gar nicht mehr vorstellen.

EL: Sprachen Sie Französisch?

HK: Kaum, aber das habe ich schnell gelernt. Im Einkauf kommt man leicht mit sechshundert Wörtern aus. Die Bezeichnungen für die Fische und Meeresfrüchte, für Obst und Gemüse, für die Käsesorten – das ist nicht schwierig, die zu lernen. Und bei den Auktionen geht ohnehin alles mit Zeichensprache. Ich hatte Abitur, habe dann angefangen BWL zu studieren, habe aber dieses Studium abgebrochen, um im Laden meiner Eltern mitzuhelfen.

EL: Sie waren also vor Ihrem Bruder im Laden Ihrer Eltern?

HK: Ja! Als Gerd nach seinem Rauswurf zurückkam, war das schon eine schwierige Situation. Ich hatte mein Studium ja nicht dafür abgebrochen, um unter der Leitung meines Bruders zu arbeiten.

Ich hatte auch einen ganz anderen Lebensrhythmus als mein Bruder. In der Zeit musste ich jeden Tag um fünf Uhr aufstehen, in die Großmarkthalle fahren und einkaufen, wenn ich nicht in Paris war. Dort musste ich sogar noch früher antreten, wenn ich bei den täglichen Fischversteigerungen die beste Ware ergattern wollte. Dabei habe ich alle Tricks gelernt, die man für den Einkauf braucht.

EL: Waren Sie sozusagen der Einkäufer und Gerd der Verkäufer? Diese Situation kenne ich von meiner Firma. Ich hatte einen Kompagnon, der den Einkauf tätigte, und ich war der Verkäufer, der die Kontakte nach draußen herstellte. Das war unser Erfolgsgeheimnis. Was war das Geheimnis von euch beiden?

HK: Mein Hauptinteresse galt dem Einkauf. Mit der Presse wollte ich nie etwas zu tun haben. Der Einkauf war die Welt, in der ich mich wohl fühlte. Und da hat mich Gerd auch völlig selbständig agieren lassen.

Im Grunde hatten wir zwei Betriebszweige: den Feinkostladen und den Party-Service. Ich hatte den Laden unter mir. Nicht nur im Einkauf, sondern auch in der Führung, in allem. Gerd machte in der Hauptsache den Party-Service. Aber er hatte für den Laden ständig Umbaupläne, die beim Rest der Familie häufig nicht gerade auf große Begeisterung stießen.

Dann kam 1967 das Restaurant dazu. Das war ursprünglich meine Idee gewesen. Auf diese Idee war ich bei meinen häufigen Paris-Reisen gekommen. Ich hatte so tolle Dinge in der französischen Gastronomie gesehen. Das wollte ich in München nachmachen. Ich war jung und dementsprechend durchsetzungsfähig. Ich bildete mir ein, dass wir im ersten Stock ein Restaurant eröffnen sollten. Jeder sagte: „Du bist verrückt! Wir sind doch nicht in Paris!" Nur meinen Bruder konnte ich für diese Idee begeistern. Ich besorgte das Geld. Drei Millionen waren veranschlagt. Die Bauzeit sollte ein Jahr dauern. Es kam aber ein wenig anders, nicht zuletzt, weil mein Bruder nun seine ganze Fantasie in die Gestaltung der Restauranträume steckte. Die Bauzeit verlängerte sich auf zwei Jahre, und gekostet hat der ganze Umbau damals sechs Millionen.

Den Mietvertrag für das Restaurant holten wir gemeinsam bei unserem Vermieter. Nachdem das Restaurant fertig war, sagte ich: „Das überlasse ich dir, Gerd. Du kannst mit den Gästen umgehen. Du bist kontaktfreudig. Während ich mich da lieber zurückhalte und im Hintergrund agiere!"

EL: Gibt es in Paris ein bestimmtes Lokal oder Restaurant, das Ihnen als Vorbild diente?

HK: Das gibt es heute leider nicht mehr. Aber das war das Restaurant „Cocardi de Cheval". Das lag auch im ersten Stock. Ein alter deutscher General hatte mir das empfohlen, ein Herr Gebler. Der hatte das „Cocardi" während seiner Zeit in Paris zu seinem Lieblingslokal auserkoren. Dieser ehemalige General kam jeden Tag in unseren Laden, nahm da seinen ersten Schluck Bordeaux zu sich und als der hörte, dass ich in Paris einkaufe, sagte er mir: „Helmut, du musst unbedingt ins „Cocardi" gehen!" Das habe ich auch gemacht und war so begeistert, dass ich den Plan fasste, das so ähnlich in München nachzubauen.

Das Parallelogramm der Kräfte

EL: Herr Käfer, erlauben Sie mir eine sehr direkte Frage – wie sehen Sie ihren Bruder und seine Rolle beim Aufbau des Käfer-Imperiums?

HK: Gerd ist der umtriebigste Mensch, dem ich je in meinem Leben begegnet bin. Er ist sehr dominant, aber das hat mich nie sonderlich gestört, weil ich es gar nicht bin. Und ich kann ohne weiteres sagen, dass ohne ihn die Größe von Feinkost-Käfer nie erreicht worden wäre. Allerdings möchte ich hinzufügen, dass ohne mich als Spaß-Bremse das Ganze vermutlich sehr bald baden gegangen wäre. Ich hatte zusammen mit meiner Mutter die Mehrheit der Anteile und so konnte ich ihn manchmal bremsen. Das war auch notwendig, denn in seinem kreativen Überschwang kannte er oft einfach keine Grenzen. Geld interessierte ihn nur in dem Maße als er es brauchte, um seine Ideen und Visionen durchzusetzen, während ich der nüchterne Rechner bin. Bei manchen Verträgen, die er ohne mich abgeschlossen hatte, musste er hinterher grässlich draufzahlen.

Die Zwei von der Baustelle – Gerd Käfer mit seinem Bruder Helmut.

EL: Wie sehen Sie die Tatsache, dass Gerd und sein Sohn Michael manchmal Schwierigkeiten miteinander haben?

HK: Das halte ich für ganz normal in einem Vater-Sohn-Verhältnis. Auch das Verhältnis zwischen Gerd und mir war nicht immer störungsfrei, aber das war in den vierzig Jahren, die wir zusammen gearbeitet haben, wirklich gut. Dieses Wechselspiel von überschäumender Kreativität und nüchternem kaufmännischen Denken hat Käfer wirklich groß gemacht. Mit kaufmännischem Denken allein bekommst du nie die Größe, und mit Kreativität allein gehst du irgendwann baden.

Dadurch, dass Gerd und ich in einem gewissen Spannungsverhältnis miteinander umgingen, schaute jeder auf den anderen. Und das war gut für das Geschäft. Insgeheim wusste auch jeder von uns beiden, was er kann und was er nicht kann. Ich hätte nie den Party-Service aufbauen können. Das war einfach nicht meine Welt. Ich fühlte mich bei den Fischauktionen in den Hallen von Paris viel wohler. Einmal musste ich für Gerd eine Hochzeit betreuen, die er für den Hohenzollernprinz entworfen hatte, der jetzt wegen seiner Beziehung zu Tatjana Gesell durch alle Gazetten geht – Prinz Foffi. Der heiratete im Gasthaus Hinterbrühl im Isartal. Ich sollte diese ganze Veranstaltung leiten, weil Gerd bei irgendeiner anderen Veranstaltung gebraucht wurde. Dieses ganze Getue mit Bussi hier und Bussi da hat mir einfach keinen Spaß gemacht. Danach habe ich nie wieder ein Fest geleitet.

EL: Sie haben sich also auf den Einkauf gestürzt? – Wie war das mit den ersten Einkäufen in Thailand?

HK: Das fing nicht in Thailand an, sondern in Singapur. Der erste Garde Mangé unseres Restaurants hatte dort gearbeitet. Er ging nach einiger Zeit nach Singapur zurück. Und mit dessen Beziehungen bauten wir den Einkauf in Singapur auf. Dann wurde Singapur aber so teuer, dass wir uns nach anderen Quellen umsehen mussten. Da lag Thailand einfach nahe.

EL: Wie seid ihr überhaupt darauf gekommen, den Feinkostladen eurer Eltern zu der Größe auszubauen? Die Vorstellung: Wir brauchen alle Käsesorten Frankreichs und Italiens. Wir brauchen die besten Gemüse und den frischesten Fisch. Ist das in Ihrem Kopf entstanden? Waren Sie dabei der Logistiker, der Sortimenter?

HK: Das ist richtig, aber ... der Hauptgrund war, dass ich innerlich ein Franzose bin. Ich liebe die französische Lebensart. Ich bin ein Gourmet. Wenn ich in Frankreich war, kaufte ich immer nur die besten Gemüse, den besten Käse, den besten Fisch und die besten Meeresfrüchte – auch für mich selbst. Und ich ging immer in die besten Restaurants. Diesen Standard wollte ich in unserem Laden und später in unserem Restaurant natürlich auch haben.

EL: Bei Feinkost Käfer gab es jedes Jahr die „Französischen Wochen". Das war ein Mega-Event für Gourmets. War das auch Ihre Idee?

HK: Ja, diese Idee lag natürlich ganz nahe bei den Beziehungen, die wir zu unseren Lieferanten in Frankreich hatten. Diese „Französischen Wochen" führten wir bei Käfer 30 Jahre lang durch. Dann wurden sie uninteressant, weil heute jeder Supermarkt französischen Käse und getrüffelte Stopfgansleber anbietet, wenn auch nicht in der exklusiven Qualität, die Käfer zu bieten hat.

EL: Diese Ideen dürften aber ganz im Sinn Ihres Bruders gewesen sein.

HK: Ja, darin waren wir uns immer einig. Dass wir als Brüder nicht von Anfang an ein Herz und eine Seele waren, lag sicher auch daran, dass wir getrennt aufgewachsen sind. Es war Krieg, und meine Eltern haben uns außerhalb der Großstadt München untergebracht. Ich war bei einem Kunden meiner Eltern in der Nähe von Nürnberg. Der hatte vier Söhne, die alle im Krieg waren. Eines Tages sagte er zu meinen Eltern: „Da läuft immer so ein kleiner Bub rum. Ist das eurer? – Das Leben hier ist für ein Kind doch viel zu gefährlich. Der kann bei mir auf dem Land wohnen!" Bei dem war ich dann bis zu meinem sechsten Lebensjahr. Das war ein sehr gebildeter Mann und er merkte sehr schnell, dass ich auch nicht auf den Kopf gefallen bin. Er wollte aus mir einen Professor machen. Als ich nach München zurückkam, hatte ich den Stoff der ersten vier Jahre Volksschule schon absolviert. Er brachte mir entsprechende Tischmanieren bei, und von ihm kam auch meine Vorliebe für die französische Lebensart.

EL: Und wo ist Gerd aufgewachsen?

HK: Der war in Bissingen bei Verwandten. – Als wir dann nach dem Krieg wieder zusammenkamen, waren wir uns eigentlich fremd und standen in einer gewissen Konkurrenz zu einander.

Der schönste Feinkostladen Deutschlands

EL: Lassen Sie mich einen großen Sprung machen. Gerd hatte sich einen wunderschönen Traum erfüllt, der dann allerdings sehr bald platzte – die Käfer Markthallen im Kaufhaus Hertie am Hauptbahnhof in München. Sie waren sehr stark von den alten Pariser Markthallen inspiriert. War das ursprünglich Ihre Idee?

HK: Nein, diese Idee kam von Gerd, als er hörte, dass die weltberühmten Hallen geschlossen werden sollen. Gerd fuhr sogar nach Paris und kaufte Originalteile der Hallen, als sie abgerissen wurden – vor allem gusseiserne Träger wie man sie sonst nur noch von alten Fotos kennt. Die kann man heute noch in den Markthallen bei Hertie besichtigen. Als Innenarchitekten hatte Gerd den bekannten Designer Rolf Zehetbauer verpflichtet, der für die Ausstattung von Buchheims „Boot“ einen Oskar bekommen hatte. In dieser Zeit ging es uns wirtschaftlich wirklich hervorragend. Da war es nur logisch, dass sich Zehetbauer und mein Bruder geradezu überschlugen mit ihren Ausstattungseinfällen. Die beiden reisten in ganz Europa herum und kauften Teile alter und besonders stilvoller Ladeneinrichtungen zusammen – zum Beispiel in Brüssel die ganze Einrichtung einer Apotheke aus dem 19. Jahrhundert.

Die Käfer Markthallen waren das komplette Gegenteil eines langweiligen Supermarktes – stilvoll, teuer, extravagant. Ganz neu war auch die Idee, die Kassen locker über den Raum zu verteilen, dass der Kunde nicht wie üblich vor einer dieser grässlichen Reihen von Kassen steht. Das war eines der schönsten Bau-Projekte, die es in der damaligen Zeit gab – die Attraktion in Deutschland. Zur Eröffnung der Käfer Markthallen bei Hertie schrieb die gesamte Presse seitenlange Berichte mit Fotos, auch in Frankreich. Ich habe zu vielen Unternehmungen, die Gerd geplant hat, nein gesagt. Aber das war eine fantastische Idee. Mit ihr sollte das Flair der alten Hallen von Paris in unsere Zeit gerettet werden und daran habe ich mich natürlich gerne finanziell beteiligt – und habe sehr viel Geld verloren.

Womit wir beide in unserer Euphorie nämlich nicht gerechnet hatten, war, dass es trotz Hertie mindestens fünf bis sechs Jahre dauert, bis sich so ein Laden etabliert hat. Hinzu kam, dass Hertie uns zwar versichert hatte, dass er seinen Lebensmittelladen von 1 500 Quadratmeter auf 800 Quadratmeter reduziert. Diese restlichen 800 Quadratmeter wurden aber dann so geschickt arrangiert, dass dort fast genauso viel Waren angeboten werden konnten wie vorher. Da gab es also zusätzlich noch die Konkurrenz im eigenen Haus, mit einem Sortiment, das sehr genau auf die Bahnhofslage abgestimmt war.

Wir mussten jeden Monat eine hohe Pacht bezahlen, die wir bei weitem nicht erwirtschaften konnten. Und nach einer Weile sagte ich zu meinem Bruder: „Das gute Geld, das wir mit unserem Laden in der Prinzregentenstraße, mit der Theatergastronomie und mit dem Party-Service verdienen, das liefern wir brav Monat für Monat bei Hertie ab. So geht das nicht weiter!“ Wir hatten einen Vertrag, der über fünf Jahre ging. Als ich überschlug, was wir in diesen fünf Jahren an Pacht zu zahlen hatten, wurde mir ganz schlecht. Mein Bruder wollte verständlicherweise an seinem Traum festhalten, aber es gab nur eins – wir mussten einen Weg finden, um aus diesem Vertrag auszusteigen. Da kam mir die glänzende Idee – Hertie kann es sich nicht leisten, dass Feinkost-Käfer seine europaweit bekannten Hallen bei ihm schließt. Ich schlug also vor – wir schreiben Hertie einen Brief, der ist nicht länger als zwei Zeilen. Den unterschreibst du, den unterschreibe ich und den unterschreibt unser Anwalt. In dem Brief stand nur ganz lapidar: „Ab dem nächsten Monat sehen wir uns nicht mehr in der Lage, die hohen Pachtkosten aufzubringen!" Damit war Hertie am Ball.

Hertie machte uns dann einen sehr fairen Vorschlag: Wenn Hertie 20 Jahre lang den Namen Käfer benützen darf und wir eine gewisse Ablöse zahlen, dann gehen sie auf eine Kündigung des Pachtvertrags ein. Außerdem verpflichtete sich Hertie, die Waren mit dem Käfer-Logo weiterhin zu führen. So ist das heute noch. Und die Markthallen im Untergeschoß von Hertie sind auch heute noch einer der schönsten Feinkostläden in ganz Deutschland.

EL: Jetzt noch eine ganz andere Frage: „Wie sehen Sie den Unternehmer Michael Käfer?"

HK: Ich bin sehr froh, dass es den Michael gibt. Er führt den Laden großartig weiter. Dass auch ihm am Anfang Fehler unterlaufen sind, das gehört einfach dazu. Ich hatte ihn beschworen: „Wenn du Feinkost-Käfer vergrößern willst, musst du nach Paris oder nach London gehen!" Aber Michael hatte sich Düsseldorf in den Kopf gesetzt. Und das ging gründlich schief. In Paris hatte ich schon ein Restaurant ausfindig gemacht, in dem er ein deutsches Lokal der Spitzenklasse hätte etablieren können. Das gehörte dem französischen Landwirtschaftministerium – einen besseren Vermieter hätte man in Paris gar nicht finden können. Aber leider ist daraus nichts geworden. Ich hätte mich auch finanziell daran beteiligt und vor allem hätte ich mich um diesen Laden persönlich gekümmert. Aber da stand die

Entscheidung für Düsseldorf schon fest. Der große Vorteil dieses Standorts wäre auch gewesen – der Lastwagen, der die Ware aus Paris nach München brachte, fuhr immer leer zurück. Mit einem Restaurant und einem Feinkostladen für deutsche Spezialitäten in Paris wäre das ganz anders gewesen. Wir hätten zudem unsere Köche von hier immer für einige Zeit nach Paris zur Ausbildung schicken können.

Was ich an Michael sehr schätze – er ist ungeheuer fleißig und blitzschnell. Wenn Michael Entscheidungen trifft, wie mit dem letzten Restaurantumbau, dann zieht er das in der kürzesten Zeit durch.

Aber eines muss abschließend schon gesagt werden: Ohne Gerds Idee mit dem Party-Service wäre Käfer ein gut gehender Feinkostbetrieb von lokaler Bedeutung geblieben. Gerd hat mit dem Party-Service und mit seiner ganzen Umtriebigkeit dem Feinkost Käfer einen Namen von europäischer Bedeutung gegeben.

Der jüngste Käfer

Interview mit Christian Käfer
und seiner Mutter Renate Pappberger

EL: Christian, was fällt Ihnen ganz spontan zu Gerd Käfer ein?

CK: Gerd ist mein Vater. Ein toller Mensch, der wahnsinnig viele Ideen hat. Tolle Partys. Ein sehr, sehr interessantes und erfolgreiches Leben.

EL: Christian, was hatten Sie als Kind für eine Beziehung zu Ihrem Vater?

CK: Ich habe von Anfang an gewusst, dass Gerd Käfer mein Vater ist. Meine Mutter hat mir das nie vorenthalten. Ich habe, sobald ich alt genug war, alle Zeitungsausschnitte über ihn gesammelt, die ich nur bekommen konnte. In der BILD-Zeitung, in der AZ, in der Bunten – überall gab es

Berichte mit Bildern über Feste, die mein Vater ausgerichtet hat. Oder wenn er im Fernsehen war, hat ihn mir meine Mutter gezeigt.

EL: Wann sind Sie ihm persönlich das erste Mal begegnet?

CK: Das hat sehr lange gedauert. Herr Seidl, sein langjähriger Sekretär, war fast wie ein zweiter Vater für mich. Der kam Weihnachten, Ostern und zu meinem Geburtstag immer vorbei und brachte Geschenke. Da lag dann immer auch ein Brief dabei, den mir mein Vater geschrieben hatte. Ich habe anfangs immer brav zurückgeschrieben. Das heißt, meine Mutter hat mir alles vorgeschrieben und ich habe versucht, das ohne Fehler abzuschreiben.

Manchmal habe ich ihn auch angerufen. Bei diesen Anrufen war ich immer ziemlich aufgeregt. Für mich war Gerd Käfer eben ein Star, den ich aus der Zeitung und aus dem Fernsehen kannte. Bei diesen Anrufen war er immer sehr kurz angebunden, aber das ist nun mal seine Art zu telefonieren. Vielleicht war er da einfach auch sehr verlegen. Aber als Kind war ich oft schon sehr enttäuscht.

EL: Wie alt waren Sie als Sie Ihren Vater dann zum ersten Mal sahen?

CK: Als ich acht Jahre alt war, sagte eines Tages Herr Seidl, mal zu mir: Ich weiß, dass dein Vater heute da ist. Komm mit, wir fahren in die Prinzregentenstraße. Dann kannst du deinen Vater endlich mal persönlich sehen.

Meine Mutter hat mich schön angezogen, damit ich einen guten Eindruck machte. Das war alles sehr aufregend für mich. In seinem Büro saß ein großer Papagei auf einer Stange. Der interessierte mich natürlich sehr, aber da durfte ich nicht zu nahe ran. Nach längerem Warten brachte mir Herr Seidl ein Eis. Dabei schaute er schon ein wenig betrübt, denn mein Vater kam immer noch nicht. Dann ging er noch einmal runter in den Laden und nachdem ich eine halbe Stunde gewartet hatte, kam Herr Seidl und sagte: „Christian, es geht heute leider doch nicht. Dein Vater hat keine Zeit!" Da war ich schon sehr enttäuscht, denn ich hatte mich wirklich riesig gefreut, endlich mal meinem Vater persönlich zu begegnen.

EL: Da hatte er wahrscheinlich ein wenig Angst vor eurer ersten Begegnung?

CK: Ja, ich denke schon.

Christians Mutter, Frau Pappberger stößt zu dem Gespräch dazu.

EL: Liebe Frau Pappenberger, Gerd und ich haben in den vergangenen Monaten sein buntes Leben aufgeschrieben, seine tollen Partygeschichten gesammelt und irgendwann kam ich an einen Punkt, wo mir klar wurde, dass sein Leben nicht zu beschreiben ist ohne dass auch alle seine Frauen zu Wort kommen.

Sie haben Christian, euren gemeinsamen Sohn also ganz alleine aufgezogen. Das ist ja nicht ganz leicht – aber Sie haben in all den Jahren offenbar nie schlecht über den Vater von Christian gesprochen?

CK: Nein, nie, ganz im Gegenteil. Sie hat immer gut von meinem Vater gesprochen.

PA: Ich habe versucht, dem Christian zu erklären, dass sein Vater einfach so viel Arbeit hat, dass er keine Zeit hat, sich um ihn zu kümmern.

EL: Frau Pappberger, wie lange waren Sie mit Gerd Käfer zusammen?

PA: Sieben Jahre. Ich habe bei den Partys mitgeholfen und ich war viel mit ihm unterwegs. Ich habe Gerd kennen gelernt, weil ich einen Job auf der Wies'n als Nebenverdienst gesucht habe. Ich ging zu Feinkost-Käfer, um mich zu bewerben. Gerd saß im Büro und telefonierte wie ein Weltmeister. Ich dachte schon, dass ich unverrichteter Dinge wieder abziehen müsste, weil er einfach kein Ende mit dem Telefonieren fand. Aber er hatte schon ein sehr interessieres Auge auf mich geworfen. Endlich kam er dann auf mich zu und sagte: „Für die Wies'n würden Sie mir schon sehr gut gefallen, aber ich habe da einen besseren Job für Sie!" Und so kam ich dazu, bei den Partys auszuhelfen.

EL: Wie würden Sie Gerd Käfer beschreiben?

PA: Er ist sehr gutmütig, sehr sensibel. Er will es jedem Recht machen. Natürlich war er immer hektisch, aber wenn man die Verantwortung für Hunderte von Mitarbeitern hat und jeden Tag auf zwei drei Partys gebraucht wird, da kann man nicht ruhig sein. Gerd ist ungeheuer fleißig. Und er hat überall selbst mit angepackt. Es gibt ja viele Chefs, die nur anschaffen. Aber Gerd kann nicht zuschauen, wenn andere arbeiten. Ob es um das Aufstellen der Stühle ging, um das Tisch decken. Wir haben die Feste oft durchgefeiert bis in den frühen Morgen. Dann musste alles für den Frühschoppen hergerichtet werden. Dafür hat er häufig noch umdekoriert. Einmal hat er gewettet, dass er es schafft, innerhalb von einer Stunde eine ganze Lagerhalle total umzugestalten. Da ließ er Palmen anbringen und Sand aufschütten und verwandelte den ganzen Raum in null Komma nix in eine Südseelandschaft. Seine Wette hat er selbstverständlich gewonnen.

EL: Wann hat Christian den Namen Käfer angenommen?

PA: Das kam erst sehr spät. Gerd hat zwar die Vaterschaft anerkannt, aber wir waren nicht verheiratet.

EL: Hat Gerds Familie denn Bescheid gewusst?

PA: Die wussten alle Bescheid. Denn diese Nachricht ging natürlich im Geschäft herum. Ich war ja lange auf den Partys dabei gewesen.

EL: Gerd ist jemand, der die Beziehungen, die er hatte, nicht vergisst. Er ist auch ganz begeistert von seinem Sohn Christian. Er empfindet es als eine echte Bereicherung seines Lebens, dass Christian heute offen und mit echter Zuneigung auf ihn zugeht. Ich habe den Eindruck, dass Gerd geschäftlich noch einmal richtig angreift. Und da ist es ihm wichtig, dass es einen Christian Käfer gibt. Während Michael und Gerd gewissermaßen in einer Wettbewerbssituation leben. Leider!

EL: Christian, warum haben Sie den Namen Käfer angenommen?

Gerd Käfer mit Christian, dem jüngsten Spross der „Käfer-Familie".

CK: Zuerst wollte ich das gar nicht, denn ich habe mein ganzes Leben lang den Namen Pappberger getragen. Ich bin mit meiner Mutter und mit meinen Großeltern aufgewachsen. Da war ich immer Christian Pappberger. Plötzlich sollte ich den Namen Käfer annehmen. Das war schon sehr eigenartig und gewöhnungsbedürftig. Meine Mutter hat alles für mich getan. Sie war immer für mich da, hat mir jeden Tag das Essen auf den Tisch gestellt, wenn ich von der Schule nach Hause kam. Im Grunde hat meine Mutter das aus mir gemacht, was ich heute bin. Meinen Vater dagegen habe ich mit vierzehn Jahren dann endlich zum ersten Mal gesehen. Wir trafen uns zum Essen, und da war noch eine Sängerin mit dabei, die sich sehr für mich interessierte, weil ich damals ganz gut Keyboard spielte. Das war unser erstes Zusammentreffen. Gerd gab mir sofort gute Ratschläge, für die Schule und für die spätere Karriere, und ab da wollte er immer ganz genau wissen, was ich mache. Eines Tages kam er mit dem Vorschlag mich in ein Internat zu bringen. Das war der Schock meines Lebens, denn ich wollte keinesfalls weg von meiner Mutter und von meinen Großeltern. Da habe ich mich strikt geweigert.

Trotzdem haben wir uns ab da gelegentlich getroffen und irgendwann war dann mal Uschi Ackermann dabei. Da war ich dann schon siebzehn. Mit Uschi habe ich mich von Anfang an sehr gut verstanden. Ich war wirklich glücklich, dass es endlich mal jemand gab, der ein echtes Interesse an mir hatte. Hinzu kam, dass ich im Gymnasium sehr gute Noten hatte, und da war mein Vater dann sehr stolz auf mich. Anfangs mussten wir uns langsam an einander herantasten. Schritt für Schritt. Unser Verhältnis hat sich in den vergangenen Jahren immer mehr verbessert. Als meine Freundin, die große Liebe meines Lebens, freiwillig aus dem Leben schied, war er sofort und mit ganzem Herzen für mich da. Das hat mir enorm geholfen.

EL: Ich glaube aber, dass Gerd umgekehrt auch Sie braucht. – Christian, was glauben Sie, haben Sie von Ihrem Vater an Fähigkeiten geerbt?

CK: Das verkäuferische Talent, die Kontaktfreudigkeit und sicher auch ein Stück seiner großen Kreativität.

EL: Können Sie diese Fähigkeiten beruflich einsetzen?

CK: Ich bin bei ARTDECO Cosmetic und habe dort die Exportleitung für Lateinamerika. Diese Arbeit macht mir riesig Spaß. Da kommt mir vieles zugute, was ich durch meinen Vater kennen gelernt habe. Z.B. habe ich den Markenstart eines neuen Produktes organisiert, mit den schönsten Models von Südamerika. Für diesen Event habe ich in São Paúlo die ganze Kosmetikabteilung eines riesigen Einkaufszentrums komplett neu dekoriert.

EL: Christian, könnten Sie sich vorstellen bei Feinkost-Käfer einzusteigen?

CK: Gerd meinte, ich mit Michael zusammen – wir wären ein tolles Team. Wir würden uns prima ergänzen!" Das war sicher auch der Grund, warum er wollte, dass ich den Namen Käfer annehme. Ich kenne Michael zwar noch nicht sehr gut, aber ich denke, Michael und ich haben beide das Herz der Käfers. Mal sehen, was sich in den nächsten Jahren daraus noch entwickelt.

Die Powerfrau der Kommunikation

Interview mit Uschi Ackermann

EL: Liebe Uschi, wer Gerd und dich erlebt, bekommt den Eindruck, dass euer Leben einer wunderbaren Party gleicht. Ihr seid ein ideales Paar, das auf jeder Party heraussticht. Ihr lebt zwischen Sylt, Wiesbaden, München und Kitzbühel. Mit gelegentlichen Abstechern nach New York, Südfrankreich und anderen Orten auf diesem Globus, an denen es sich gut leben lässt.

UA: Das ist der Eindruck, der entsteht, wenn man die Fotowände in Gerds Büro studiert. Unser Alltag sieht jedoch ganz anders aus. Es gibt Wochen, in denen Gerd und ich uns nur mal schnell untertags zusammentelefonieren, denn wie du weißt, organisiert Gerd nach wie vor große Partys,

Hochzeiten und auch seine Kochveranstaltungen. Daneben arbeitet er unermüdlich und mit viel Engagement an Produkten, die den Namen Käfer tragen – edle Gläser, Parfum, Schokolade. Und ich arbeite in einem Bereich, der von seinem Leben völlig losgelöst ist – ich bin die PR-Frau von Douglas.

Uschi Ackermann mit Gerd Käfer bei der Premiere des Buches „Meine Begegnung mit Roman Herzog" in der Münchner Residenz.

EL: Ist das das Geheimnis, dass ihr nach den vielen Jahren, die ihr schon beisammen seid, immer noch diese große Nähe zu einander ausstrahlt? Kann es sein, dass du die erste Frau in seinem Leben bist, die auf der gleichen Welle mit ihm schwimmt?

UA: Das kann ich nicht beurteilen. Es ist ja auch die Lebenssituation von Gerd eine völlig andere als früher. Gerd, dessen Leben Jahrzehnte lang seinen Mittelpunkt in seinem Büro in der Prinzregentenstraße hatte, musste verkraften, dass er dort eines Tages ausziehen musste. Da war er wirklich am Boden zerstört. Ich glaube, das war die schlimmste Zeit seines Lebens. Da hat er mich wirklich gebraucht.

EL: Es gab sicher Tage, wo Gerd ganz unten war. War

es deine rheinische Frohnatur, mit der du ihn aus seinem schwarzen Loch herausgeholt hast?

UA: Gerd ist er ein sehr sensibler Mensch. Bei Gerd kannst du immer die Seele lesen. Er trägt seine Gefühle nach außen. Aber er ist auch ein äußerst kreativer Mensch, ein Künstler. Als Künstler ist er immer offen für neue Ideen. Das war der Schlüssel, wie ich ihn von seinen trüben Stimmungen ablenken konnte.

Das Leben eine einzige Party? – Uschi Ackermann und Gerd Käfer mit Mireille und Roberto Blanco, Dagmar und Ralph Siegl.

EL: Das musst du mir erklären!

UA: Ich verstehe sehr viel von Marken. Gerd hat seinen Familiennamen über viele Jahrzehnte zu einer unverwechselbaren Marke aufgebaut. Es gibt Tausende von verschiedenen Käfern – auch Mistkäfer. Aber Gerd hat den Namen Käfer mit dem Marienkäfer verknüpft und ihn so zum Glückskäfer gemacht. Gerd hat es geschafft, dass jeder, der den Namen Käfer hört oder liest, an diesen Glückskäfer denkt. Davon lebt Käfer bis heute. Aber im Grunde ist es schade, wenn man Gerd Käfer auf Feinkost und Party-Service reduziert. Gerd Käfer ist eine Marke, die für alles steht, was im Bereich Luxus liegt. Gerd kennen Millionen Menschen. So wie Franz Beckenbauer für den Sport steht, steht Gerd Käfer für feines Essen und für Lebensart beim Feiern. Deshalb habe ich ihn auch auf die Idee gebracht, einen eigenen Duft zu kreieren. Damit beginnt er jetzt eine weitere Karriere. Das Parfüm „La fête“ ist eine geniale Verbindung zu dem, wofür Gerds Name steht – Feste feiern. Diese Idee war gar nicht so neu. Die wurde vor Jahren schon einmal erfolgreich umgesetzt – von Laura Biagiotti. Sie hat Mode gemacht, war aber in der Modebranche gar nicht so bekannt. Da brachte sie eigene Düfte heraus und stieg damit bei Procter und Gamble ein und macht heute Millionen, nur mit Duft. Duft ist Lifestyle, und Lifestyle identifizieren die Menschen mit Namen. Deshalb steht auf dem Flacon von „La fête“ auch der Namenszug von Gerd in seiner Handschrift. Unter diesem Label kann man noch viele verschiedene Düfte herausbringen. Wenn man nämlich immer denselben Duft trägt, nimmt man ihn nach einiger Zeit nicht mehr wahr. Deshalb ist meine Idee, dass man zu jedem Fest den passenden Duft trägt, je nach Stimmung, nach Anlass und Gelegenheit. Es gibt Hunderte von Essenzen, die man da verarbeiten kann. Düfte muss man komponieren. Aber du musst erst mal einen guten Parfumeur finden, der daraus etwas völlig Neues komponiert.

EL: Könntest du dir vorstellen, dass du für jede Party, die Gerd Käfer veranstaltet, den passenden Duft anbietest?

UA: Klar! Man kann immer die passende Duft-Garderobe anlegen. „La fête“ ist da nur eine Möglichkeit von vielen.

EL: Was macht Gerd Käfer, wenn „La fête“ auf dem Markt ist?

UA: Das Schlimmste wäre, wenn Gerd nichts mehr zu tun hätte. Er kann nämlich nicht aufhören. Wenn Gerd drei Tage hintereinander untätig an einem Ort verbringen würde, müsste ich mir ernsthaft Sorgen machen. Aber Gerd ist ein Künstler, den man managen muss. Bei ihm besteht auch immer die Gefahr, dass er in seinem kreativen Überschwang zu viel auf einmal erreichen will. Gerd macht ja seit einiger

Zeit auch Schokolade mit Hussel, aber das genügt ihm nicht. Er sammelt bereits wieder Rezepte für ein Buch „Kochen mit Schokolade“. Daneben promotet er Kombucha für Carpe diem und entwirft Gläser für Rastal. Ich denke, dass das für einen Menschen in seinem Alter reicht. Schließlich muss er sich ja auch noch um das Kurhaus in Wiesbaden, um die Alte Oper in Frankfurt und um Käfer's am Flughafen kümmern, an denen er zusammen mit John Jahr und Roland Kuffler beteiligt ist.

EL: Uschi, ich sehe, du hast nicht nur die Gabe, Gerds übersprudelnde Ideen in einen ruhigen Fluss zu lenken. Du managst sein Leben insgesamt.

Werbung, die jung erhält – der Feinkost-Papst im Kreise der Kombucha-Elfen.

UA: Ja! Weißt du, Erich, ich habe immer dieses Dreieck. Das Wichtigste im Leben ist die Gesundheit. Dann kommt die Liebe, bzw. die Partnerschaft und der Beruf. Wenn du im Beruf überfordert bist, wirst du krank und bekommst Probleme mit deiner Partnerschaft. Wenn du eine schlechte Partnerschaft hast, wirst du krank, und dann bist du bald auch deinen Job los. Dieses Dreieck stabil zu halten und einen ständigen Ausgleich zu schaffen, ist das Wichtigste im Leben.

Gerd Käfer mit seinem Glückskäfer Uschi Ackermann auf der MS Europa.

EL: Was bedeutet das für dein Leben mit Gerd?

UA: Gerd ist vom Sternbild eine typische Waage. Nicht nur dass er diese starke künstlerische Ader hat. Gerd braucht Menschen um sich. Er braucht Harmonie. Er leidet unter ungeklärten und unharmonischen Verhältnissen. Deshalb habe ich Gerd auch wieder mit seinem Sohn Christian zusammengebracht. Das ist ein so netter Kerl, und der ist auch richtig nett zu Gerd. Dass Christian und Gerd endlich zusammengekommen sind, tut beiden gut.

EL: Uschi, kann man sagen, dass du der Kompass in Gerds Leben bist, nach dem er sich immer wieder ausrichtet?

UA: Wenn du das nicht einseitig siehst, hast du Recht. – Ich hatte in meinem Leben nämlich auch einmal eine sehr schwierige Situation. Da hat mich Gerd unglaublich gestärkt. Da war ich drauf und dran meinen damaligen Job zu kündigen. Aber Gerd sagte: „Uschi, mach es dir und denen nicht zu leicht! Du hast die Energie und die Power, dich da durchzukämpfen!" Damit hatte er vollkommen Recht. Mit diesem Rat und mit der Kraft, die Gerd mir in dieser Situation gegeben hat, war ich in der Lage, das Ganze auf einen guten Weg zu bringen. Und dafür bin ich ihm sehr dankbar. Gerd hat einen sechsten Sinn für schwierige Situationen. Er hat einen Röntgenblick für Menschen. Das hängt sicher damit zusammen, dass er in seinem Leben schon so vielen unterschiedlichen Menschen begegnet ist.

EL: Uschi, du hast für Helena Rubinstein und für Estée Lauder gearbeitet. Du warst für Shiseido in Japan. Du arbeitest seit vielen Jahren für eines der erfolgreichsten Unternehmen Deutschlands. Was macht den Erfolg von Douglas aus? Und welche Parallelen kann man zwischen Douglas und Käfer herstellen?

UA: Douglas ist ein Inhaber geführtes Unternehmen. Wir haben in Dr. Henning Kreke und Claus Mingers zwei tolle Chefs, die unglaublich viel Vertrauen in ihre Mitarbeiter investieren. Der Vergleich mit Käfer liegt in den Persönlichkeiten der Geschäftsführer, die dahinter stehen. Beide Unternehmen leben nach einer Unternehmensphilosophie, die ich in Japan kennen gelernt habe. Sie lautet: Hightech, Hightouch, Highservice! Das bedeutet, du musst das beste Produkt haben, die beste emotionale Zuwendung an deine Kunden und den besten Service. Das ist auch das Geheimnis von Gerds Erfolg. In dieser Beziehung sind sich beide Unternehmen ähnlich. In Japan hieß es immer: „Der Kunde ist nicht König und nicht Kaiser – er ist Gott, er schenkt uns unser Brot!“ Das ist die Vision von Douglas und auch von Gerd. Ich glaube, die-se Einstellung charakterisiert auch das, was Gerd mit dem Satz ausdrücken will: „Dienen ist mein Leben!“

EL: Ich habe jetzt nur noch eine Frage: Ihr habt ja kürzlich noch vierbeinigen „Familienzuwachs“ bekommen – Sir Henry. Ein ganz süßer kleiner Mops. Wie hat Sir Henry euer Leben verändert?

UA: Gerd selbst würde sich nie einen Hund anschaffen, weil er dafür auch viel zu viel unterwegs ist. Aber mir geht es wie Loriot, der sagt: Es ist kein Leben ohne Möpse. Und so hat Gerd mir zu Liebe eingewilligt, dass wir uns dieses hinreißende Tier zulegen. Ich bin schon sehr gespannt, welchen Gag sich Gerd mit Sir Henry einfallen lässt. Wir hatten nämlich schon einmal einen Hund, einen King Charles. Der hieß P 1 – Pii One! Als der ein Jahr alt war, waren wir zusammen auf Sylt. Gerd sagte: „P 1 hat wirklich alles, was ein Hund zum Leben braucht, aber er hat viele Freunde, die sind ganz arm dran. Sie leben seit Jahren im Tierheim. Sie werden zwar gut versorgt, aber sie haben keinen Menschen, der sich wirklich um sie kümmert. Für die lasse ich mir was einfallen!“ Dann organisierte Gerd eine Party in der „Teestube“ auf Sylt. Dazu lud er hundert Leute ein. Von denen sammelte er Geld ein, dass damit im Tierheim ein eigenes Hundehaus gebaut werden konnte. Und er vermittelte eine ganze Reihe von Hunden aus dem Tierheim an diesen Freundes- und Bekanntenkreis. Ich glaube, von dieser Party sprechen die Hunde auf Sylt heute noch. Es ist schon verrückt – Gerd kann wirklich aus jedem Anlass eine Party machen!

Epilog

Zwei Leben – eine Vision

GK: Lieber Erich, du hast es in diesen Monaten unserer Zusammenarbeit mehrmals angesprochen – wir beide haben eines gemeinsam: Wir gehören zu den Leuten mit Visionen, die mit einer originellen Idee, mit Fantasie, mit viel Fleiß, Disziplin und mit einer nie nachlassenden Energie unsere Unternehmen in eine Spitzenposition gebracht haben. Du hast auf einem ganz anderen Gebiet als ich ein Weltunternehmen geschaffen. Deshalb wechseln wir zum Abschluss des Buches ganz bewusst unsere Rollen.

Jetzt darf ich zur Abwechslung mal dich interviewen. Was mich besonders interessiert, ist die Frage: Was war dein wichtigster Schritt auf dem Weg zum Chipbroker Nummer 1?

EL: Gerd, da kommen zwei Dinge zusammen, die im Rückblick ähnlich gelagert waren wie bei dir. Auch ich hatte, ähnlich wie du in jungen Jahren eine große Niederlage zu verkraften. Obwohl ich von früh bis spät mit voller Kraft geschuftet hatte, stand ich eines Tages vor dem Aus. Du kennst diese Geschichte ja aus meinen Büchern. Ich stand also, ähnlich wie du, als du seinerzeit deine Feinkostboutique schließen musstest, unter einem erheblichen Druck. Und eines Tages hatte ich, auch wenn es in den Einzelheiten nicht vergleichbar ist, eine ähnlich zukunftsträchtige Idee wie du nach dem ersten von dir arrangierten Hochzeitsfest. Du erfandst den Party-Service und ich das Chipbroking. Übrigens, auch mein Startschuss erfolgte in

München-Schwabing, wo ich an einem Schreibtisch vom Trödelmarkt saß und oft vor Schwierigkeiten stand, die unüberwindlich schienen. Trotzdem war mir klar, dass diese verrückte Idee bahnbrechend war und die Chance für einen durchschlagenden, weltweiten Erfolg in sich trug.

GK: Was waren die wichtigsten Faktoren deines Erfolges? War das auch das Dienen?

EL: Ganz klar! Auch mein Geschäft beruhte auf einem perfekten Service, der viel Kreativität und Intuition erforderte. Meine Fantasie war allerdings in ganz anderer Weise gefordert als deine. Dienen in seiner besten Form hat auch bei mir mein ganzes Wissen, meine ganze verkäuferische Tatkraft und Kreativität herausgefordert – und ganz ähnlich wie bei deinen Festen war mein Erfolg zugleich immer auch der größte Gewinn für meine Kunden.

Während du mit deiner Kreativität Feste entworfen hast, musste ich mit viel Fantasie die sprichwörtliche Nadel im Heuhaufen suchen, sprich einen exotischen Chip, den es eigentlich nirgends gab und der gerade deshalb dringend gebraucht wurde. Wenn es mir gelungen war, „das Unmögliche möglich zu machen“ und die scheinbar „aussichtslose“ Chip-Bestellung eines Kunden zu dessen eigener Überraschung über die Bühne zu bringen, war meine Freude, meine Bestätigung und vor allem die Zufriedenheit meiner Kunden am größten. Diesen Erfolg dann auch gebührend zu verkaufen, hat mir ebenfalls einen riesigen Spaß gemacht, denn im Grunde meines Herzens bin ich – bis heute – so wie du ein Diener meiner Kunden und ein begeisterter Verkäufer!

GK: Ich glaube, wir beide haben unsere Erfolge noch einem weiteren gemeinsamen, wesentlichen Phänomen zu verdanken: Du hättest als Ein-Mann-Firma keinen Erfolg erzielen können und ich auch nicht. Wenn ich nicht so voller Begeisterung meine Mannschaft von meinen Ideen überzeugt hätte, wären höchstens Feste für zwanzig Gäste möglich gewesen und das Käfer-Imperium wäre nicht entstanden.

EL: Ja, Gerd, auch ich musste meine Mannschaft motivieren, begeistern, anspornen, und das Tag für Tag. Gleichzeitig musste ich sie genau wie du mit meinem Hang zum Perfektionismus überzeugen, ständig meinen Service verbessern und mich nie mit dem Erreichten zufrieden geben. Aber das war bei dir doch nicht anders. Ich habe mit dir jetzt mehr als fünf Monate lang an diesem Buch gearbeitet. Du hast eine Wahnsinnsmotivationskraft. Du hast deine Kunden und deine Käfer-Mannschaft mit deinem Charme und deiner Begeisterungskraft von deiner Käfer-Vision überzeugt. Du hast sie begeistert, denn ohne diese Begeisterung hält keine Mannschaft durch und bedient die Gäste bis in die frühen Morgenstunden mit Freude, Perfektion und Herzlichkeit. Deine Vision vom perfekten Dienen und deine Motivationskraft spürt man noch heute in der Prinzregentenstraße.

GK: Da magst du schon Recht haben. Aber meine Motivationskraft hat doch erheblich gelitten, nachdem ich mein Lebenswerk abgegeben hatte und dann vor einiger Zeit auch noch mein geliebtes Büro verlassen musste. Gerade in diesen vergangenen Monaten, wo wir zusammen an „Dienen ist mein Leben" gearbeitet haben, habe ich nicht nur gespürt, sondern hautnah erlebt, dass du anderen Menschen deine unglaubliche Lebensenergie übertragen kannst. Ich durfte dir mein Leben erzählen. Du hast mir zugehört und mir in unseren Gesprächen mit diesem Rückblick auf mein Leben wieder eine ganz neue Zukunft eröffnet. Ich habe nach dem unerwarteten Abschied von meinen geliebten Mitarbeitern wirklich jemand gebraucht wie dich!

In meinen Augen bist du der geborene Motivator. Du hast dir selbst nach dem großen, weltweiten Erfolg in der Hightech-Branche nochmals ein ganz neues Geschäftsfeld eröffnet und die Lejeune-Akademie für Kommunikation, Motivation und Erfolg gegründet. Das ist meines Erachtens das

Betätigungsfeld der Zukunft. Die Fußballweltmeisterschaft in Deutschland hat gezeigt wie wichtig für den einzelnen und für das ganze Land die Kraft der Motivation ist. Jürgen Klinsmann hat mit seinen Emotionen am Spielfeldrand die Stimmung in ganz Deutschland entscheidend verändert! Durch ihn und durch unsere Nationalmannschaft hat die Welt ein motiviertes und herzliches Deutschland kennen gelernt. Dass Klinsmann jetzt nicht weitermacht, ist wirklich schade. Aber ich habe das gute Gefühl, dass du diese neue positive Stimmung in unserem Land durch deine Vorträge und durch deine Fernsehsendung „Motivation Deutschland" in unserem Land weitertragen kannst. Auf jeden Fall werde ich mit dir zusammen noch viele motivierende Bücher schreiben. Ich habe noch kistenweise sensationelle Bilder von Prominenten auf Käfer-Festen. Das reicht für fünf Bildbände.

EL: Dann lass uns wenigstens einen Bildband machen. Lieber Gerd, ich danke dir und darf zum Abschluss unserer tollen Zusammenarbeit nur einen Spruch zitieren, den ich vor einigen Jahren meinem Buch „Du schaffst, was du willst!" vorangestellt habe:

So lange du an dich glaubst,
hast du alle Chancen im Leben!

Das gilt für dich, für mich und für unser geliebtes Deutschland!

The Story will continue – Gerd Käfer und Erich Lejeune planen bereits einen Bildband mit den schönsten Käfer-Festen und Käfer-Dekorationen. Haben Sie noch Fotos von einem Super-Käferfest – dann schicken Sie die bitte an:

Lejeune Academy – Edition Mensch
Kennwort: Käfer-Bildband
81679 München – Denninger Str. 15

Kostenlose Rücksendung und Nennung der Einsender von Bildern die Verwendung finden, wird garantiert!

Bildnachweis

Cliff Serna 20, 156

Brauer Fotos 24, 90, 91, 92, 93, 94, 95, 96 o., 124, 169, 208, 225, 226, 230, 250

People Image 52, 76, 96 u., 97, 200, 210, 211, 223, 224, 255, 279, 280, 282, 283

Archiv Feinkost-Käfer 23, 40, 67, 78, 86, 142, 239, 244

Privatarchiv Gerd Käfer 31, 32, 42, 53, 60, 61, 65, 98, 107, 108, 109, 110, 117, 138, 153, 185, 204, 212, 258, 266, 276

Manfred O. Glück 27, 261, 291

Personenregister

Lejeune Academy

Communication Motivation Success!

Eine einzigartige Karriere und die gesammelten Erfahrungen aus 26-jähriger erfolgreicher Unternehmertätigkeit sind das Angebot von Erich J. Lejeune an seine Klienten. Was er in Einzelgesprächen und Gruppenseminaren vermittelt, geht weit über eine übliche Beratungstätigkeit hinaus. Nicht Strukturen und Zahlen stehen für ihn im Vordergrund, sondern Menschen. Ihre Kräfte und Fähigkeiten zu erforschen und gemeinsam mit ihnen zu optimieren, das hat sich Erich J. Lejeune zum Ziel gesetzt.

Vorträge, Einzel- und Gruppencoachings, Verkaufscoachings Motivationscoachings, Emotionscoachings und Impulsreferate

Herz für Herz
Stiftung für Leben!

„Herz für Herz – Stiftung für Leben!" wurde im Jahr 2003 von dem Münchner Unternehmerehepaar Erich und Irène Lejeune ins Leben gerufen. Die Stiftung ermöglicht Herzoperationen und Rehabilitierung sowie Eingriffe am Herzen und diagnostische Maßnahmen bei Patienten, insbesondere bei Kindern aus den ärmsten Regionen der Welt.

Zurzeit errichtet „Herz für Herz – Stiftung für Leben" mit einer großzügigen Sachspende der Firma Siemens AG Medical Solutions eine Kinderherzstation in DaNang/Vietnam. Durch diese Kinderherzstation können in Vietnam an Hunderten von Kindern lebensrettende Therapien und Operationen durchgeführt werden.

„Herz für Herz – Stiftung für Leben" dankt Herrn Gerd Käfer sehr herzlich, dass er mit seinem Beitrag von 50 Cent pro verkauftem Buch diese Aktion zur Errichtung einer Herz-für-Herz-Kinderstation in Vietnam wirkungsvoll unterstützt.

Irène Lejeune
Päsidentin
Freundeskreis der „Herz für Herz – Stiftung für Leben!"

Zeigen auch Sie Herz – Stiften Sie Leben!
Spendenkonto der Stiftung:
HypoVereinsbank
BLZ 700 202 70, Konto: 66050700

www.herzfuerherz.de